公司治理法律问题研究系列

判例视野下的公司法

赵万一　主编

法律出版社
LAW PRESS · CHINA

我们为什么要继续研究公司治理问题（代序言）

虽然学术界可能会对发轫于2013年年底的新一轮公司法改革所承载的具体历史使命做出不同解读，但毋容置疑的一点是：此次启动的公司法改革较之2005年的公司法修改而言无论是在深度还是在广度上都会有长足进步，不但会重新审视公司法的立法理念和立法目标，而且会重新定位公司法在整个市场经济法律体系中的核心地位。除此之外，未来的公司法还将会更加注重对公司内部治理机制的调理和重构，其目的是通过建构以充分尊重公司自由意志为基础的合理高效的内部治理准则，最大限度地提高公司的营利能力和尽量满足利益相关者多元利益诉求的能力。我们之所以将完善公司治理作为未来公司法建构的主要制度支点，主要基于以下几方面的原因：

首先，公司治理是社会治理的一个重要组成部分，没有良好的公司治理作为基础和先导，理想的社会治理目标就很难达成。通过比较世界各国的经济发展历程我们不难发现，无论是发达国家还是发展中国家，公司都是最基本的社会组织形式，同时也是社会财富的最主要创造者。正是因为公司在现代市场经济生活中居于无可替代的核心地位，公司的触角事实上已经渗透到社会生活的各个方面，公司的精神已经深深镌刻到人们的潜意识当中，因此，有学者认为现代社会乃至整个国家无非就是公司的放大版而已。通过进一步观察各国的经济发展规律我们可以得出这样的结论：虽然影响各国经济发展水平的因素具有多样性和复杂性，但其中一个最重要因素就是公司制度设计的好坏和公司治理水平的高低。这点在20世纪以来表现得尤为突出。为了提振本国的经济发展，目前主要的经济大国无一例外地都将改善公司治理、优化公司的制度设计作为参与国际竞争的重要手段。以中共中央《关于全面深化改革若干重大问题决定》的发布为标志的新一轮中国经济体制改革同样也是以公司制度的改革作为动力源和先导的，并将公司改革作为整个体制创新的奠基石。不仅如此，新一轮改革将创新社会治理体制作为衡量改革成败的主要标度，而公司治理体制的创新无疑会为整个社会治理体制的创新提供非常丰富的制度资源。

其次，公司治理是一个历久弥新的永恒话题，值得人们持续不断地进行探讨。公司治理是伴随公司制度的出现而一直没有得到有效解决的问题，同时也是影响公司发展的一个至关重要的因素。从管理学的角度来说，公司作为一种精密的组织架构，其基本的设计要求是内部权力配置准确、恰当，内部运行机制顺畅、高效，权利、义务、责任匹配均衡、合理，而这些要求无一不与公司内部治理有关。从组织学的角度来说，由于存在太多的不确定因素和不可知因素，因此我们无法创设出一种完美无瑕的公司组织形式，世界上也根本不存在一种放之四海而皆准的公司治理模式。由于既存的任何类型的公司治理模式都会存在一定的优点和缺点，因此法律对公司治理的作用除了在于提供尽量多的可供选择的制度供给之外，更主要的是基于既有的理论和实践的经验与教训，尽量放大既有公司治理模式中的正向力量，最大限度地压缩其负面能量的生成。当然，由于公司治理活动与外在的社会经济环境具有很强的交互影响性，因此在外在社会经济条件发生变化之后，相应的公司治理模式也应随之做出调整。从这种意义上说，公司制度的不断发展演变过程，实际上就是公司治理的不断进化和不断优化的过程。

再次，公司治理问题是影响世界发展进程的复杂课题，寻找更加合理、更加科学的公司治理模式是所有国家都亟待解决的重大问题。构建科学合理的公司治理结构不但是中国公司法改革中所面临的关键问题，同时也是最近几十年推动各国公司制度改革发展的最重要力量。时至今日，世界各国间所进行的公司制度竞争已从单纯地关注权利义务开始转向完善内部治理层面，其规则设计的基础也相应地从单纯促进经济发展过渡到平衡利益相关者的不同利益诉求和增进社会福祉上来。另外，随着世界社会经济一体化进程的加快，各国之间经济发展的协同性和组织形式的趋同性越来越强，制度借鉴成为任何国家都无法回避的问题。具体到公司法律制度而言，由于公司组织是最具国际话语基础的组织形式之一，任何一种成熟的公司治理模式都会成为他国制度设计的效仿对象，因此各个国家之间对公司治理无疑存在诸多相互交流和彼此借鉴之必要和可能。

最后，公司治理是一个需要借助于全社会的力量共同加以解决的复杂问题。公司作为一种最复杂、最精巧的制度设计，不但是人类既有智慧的完美结晶，而且在某种程度上就是现代国家的缩影，因此国家治理中出现的许多问题都会在公司治理中体现出来。换言之，公司治理作为一个横跨经济学、管理学、法学、社会学等诸多学科领域的综合性问题，不是任何一个单一学科就能单独解决的问题，而是需要包括法学在内的几乎所有社会科学的共同努力才能得到有效解决的问题。在这种意义上说，不同学科之间对公司治理不但有较多的共同话语基础，而且有共同的努力目标。

近年来，国际、国内法学的迅速发展向我们提出了严峻的挑战。国际上，源于罗马法的大陆法系朝着更深、更广、更前沿的方向发展，法学研究特别是民商法学理论日益博大精深，法学流派呈现多元化趋势，跨学科研究方兴未艾，交叉学科、边缘学科如雨后春笋般大量涌现。从研究方法来说，目前的法学研究更加注重理论与实践的结合，注重对司法实践中出现的新的法律问题的理论阐释。从研究视野来说，在全球化趋势的推动下，各国法学日益走向相互渗透与融合，同时又更加注重与本国国情的结合。在全球化的大潮之下，如何借鉴人类精神遗产，引进外国合理的法律制度与精神，成为摆在中国法学界面前的重大课题。这个问题解决的好坏将直接决定着我国法学发展的成败。另外，在国内市场经济发展过程中出现的各种法律问题也向法学理论研究提出了挑战。如何立足中国的法律实践，利用世界各国的先进经验，发扬我国的优良传统，应对未来经济、政治、文化的重大转折，也是中国法学特别是民商法进一步发展所必须解决的重大课题。我们认为,跨学科的研究和探讨不仅仅是简单地搭建一个交流的平台,而是提供了一种新的研究范式。我们相信,在不同学科学者的共同努力下,中国的公司治理一定会提升到一个更高的水平。同时,我们愿与其他学科的同人一道,为推动更加符合市场经济发展要求的新的公司法的尽快面世而不懈努力!

是为序。

赵万一

2014 年 7 月 26 日于西南政法大学

判例视野下的公司法

1 公司法一般规则之司法适用:对控制股东受信义务的思考
朱慈蕴

7 企业社会责任与公司治理之调和
——以台湾地区相关实务判决及德国法制为中心
陈彦良

29 诚信原则在公司法解释之运用:以股东权行使之争议为中心
王志诚

44 抽逃出资禁止规范的变革
曹兴权

62 股权外部转让纠纷的裁判困境与破解进路
汪青松

74 判例与公司法的完善
——以资本维持原则为例
周林彬 高 菲

84 最高人民法院第 8 号指导案例与公司解散制度
姜一春

91 董事注意义务的学说与现实
刘文科

105 滥用性公司分立的法律应对及其制度完善
崔文玉

119 我国公司瑕疵设立法律制度建构
汪世虎 蒙瑞华

132 商业银行制度受判例影响的内在机理及理论基础
李丽萍

138 董事信义义务规则的反思：以董事异质化为视角
林少伟
154 公司股东之浮现：公司结构基础的重估
科林·麦凯
157 信托制度
——商业运行之助推器
罗德里克·R. M. 佩斯利
161 日本版集团诉讼
——新《消费者审判程序特例法》概要
坂本真树　著　张诗萌　译
166 法的目的
皮贞铉
168 对于韩国的企业犯罪的讨论
尹相民
170 韩国最近企业控制结构相关立法推进现状
尹显锡
173 个人信息保护侵害和个人信息保护
金成源
176 后记

公司法一般规则之司法适用：对控制股东受信义务的思考

朱慈蕴*

一、问题的提出

中国的新公司法增加了约束公司股东权利行使的规则，强调如果股东滥用权利损害了公司和其他股东利益时，应当承担赔偿责任，这被称为股东的诚信义务（或者受信义务）。这是中国在2005年修改后的新公司法中做出的具有划时代意义的一项立法创举。显然，之所以引入股东受信义务，在很大程度上是缘于中国公司制度在实践中存在大量股东滥用股东权利，损害公司利益特别是公司小股东利益的现象。诸如，公司控制股东利用其在公司的控制地位，不仅影响董事会决策，而且也利用自己在股东会中的表决权优势，做出大量可以令其获得巨额收益，但使公司和其他股东利益受损的决议。其中最常见者为各种名目的关联交易，诸如担保、借款、资产置换、控制权转让。

然而，中国公司法对股东之受信义务仅在《公司法》总则的第20条与“公司法人格否认”规则一并原则性地规定其中，并无具体解释何谓股东受信义务、股东违反受信义务的具体场合以及提起股东违反受信义务诉讼的举证责任等。因此，中国公司法中之股东受信义务的规定若没有具体司法解释与之配套，或者相应的司法判例与之指导，则公司法中的这一“创造性”的规定要么沦落为无牙的老虎而难以适用，要么会因为被肆意运用而危及公司制度大厦的稳固，从而打击投资者的积极性。以下一则我国司法实践中具体运用股东受信义务的案例，警示着后一种令人担忧的倾向。

A出租汽车有限公司（以下简称A公司）成立于1996年5月，由自然人B与C有限公司（以下简称C公司）共同出资设立，股权结构为C公司出资442.2万元，B出资217.8万元。公司章程约定了股东会议、董事会议的召集程序和表决方法。初始，股东会决议由B出任A公司法定代表人。2000年2月29日，B因涉嫌挪用、侵占公司财产与职务受贿等违法行为被公安机关羁押，3月30日被逮捕，后由检察机关提起公诉。2003年10月30日，法院作出终审

---

* 清华大学法学院教授，商法研究中心主任。

判决，判决B无罪。B被羁押期间，A公司于2000年3月6日召开股东会议，决议：鉴于A公司总经理（法人代表）B涉嫌经济犯罪，公司股东会一致决定，免去B的公司董事、董事长（法人代表）职务，并选举了新的董事和法定代表人D。同日，A公司作出与该股东会决议内容一致的董事会决议。上述股东会会议的召开未通知B，其后，A公司董事会也未将有关股东会决议和董事会决议的内容告知B。2000年3月17日，A公司向工商行政管理部门申请变更登记并获核准。2005年1月25日，B以其股东权益被侵害为由诉至T区人民法院，请求撤销A公司2000年3月6日作出的股东会决议和董事会决议，并宣告现任董事长、董事会成员组成不合法。

T区人民法院根据原公司法第44条、第49条第2款，遂判决：撤销A公司于2000年3月6日作出的股东会决议和董事会决议；A公司现任董事长的任职、董事会成员的组成不合法。A公司和其股东C公司不服原审判决，向上一级人民法院提起上诉。上一级人民法院认为C公司滥用大股东资本多数决优势，违反了诚实信用原则，股东会决议属于无效行为。遂判决驳回上诉，维持原判。

根据法院的判决，是否存在股东滥用资本多数决形成股东会和董事会决议成了本案审理的核心问题。如果控制股东滥用资本多数决形成对自己有利而对其他股东不利的决议，当然属于股东违反受信义务。但是，根据本案的事实，能否得出股东滥用资本多数决的结论，进而确定股东违反了受信义务，关键的问题还在于对股东受信义务的理解。

二、股东受信义务之根源

显然，公司股东主动且自愿向公司投资，其目的就是获取利益回报即追求利益最大化。公司制度最伟大之处就在于其创设了隔离股东投资风险的有限责任原则，即股东的责任被锁定在出资范围内。因此，传统公司理念认为，只要股东如实向公司履行了出资义务，并保证在公司成立后不从公司抽回出资和遵守公司法之规定与公司章程之约定，股东就可以获得有限责任制度的保护。除此之外，股东对公司而言并无其他义务，更谈不上要承担受信义务。所以，我们必须探讨股东承担受信义务的根源何在。

那么，为何要对股东课以一个普遍的受信义务呢？或者说，股东受信义务的法理基础是什么？我国有学者从法理学的权责一致、实质正义和民法学的公序良俗、权力滥用理论、诚实信用原则以及公司法上的信义关系理论和股东平等原则进行了系统的解释。本文认为，股东受信义务实际上是源于公司制度中的资本多数决引发的股东在公司的实际支配力和影响力而导致的股东之间客观存在的信义关系。

资本多数决原则是公司作为资本企业的必然选择，既具有合理性，也具有妥当性。原本从理论上讲，众多股东出资设立公司，作为最高权力机关的股东会只有全体一致决议才能使全体股东受益。然而，每个股东由于其出资额不同，并且每个人的知识、技能、经验及认识立场也有所不同，因此，就公司的经营决策问题产生不同的意见也就在所难免。从经济上说，欲使众多股东就某一经营问题达成一致意见的协商成本是过高的，在某些问题上甚至是不可能的，而且一致决议原则赋予了任何一个反对票绝对的否决权，在股东利益发生冲突的情况下，它会使大部分决议流产，并导致股东会决议事实上的无规则化。因此，一致性规则让位给了多数决原则，因为公司作为资本企业，其权利是建立在资本基础上的，故而在公司中确立少数服从多数的民主原则，让公司按照通过资本多数决形成的多数股东意思来进行经营活动成为必要。同时，资本多数决制度的设计，还源于这样一种假设，即出资多的股东承担较多的风险，其利益更接近公司的利益，或者说公司利益与多数股东的利益大体上是一致的，因此股东们就所提出的议案，会向对公司带来利益的方向倾斜。由此可见，资本多数决原则从公司的资合特点出发，既符合股份平等的思想，也符合利益与风险平衡的理念。

但是，资本多数决制度正当性的假设前提是，在股东大会中不存在具有支配性影响力的控制股东，从而可以根据不同的议案，形成具有可变性的多数派；也只有依赖于变动的多数派，才能期望股东大会的决议符合公司利益。但在实践中，公司大部分情形下都存在持有多数股份而支配决议的大股东，不可避免地出现支配力的恒久性偏倒现象。[①] 这些固定的控制股东的利益与公司利益并非是完全一致的，也很有可能会凭借其控制力在表决时偏离公司利益而追究个人私利。从这个意义上讲，对资本多数决原则正当化的唯一合理性的期待，就是多数股股东为了全体股东的利益诚实地行使了表决权，从而公正地作出了股东大会决议。换言之，在行使表决权时，多数股股东应该合理地考虑其他股东的利益，而不是为了一己之私利，利用其优势地位而不当损害其他股东的利益。

既然表决权是股东拥有的一项基本且重要的权利，股东当然可以为了自我利益而任意支配。传统观点也认为，当一个股东投票支持或反对某个公司决议时，他可以像支配自己财产一样去行使投票权，不对公司负有任何的受信义务。但是，在资本多数决原则下形成的公司决议，却最终产生了这样一个必然的结果，即控制股东的意思被视为公司的意思，并对中小股东产生拘束力。这意味着大股东对自己股份享有的相应表决权，通过资本多数决原则被放大，而小股东对应自己股份的表决权则被吸收，形成大股东拥有全部权利，小股东没有权利的事实，小股东的财产支配权被大股东实际支配了。于是，通过资本多数决的制度安排，产生了事实上的大股东与小股东之间的受信关系。当然，资本多数决原则是根据公司作为社团法人必然采纳的集合众多股东意志的制度安排，因而，由此形成的受信关系以及股东的受信义务，就不仅仅表现为对个别股东应有的义务，同时还集合为股东对公司的受信义务。

三、股东受信义务之特殊性

一般而言，公司制度中谈及受信义务通常是针对公司的经营层董事和经理，因为他们是受公司的投资人之委托，代股东管理公司财产。既然受人之托代人“理财”，当然应当尽自己最大努力为委托人利益最大化服务。特别是发生受托之人的利益与委托人之利益发生冲突时，受托人不得为谋求自己利益而损害委托人之利益。这便是通常意义之董事、经理的受信义务，包括忠实义务和谨慎义务。前者强调受托人不得利用受托人的地位谋取私利，除了领取适当的报酬外，不得直接或者间接获取信托财产上的任何利益。后者则要求受托人必须谨

① ［韩］李哲松：《韩国公司法》，吴日焕译，中国政法大学出版社2000年版，第339页。

慎行事，不能因为他人利益工作就草率决策，特别是处理与信托有关的财产，一定要谨慎、小心，尽到合理的注意义务。

然而，当为了遏制股东特别是控制股东侵害公司和中小股东利益的行为而使受信义务的承担者扩展到股东时，我们不得不认真思考，股东的受信义务是否与董事、经理作为公司的受托人承担的受信义务完全相同呢？显然，两者的受信义务无论从表现形式上还是在内容上都有所不同。

首先，这种不同表现为股东必须将追求利益最大化作为投资公司的目的。因此，虽然现代公司法理念承认股东在行使权利时应当负有受信义务，但与董事、经理不同，我们不能禁止股东对自己利益的追求，即使强调股东负有受信义务的场合下也是如此，否则，股东就会丧失投资的积极性，公司就无从产生，社会财富就难以迅速增加。

其次，股东并不像公司董事那样受公司或股东之托直接履行经营管理职能，而是凭借自身的控股权及其实际影响力通过控制公司的人事、经营、财务等间接方式影响公司的决策和经营。因此，股东并无履行职务之直接授权，也谈不上积极、审慎处理公司事务之义务。股东的受信义务在程度上并非如同董事、经理一般严苛。因此，应当将股东的受信义务看作是为了公司乃至全体股东共同的利益而行为，即股东并没有义务专门为了公司的最大利益行事，而是为了自己和公司或中小股东共同的利益行使权利。

综上所述，我们可以这样描述股东的受信义务，它包括忠实义务和注意义务两个方面：忠实义务属于客观性义务、道德性义务和消极义务，即要求股东行使控制权时除了考虑自己利益之外，还必须考虑公司利益和其他股东利益的义务，不得使自己的利益与之发生冲突，符合行为公正(fair dealing)的要求；注意义务是一种积极义务，它要求股东在行使控制权时，应将因资本多数决而无法直接表达自己意愿的中小股东视为信托人，对所托之事须履行一个善良管理人应尽的注意，即必须以诚信的方式、以普通谨慎之人应有的注意从事活动，不得怠于履行职责。因此，股东的受信义务，实际上是要求股东在行使其权利时，除了考虑自己利益之外，还负有认真考虑其他股东利益和公司利益的义务。该义务要求他们以公平、正义、平等的方式，而不是以损害中小股东利益的方式运用其控制公司的权力。由于表决权是为公司的目的而赋予股东的基本权利，也是股东形成对公司有影响力和支配力的基本管道，因此，如果股东为一己私利而牺牲公司利益，应属违法受信义务或者说表决权滥用。

四、股东受信义务从原则规定到司法运用

时至今日，许多国家都不同程度地承认或者确立了股东的受信义务，但大多以司法判例的方式适用这一规则。中国属于大陆法系国家，不具有判例法基础，当然需要对股东的受信义务规则以法律明示的方式予以引入。其优势在于通过成文法上确立股东的受信义务，具有防止股东滥用权力，完善公司治理结构的巨大的预防功能。该原则的确立所起的阻吓作用替代了事前监督，正如同因为刑罚为抢劫犯罪行为悬起了“达摩克里斯之剑”，所以银行没有必要对进入银行的每一个人都严加盘查。当然，公司法中原则性地规定了股东的受信义务，首要原因在于其抽象性，具有兜底的功能，如果将股东的受信义务原则予以彻底的具体化，则无

疑是否认了该规则的这一功能。[②]

但是，正是股东受信义务原则的抽象性使其本身不能提供任何可以直接适用的条款，而是需要在个案中根据事实裁量；其具体内容的形成和发展主要是司法实践的结果，而如何确定受信义务的内容还没有形成一般的客观标准，因此该原则的实施效果很大程度上与司法机关的态度和技术息息相关。同时，制定法由于其内涵僵化性和列举不周延，往往在司法实践中难以面对纷繁复杂的社会实践。所以，为了追究股东违反受信义务的法律责任，我们必须确立滥用股东权利的衡量标准来服务于司法实践。

考察西方国家的不同做法，可以发现有不同的标准。大致说来，一种是主观标准，如“欺诈”标准、“商事判断准则”标准；另一种是客观标准，如“公正性”标准、“利益损害”标准。前者多用于对股东权利行使是否尽到必要的注意义务之判断上，如果股东行为有一个合理的商业目标，法院一般就会遵循“商业判断规则”而不干涉股东的行为，即使这种行为客观上导致了其他股东利益的损害。例如，在公司大股东转让控制权的场合，该股东就负有合理调查受让者的注意义务。后者多用于判断股东行为是否违反对公司和其他股东的忠实义务。例如，在股东与公司或者其他涉及自我交易等场合下，即使该股东举证证明其行为符合商业判断准则也不予以免责，该股东还必须证明其交易行为的“公正性”，否则就认为违反信义义务。

由于公司股东主要是通过表决权来影响公司或者控制公司，所以，一般要求股东行使表决权时不能损害公司利益和其他股东利益。通常在以下这些场合中，股东的不当行为会引发股东受信义务的发生，因此，需要进行股东受信义务的检测。如股东会通过决议解聘公司董事、增加资本、发行股票、处分公司财产、豁免董事义务或者责任、解散公司、决定股利分配方案、转让控制权等场合，有其他股东提起诉讼，认为该股东滥用资本多数决时，则法院应当对股东利用资本多数决实现自己利益最大化时，需要以公司利益和全体股东利益为标准进行适法性（适当性）衡量。因为这些决议很可能使公司利益或者小股东的利益受到损害。

必须指出的是，资本多数决的滥用，并非单纯因大股东的控制行为就得以构成，也不排斥大股东利用其控制权合理考虑和获取自身的利益。在股东会上，强调股东的信任义务并不要求股东完全不考虑自己的利益。就此而言，股东的义务与公司董事义务不同，因为股东组建公司的目的就在于营利。实际上，不少学者认为，应当容许股东在投票之际首先考虑自己的利益，但同时公司并非股东一人的所有物，股东必须考虑到公司也是与其共同参加公司的其他股东的所有物。公司股东并“不像董事那样必须为他人的利益善意行事”，但“他们却必须向董事那样基于正当的公司目的而行使权利，如果公司股东权利的行使对公司利益或者全体股东或者所涉及的各类股东有利，其行为就符合这种目的正当性。如果其行为目的主要是损害其他股东，或者为了该股东自己或第三人的其他利益，则其行为就不合公司目的正当性”。[③]所以，问题的关键在于其是否无视他人的利益而加以不当地损害，而不在于其是否追求了个人的利益。因此，根据任何人均无损害他人权利的基本理念，我们可以要求股东在追求自己利益的同时，应当接受不损害公司和其他股东利益的限制。

---

② 参见［美］弗兰克·依斯特布鲁克、丹尼尔·费希尔：《公司法的经济结构》，张建伟、罗培新译，北京大学出版社2004年版，第103、104页。

③ L. Gower, *Principles of Modern Company Law*, p. 629.

我们现在回到文章开头引用的案例。审视该案事实,无论是运用"商事判断准则"还是"公正标准",我们很难找到被告滥用资本多数决的事实,特别是该行为导致公司利益或者股东利益受到损害。

本案受理法院认为,被告 C 公司召集 A 公司的股东会免去原告 B 的董事长职位的行为是"乘人之危夺取公司控制权",属于资本多数决的滥用。诚然,C 公司提起召集股东会未通知股东 B(虽然 B 被羁押不能亲自参加股东会,但他可以委托代理人出席会议)在程序上存在瑕疵,而且股东会决议确实使原告丧失董事长、总经理之法定代表人的资格,即获取高薪收入的机会丧失而利益受到损害,但却并不构成权利滥用,因为公司管理层的变动是正常现象。那么,因管理层变动致使公司管理权和控制权在不同股东之间再分配,有人因此处境变好,有人因此处境变差是正常的事。不能单单因为 B 不再出任法定代表人而认定其作为股东的利益受损,甚至认定股东 C 公司是滥用资本多数决。特别是从 A 公司利益的角度出发,免去 B 董事长一职未使公司的整体利益受到损害,恰恰相反,B 因涉嫌挪用、侵占公司财产与职务受贿等违法行为被公安机关羁押,无法行使董事长和总经理之职,公司为了开展日常营业也有必要调整董事班子,股东 C 公司召集股东会改选公司董事以保证公司的正常运营,可以说是合理地考虑了公司整体利益。而且从民法的基本理论出发,股东 C 公司召集临时股东会改选董事、经理的行为也不构成"乘人之危"。因为即使股东 B 参加了股东会,由于股东 C 公司在 A 公司的股权结构中所占比例达到 67%,故而不会改变选举结果,因此也就根本谈不上乘人之危的问题。

本案的判决结果在很大程度上取决于股东会决议属于内容违反强制性法律规定而属于无效决议,还是存在程序瑕疵而属于决议撤销。如果是前者,则必须确定违反了何种法律的强制性规定。本案受理法院运用了资本多数决滥用进而推断股东违反受信义务,显然欠妥。当然,如果是后者,即被告没有事先履行通知义务,根据新公司法第 22 条规定,只能导致该股东会决议被撤销,并且受到 60 日的除斥期间的限制,否则该瑕疵就会因期间的经过而得以治愈。显然,本案的原告 B 于 2003 年 10 月 30 日无罪释放,但其却一直拖到 2005 年 1 月 25 日才提起撤销之诉,那么,涉诉的决议已经生效,事实上已不能再被撤销。

总之,上述这个案例值得我们认真思考怎样将股东的受信义务原则运用于司法实践,怎样判断资本多数决的滥用,否则,我们保护中小股东的善良愿望就可能被不当利用,其泛滥的结果很可能造成对资本多数决制度的损伤,并最终有碍于鼓励投资的初衷,不利于社会经济的发展。

企业社会责任与公司治理之调和
——以台湾地区相关实务判决及德国法制为中心*

陈彦良**

一、概说

企业社会责任，是近年非常热门之议题，但是对于企业社会责任并未明文规定于台湾地区"现行法"中，[①]而且在实务之判决中也少有提及企业社会责任如何于法律中，但仍可由少数提及企业社会之判决以及台湾地区"公司法"第1条中公司以营利为目的的判决中去理解法院对企业社会责任和相关问题之态度。

台北"高等行政法院"2007年度诉字第00915号判决

"企业的社会责任范围不应无限上纲：查原告对于社会公益运动无不热心参与投入，此由原告每年所为之慈善捐款公益活动之资助可稽，是原告系相当重视企业之社会责任，并对公益活动之推行不遗余力，惟**企业之本质上仍系以追求股东最大利益为导向，其社会责任不应无限上纲**，先予叙明。"

台湾地区"高等法院台中分院"民事裁定2009年度非抗字第156号

"本件抗告人所提抗告意旨，无非系主张原裁定理由以'法人利益为考虑'，此与前述'公司法'第208条之1第1项之立法理由中认应以股东权益及国内经济秩序为考虑之法律目的相悖，惟公司系以营利为目的('公司法'第1条之规定参照)，股东组织公司之目的亦在获得利益，如**公司能正确经营，获得最佳利益，自能确保股东权益**及提升国内经济秩序。"

台湾地区"士林地方法院"民事判决2010年度重诉字第383号判决

"按公司上市、上柜后，其财务、业务、体质、经营之良窳，是否善尽企业社会责任，是否有足以变动公司组织、资本、财务状况之重大事件，其董事或重要干部是否有不法背信行为等情形，对社会及投资大众影响甚巨。"

台湾地区"高等法院"民事判决2009年度消上易字第3号

* 本文为台湾地区"科技部"103－2410－H－305－024研究计划部分成果。

** 台北大学法律系教授、法律系主任，德国Mainz大学法学博士。

① 有关未明文之法律制度可参见陈彦良：《未明文法律制度之法典化》，台北大学法学丛刊2005年第56期，第145页以下。

“如前所陈,2002 年会员协议为两造合意所签订,而上诉人为企业经营者,于前开协议中既已明载提供会员免费之毛巾服务(未限制条数),足见系争免费提供之毛巾清洗费用,业经上诉人精算在其营业成本费用中,并涵盖在其向会员按月所收取之会费内;况上诉人抗辩因全球暖化、石油价格飙涨、节能减碳等情事,是否为两造缔约当时所无法预见之情事,并未举证明之;而前开各因素是否导致其经营成本增加而必须降低对会员提供毛巾之数量,甚至必须另外收取费用,上诉人亦未举证以实其说;上诉人自陈系为**履行企业社会责任**而采取此一措施(见原审卷第 67 页),益征上诉人系**自愿采取配合**节能减碳之措施,而非因客观情事导致其营运成本必须增加甚明。”

由上可知,台湾地区“法院”对于企业社会责任内涵以及企业社会责任和股东、公司利益及公司治理之间的关系有所探求,其亦说明了企业社会责任的自愿性质和公司以营利为目的之必要性。其实台湾地区“公司法”第 1 条也已经明示了公司以“营利”为目的。公司究竟如何才能调和企业社会责任与股东利益及完善公司治理?德国与我国台湾地区同为大陆法系,且法制发展极为备全,故或可由德国实践之经验来作为学习之借镜。

在德国法学界的研究更是受这几年来欧盟重视企业社会责任的影响下,才慢慢有学者加以探讨。并非是德国不重视公司治理以及企业社会责任,而是本身公司法制体系中早已纳入了内控机制和社会化之思想,以及因资本市场体制发展历史与他国有所不同,从而使德国对于社会责任之讨论并不如英美活络。德国学界之讨论系以公司本质为出发点,公司为现代商业生活中交易极为重要之主体,公司系法律为了因应社会需求而创设,而独立负担权利义务之实体,而德国仍有不少学者如 Wiedermann 仍坚持其法人之本质仍涉及财产之形体,[②]本质上也是授予特定之共同体或组织如同自然人一样的法律地位,使其得以参与经济活动。换言之,公司系一个国家经济发展之核心组织,而公司法系为规范企业组织之基本大法,其涉及数十万家公司之组织运作。公司所涉及之参与者(Beteiligten)包括股东、劳工、工会及雇主团体、经营管理机关、公司利益、债权人以及视公司大小及重要性亦可能包括公众,[③]它们彼此间可能利益交错或冲突,从而使关系更为复杂。它们期冀法律加以规范以保障各个利害关系人之利益及公司之运作效能之维持,并取得平衡点。此处已非传统之法人本质所建构之法体系得以顺畅并完全说明公司所有之特性。现代公司之特性,特别是股份有限公司之特性在于其具有独立之法人格、股东之有限责任、股东为公司所有人、董事会拥有公司之经营权,再加上股份自由转让原则及股东平等原则。这些特性以及原则都不是自始存在,而是经由多年的历史、法制之演进而慢慢形成的。对于法律之基本想法,一般会将法律之适用仅视为是一套建立于几个基本原则的交错运作,也因此使法律人多以静态规范体系来检视法律,并强化法的安定性。德国对于企业之分类在学界又分为营利性企业与非营利性企业即公益性企业(gemeinützlichliche Untermehmen),其所专注者为公共或社会之目的。并非以经济上的获利为主要目的。此等非营利性企业有许多公部门或大型社会组织系以股份有限公司或有限公司之型态经营。[④] 特别是公共交通、公众保障、信贷、国宅建设企业多为公益性企业。由税法

② Wiedermann, Gesellschaftsrecht, 1980, S. 245 f.
③ Lücke, in: Lücke (Hrsg.), Vorstand der AG, 2004, § 1 Rn. 2.
④ Raiser/Veil, Recht der Kapitalgesellschaften, 4. Aufl., 2006, S. 12.

中所谓“为公共所利用”之定义，其系要求不得对于企业主张分派盈余，公益性企业必须于章程中明订，因为并不得有股东系非自愿性地参与公益性企业，而在公司法中并未对公益性企业有特殊之规定。在讨论企业社会责任时，对于此等为公众所利用之公益性特殊型态企业，在企业社会责任此一议题下之讨论，必须理解：公司的企业社会责任并不等同于该公司会由营利型公司自动转变为社会责任企业公司，而是应由章程中明订公司目的。本文系着重于德国股份有限公司之部分而针对公司治理及企业社会责任议题加以探讨。公司治理、企业社会责任之引进是否会造成法的不安定，仍应加以检讨，而二者之相互关系也值得观察，无论是在经营管理层面或是法律层面。

二、德国公司治理发展概述

公司治理与企业社会责任一直是个被高度关注和讨论的议题，特别是在股份有限公司之中。就公司治理而言，公司治理的意义，[⑤]依照经济合作暨发展组织（OECD）的原则为“透过指导及管理并落实公司经营者的机制与过程，在兼顾其他利害关系人利益下，借由加强公司绩效，以保障股东权益”。以现代的总体经济学与法学理论来看公司治理之必要性，因为其将经理人视为代理人，而股东及利害关系人视为代理关系中之本人，所以将产生一定之利害冲突。因此若无公司治理之控制机制，则拥有经营控制权者可能会为追求私利而侵害股东及利害关系人权益。公司治理的控制机制便是对内在及外在因素的加以厘清与控制，且透过激励机制，使经营者能为本人之利益做出良善之营运行为。

其中又可由几种不同面向观察：第一种是在法律面向下，公司治理的重心应该在建构企业所有与企业经营分离的现代化经营体系，让健全的企业组织有效监督企业的一切活动运作，并加强其透明度避免脱法行为的经营弊端。[⑥] 第二种是在经济面向下，公司治理的重心应该在使企业经营价值达到长期利益极大化，如以追求股东、债权人、员工间报酬的极大化为目标。此外，如果从财务面向观察，公司治理的重心应该在使资金的提供者（投资人）如何确保公司经营者能以最佳方式运用其资金，并为其赚取应得之报酬和利益。在学理上，公司治理为达到上述目标所设计之架构为激励机制还有监控机制。[⑦] 激励机制是为了使经营者与股东的利益趋于一致，使经营者去追求股东利益之极大化，使双方都得以获利解决二者间之利益冲突，在实务上多半是透过经营者结构报酬，如股票选择权之设计来达成此目的。至于监控机制则可以再分为外部监控机制与内部监控机制。所谓内部监控机制是指透过公司的内部机关（股东会、董事会、监察人）权力分立，相互制衡的制度设计，来防止经营者滥权。于欧洲亦有将公司治理法令称为企业宪章（Unternehmenverfassung）。[⑧] 外部监控机制是包括了主管机关行使公权力之行政监控，及由司法机关以受理诉讼、裁定假处分等方式来处理之司法监

⑤ 刘连煜：《现代公司法》（增订二版），新学林出版社 2007 年版，第 13 页。

⑥ 陈彦良：《透明度于公司治理法制之地位——兼论德国与我国证交法中有关重大性消息判断之认定标准》，载《法令月刊》2006 年第 57 卷第 12 期第 18 页以下。

⑦ 陈春山：《公司治理法制及实务前瞻》，学林出版社 2004 年版，第 20 页。

⑧ 陈彦良：《股东会、董事会、监事会于德国公司治理法典中法规范地位之探讨》，载《政大法学评论》2006 年第 89 期，第 143 页以下。

控，以及主要由资本市场本身及其他参与者施行之市场监控。例如，透过公开收购等机制取得公司经营权，或者是由一些专业人士，利用会计师、律师、投资银行、证券分析师等资本市场守门人之专业能力，依法或依循市场机制，审视评估公司经营者之行为，一旦发现不当或不法，即向市场发出警讯，加以揭露真实信息。

不同之法制系统下，各国间公司治理系统亦有所差异。就美国而言，其公司治理较重股东权益，亦称股东系统，系由英美系统国家所实行，也被称为市场外部人系统或证券市场之资本主义。大陆法系国家重视者并非单单股东利益，亦重视利害关系人，而被称为利害关系人系统。此种体系亦被称为理性内部人系统或福利资本主义。

三、历史因素

不同的公司治理系统发展源自各国之间基本经济与社会理论的不同，亦有可能归因于其所采之公司本质理论之不同。就美国而言，多是实行新古典主义经济理论的观点，也就是说公司存在之目的是维护股东之利益，而公司重要之目的在于股东利益极大化，其他利害关系人相较于股东，只是扮演次要的地位。以德国之公司治理系统观之，公司治理中有关企业内部组织结构发展于国家社会主义当道的时期，企业家是风险承担人，也是公司的经营者，德国对大型企业与小型公司系以不同的立法规范之，即以股份法与有限责任公司法作出不同的规范强度。经营者于从事公司营运行为应为公益负责，故采双轨制加上共同决定制度的公司治理结构，以及工会及劳工代表得以参与监事会，此共同决定制度之精神全展现在 1976 年的共同决定法。[9] 但这并不表示德国不重视董事的忠实义务与股东利益最大化之追求，只是其所占地位并不若美国那样看重，因为在德国股东利益与其他利害关系人如债权人、劳工之利益，于经营者为经营决策行为时是等量齐观，此更能彰显德国的公司治理系统为何也被称为公共福利模式。

此外美国与德国间差异之合理解释尚存在历史上发展不同此一因素。德国的大型银行系统的出现系于 1870 年德国统一后，当时的德国首相俾斯麦为了要发展德国产业，而以扶植大型银行的方式作为产业发展的引擎。中央银行的设立增进了德国银行资金的流动性，中央银行根据当时的政策提供长期借贷给德国的银行以利发展，这些强大而有力的金融机构希望可以监管他们的投资并且积极介入公司治理事务，这也是造成德国一般金融资本市场较不发达之原因。但近年来德国资本市场快速发展，于 1994 年依“第二次金融市场促进法案”，制定证券交易法，其后 1998 年为因应欧盟指令，和 2002 年为了再修订交易所法，各有第三次和第四次之金融市场促进法案，[10]特别是在 1995 年德国证券交易法施行生效后，[11]对于资本市场和投资者、股东的保障也是日益增强，资本市场也日益活络，所以德国的公司治理发展方向也是朝向对于股东权益的加强保障。于 2002 年德国公司治理法典（Deutscher Corporate

---

⑨ 有关共同决定法内容详参见陈彦良：《我国股份有限公司董事选举制度之研析——德国法之启示兼评大毅经营权争夺案》，载《成大法学》2007 年第 14 期，第 20 页以下。

⑩ Baumbach/Hopt, BGH, 32, Aufl. 2006, (14) BörsG Einl Rn. 13 ff.

⑪ Siller, Kapitalmarktrecht, 2006, S. 2.

Gorvernance Kodex,DCGK)在由政府所组成之特别委员会主席 Dr. Gerhard Cromme 主导下,于2月26日公布,而该委员会并未就此解散,仍是保持运作,以观察该法典对立法和实务上之影响,并且每年至少应检验该法典一次,以了解该法典是否有修改之需求。于2002年7月1日德国为加强企业组织透明度而制定之透明度及公开法(TransPubG)生效后,而于德国股份法第161条加入了公司治理法典之法源。[12] 根据德国股份法第161条,德国上市之股份有限公司有义务报告是否有遵守德国公司治理法典之建议(Empfehlungen),[13]其后德国公司治理法典亦每年加以修正,[14]以因应经济市场之变动。

四、德国企业社会责任发展概述

企业社会责任的发展背景主要是源自20世纪快速的工业发展到了一定之极限,其后才引发的人文反省,其概念的发展点早先在于已开发之先进国家。这些已开发国家在工业及商业发展达到一定成熟之阶段,人民或企业体本身开始对于企业自体本身内部成员与环境和小区关系,如童工问题、金融犯罪、全球环境天灾,大型企业也慢慢地对这些议题有所关注。根据世界永续协会(WBCSD)[15]提出的定义,其认为企业社会责任为企业承诺持续遵守道德规范,对经济发展做出贡献,企业与社会是利害与共的生命共同体。

也就是说企业对于本身的目标期望设订,由以往所谓"营利性企业唯一之责任就是赢得利润",进而由单纯之注重股东利益转变为考虑利害关系人利益。[16] 对于企业而言其三大中心责任领域在于:(1)企业对于社会所应负之责任:公司亦有可能获取如社会对于公司之尊重、顾客的信赖等;(2)企业对于环境之责任;(3)经济上之责任。[17] 第三个层面的重心则是公司治理之切入处,其中也要求企业透明度之加强,以防如同美国发生 Enron 或 Worldcom 之弊案,滋生社会动荡。

企业社会责任确切之定义在德国学界和实务有许多不同之论点,但主要切入点都是:企业作为社会的一部分,故有其应负且相符的责任与义务,[18]而前述说明的具体形成就称企业社会责任。此概念又可分为多个不同层次,由最底层之经济责任,再来才是法律责任,其次便是道德责任,最上层才是慈善责任(philanthropic responsibilities)。前二者为社会之要求,道德责任则是社会的期待(expected by society),慈善责任仅是社会的渴求(desired by society)。企业社会责任之三大基石是在于:经济、社会、环境。另一个重点在于企业社会责任应是建立在企业自由意志下的主动措施。[19]

---

⑫ Vgl. Peltzer, Deutsche Corporate Governance, 2004, Rn. 5; 22 ff.

⑬ Vgl. Peltzer, Deutsche Corporate Governance, 2004, Rn. 22.

⑭ 详参见陈彦良:《股东会、董事会、监事会于德国公司治理法典中法规范地位之探讨》,载《政大法学评论》2006年第89期,第143页以下。

⑮ 载 http://www.wbcsd.org/templates/TemplateWBCSD5/layout.asp? MenuID = 1,2008年6月4日访问。

⑯ Köppl/Neureiter (hrsg.), Corporate Social Responsibility, 2004, S. 14.

⑰ Köppl/Neureiter (hrsg.), Corporate Social Responsibility, 2004, S. 21.

⑱ Holzborn, Corporate Social Responsibility in kleinen und mittleren Unternehmen, 2006, S. 21.

⑲ Holzborn, Corporate Social Responsibility in kleinen und mittleren Unternehmen, 2006, S. 21.

五、伦理为内心之内在价值

值得注意的一点在于,德国所谓企业社会责任亦或是企业伦理,与英美相较而言,在法学界之讨论并不是很多,因为多数见解认为所谓企业伦理或社会责任是属于内心要素,并根植于社会性经济市场(soziale Wirtschaft)的基本理解。企业管理学界对企业社会责任之讨论着墨较多,但学术论述数量仍嫌不足。以企管相关文章之数量为例,于 1999 年到 2003 年之相关文章也只有由 0.3% 提升到 3.3% 。在企业伦理杂志中,以德文为母语之作者到 2004 年之统计也仅占 2.7% 。[20] 但随着欧盟对于企业社会责任愈发重视,德国政府部会也对于企业社会责任加以重视,[21]并常与德国企业之共同决定制度一同讨论,[22]且德国公司本质体制就是建立在制度性经济主义下,亦即强调所谓共同体思想和注重利害关系人之参与及利益,在宪法上也有所谓社会国原则,所以对于企业社会责任此一议题,并未如英美国家讨论得如此频繁,因为社会国思想早已渗入所有法律体系。在德国基本法第 20 条第 1 项就明言,德国是一个民主和社会的联邦国。所以在企业社会责任的讨论上则会把重心置于企业利益之内涵,方得以划定经营管理作为之界限。学界对企业社会责任之讨论也与企业利益紧紧相扣。下文将对德国所谓之企业利益做各面向之讨论。

六、董事会经营领导原则之限制——企业利益与共同福祉拘束

正如国家的基本大法为宪法,股份有限公司也有其抽象意义下之宪章,而股份有限公司之宪章(Die Verfassung der AG)并非是在个别股东集合体意义下公司之规章,而是公司法人意义下对股份有限公司营利目的之追求和对此企业经营之规章。依德国股份法第 76 条第 1 项,董事会有经营领导之义务与责任。作为一个行为之机关(Handlungsorgang),董事会需为企业拟定计划和作出决策。董事会的作为有其双重面向之评价:其一为对于公司对外之面向;其二为对于公司本身之面向。

就企业而言,公司为复合性结构,主要可由三方面之利益范畴看出。此三方利益为:资本(Kapital)、劳动(Arbeit)和共同福祉(Gemeinwohl)。在较早之 1937 年德国股份法规定之领导原则中,共同福祉已纳入其中,[23]此系德国第一次在公司法领域中将如何进行领导的经营准则纳入法令。其后于 1958 年的草案当中亦将共同福祉纳入,其规定"董事会领导公司应促进企业、劳工和共同福祉……",其后于 1937 年股份法中做了部分之修改,最后在 1965 年股份法中就未再纳入。但此并不表示 1965 年之后共同福祉之拘束便不再存在,此于后文中再述明。

---

[20] Hassen, Gesellschaftliche Verantwortung als Business Case, in : Schneider/Steiner (Hrsg.), Betrriebswirtschaftlehre und gesellschatliche Verantwortung-Mit Corporate Social Responsibility zu mehr Engagement, 2004, S. 66.

[21] Holzborn, Corporate Social Responsibility in kleinen und mittleren Unternehmen, 2006, S. 30.

[22] 载 http://www.dgb.de/themen/csr/csr_ueberblick.htm/#top,2008 年 6 月 2 日访问。

[23] § 70 Abs. 1 AktG 1937.

七、企业自体论

1. 前言

企业组织随着时代的发展渐有不同，依经济面观察，现代社会中股份有限公司之企业组织结构已有所转化，就外部而言，企业已成为国民经济之一部分，并为一个影响因素，具有一定之公共性。如前所述，公司为一复合性结构，其三方利益范畴为资本、劳动和共同福祉，特别是在国家社会主义盛行时期，共同福祉在法制上占有重要地位。[24] 所以企业之经营者亦应基于企业公共性利益受托人之地位享有必要之行动以及决定权，而少数股东或是所谓投机股东之经济利益，有其一定之界限，而非可无限扩大，即传统公司法理论之股东固有权和股东平等原则会受到保护企业公共性利益之新理论限制。也就是说，不论对企业而言或是对股东而言，其所享有之权利并非不可限制。

2. 对企业自体之批评

企业自体之概念[25]与一般经营管理或经济学之概念不一致，企业并不只有股份有限公司，独资经营亦为企业之一种型态；且股份有限公司实具有（财产性）民主制度之构造于其内，该理论将使寡头控制之可能性出现；且股份有限公司亦为一社团，实难以想见企业利益与社员利益冲突之情况。

另外，企业自体论虽指出股份有限公司内部利害关系对立性，但并未提出解决之方法，极有可能使得股东之权利移至经营者，而抽离于企业，形成经营体自治，伤害公司法上之股份有限公司内部股东之利益，并将使经营者可独占企业利益之决定权，损害股东利益，违反市场经济体制。

3. 调和说

大企业虽多为股份有限公司，但是大企业与股份有限公司并不必然画上等号。将股东划为投资股东和投机股东并不符合时代之潮流，或可称短线股东与大股东之对立状态。股份有限公司之结构，仍应受目的性之制约，其主要目的仍在于追求企业最大之经济利益，进而分配所获之利益。故除去分配部分之利益冲突，无论是股东、董事、监事，还是职员工，都是追求最大之利益。

但若加上分配之因素，各股东或是职员工都会本着自利的想法，而希冀获得最多之利益，此时可能发生全体利益与自己利益之冲突，所以企业自体论是要调和企业内各种利益，使之成为一体，化解内部之利益冲突和斗争关系。

对企业自体的理解应从全体利益概念出发，再来对公司经营及治理措施加以考虑。德国股份法乃是就经济法和社会法之因素加以考虑，承认企业利益和股东利益并存外，在调和二者之利益时，似可承认企业整体利益优于股东个别利益，因为企业本身已是一个自体，而有独立之法益，而且股份有限公司在现今已非着重于各构成部分，其愈来愈朝向经济性、租税性、

---

[24] § 70 Abs. 1 AktG 1937.

[25] 有关威玛时代之企业自体理论详参见 Laux, Die Lehre vom Untermehmen an sich, 1998, S. 1 ff。

社会性之独立性组织方向发展，并非只是一个传统所有权理论下“物之客体”，社会中之民主制度亦应加入其中，也就是劳动者之参与决定也应在公司机关扮演一定之角色。应注意到所谓企业利益，其也受到社会拘束。在社会拘束对劳资平权之共同决定(Mitbestimmung)的强调和重视的背景之下，我们能明白德国所理解的企业利益内涵。董事会应当使劳动者、股东、债权人和其他利害关系人团体之利益平衡，也不应对任何利益团体有所成见。企业为一个复数利益交错之有机组织，除了出资者之外亦有其他企业内的利益相关行为人如组织之成员、劳工以及视企业之大小及产业极有可能包涵至一般共同利益，而实现这些内部利益就必须使其具有一定的社会性。宪法上最重要的基础在于德国基本法第14条第2项，对财产权的社会拘束性，因为股份系公司法上财产之具体形成，[26]正如一般财产所有人(Eigentümer)，一个由所有股东所聚合之股份有限公司在实现权利时负有一定之义务，也就是在实现其营利性目的时不得伤害到劳工和一般大众利益。

股份的去人格化以及企业本身有经济上、社会上固定与继续之价值，使其有独立于股东之外的本身法益，不因股东之变动而消失，也应优先于个别股东利益来保护。此为防止股东权滥用之思想，主要意义在于承认企业之独立性和除了股东利益外，还有公司之独立利益。就股份有限公司而言，是大股东及小股东应彼此尊重之立基点及利益调和之平衡点，也强化了企业之社会性与公共性以及在商事法中对企业存续之支持。如果不重视国民经济面之考虑，企业自体也将失去大部分之意义。因此，企业有其社会制度性之功能。

八、决策空间之社会界限

1. 企业决策自由余地(Entscheidungsfreiräum)

于德国，原则上而言，若章程中未有特殊规定，则公司对获利之目标负有义务。[27] 此虽非明文于法律，但在设立公司的形式面当中早已有此等目标性存在，因董事会对于公司之营利都有报告义务，再者于实质面而言也不可能废弃此一目标，因为如果公司未有经济上之成果，也不能持续存活经营下去。

极具争议性之问题在于德国股份法中对于股份有限公司除了获取营业利益外，是否仍隐含有追求其他利益的目的存在。董事会有经营管理公司之义务(Pflicht zur Untermehnensleistung)，其经营管理权限不单单是权利，也是必须承担之责任，其在公司章程和法令许可的范围之下得以实际营运状况作出裁量决策，决定公司本身之经营目标、策略以及内部组织建构和管理之原则，这些都是董事会应负之义务。关于前述事项董事会皆有一定的决策空间，问题点在于如何去界定它的界限，其是否有完全自由裁量之空间？企业裁量(Unternehmerisches Ermessen)首先是受到德国股份法第23条之规范，公司经营活动不得超出章程之规定，但在第76条第1项规定中明文赋予董事会经营权限，并自负责任，故学者多对第23条第3项第2款做限缩的解释。例如，超出经营范围之经营行为若未涉及结构性之改变或重大差异，在解

---

[26] BvferfGE 14,263,282 Feldmühle Urteil; BVerfGE 50,290,315 f. Mitbestimmung.

[27] OLG Hamm AG 1995, 512, 514.

释上董事会仍得以为之。而董事会职权除法令上的外在限制之外,仍有其内在限制,主要目的在于维持并实现企业利益,使企业得以持续发展经营。营利性企业仍必须尽力使投资之资本获得一定之盈余,问题在于获取最高利润是否为主要之企业目标。例如,劳工利益,若给予劳工较佳待遇,使有更好的福利,亦或使企业得到社会之认同等,到底是否在其裁量空间之中。股东与劳动者利益并非一致,究竟要如何才能提高企业与股份的价值,即所谓股东价值。学者瑞斯(Raiser)认为这二者皆应同时列为企业之营运目标,且董事会亦必须关注到大众之利益,即董事会应尽力维持其公司生产之产品有一定之质量和无瑕疵,或对其提供之服务加以注意,并应促进环境保护和注意整体经济的需求。[28]

2. 共同福祉

早期德国股份法有对公众利益有明文特别规定。于1937年之德国股份法第70条第1项规定赋予董事会义务"……领导经营公司应促进……如企业利益(Betriebswohl)以及其经营成果和全体国民和帝国的共同用处利益"。此系所谓共同福祉条款(Gemeinwohlklause),但是此一共同利益条款并未被1965年之股份法修正中所接受,而不再出现于条文当中,因为在立法草案理由已明言,其系事所当然,故无需再规定。[29] 当时之法律与经济委员会多数委员皆采纳董事会需注意到劳工及共同福祉,所以在法条中规定便属多余,也因为依宪法中社会国原则,便已足够导出相同之结论。故联邦议会便不再于1965年修法时将之纳入,也没有规定在不同利益考虑时之顺序排列,而是交由董事会对于个案加以裁量,而董事会亦有义务为适当之裁量。

但是在学界的看法,对于1965年之股份法是否仍依循着原本的共同福祉条款之规定而认为其系企业之经营目标仍有争议。不过一些法院判决和学界之通说多由此延伸认为,股份法上的"共同福祉条款"系德国基本法第14条[30]其中第2项之特别的具体化实现,就算新股份法不再承认共同福祉条款,此一社会义务也是基本法第2条、第14条和第20条之规定可导出企业有其社会义务,[31]也就是对财产权所负社会义务(Sozialpflichtigkeit)的具体形成。[32] 此宪法上之规定限制了董事会之决策自由,这也是因为基本法第20条和第28条社会国原则的规定,[33]但其具体的落实和形成并不似前述如此地简单而无争议。问题在于依现行的德国股份法而言,其并未有说明共同福祉条款是针对董事会经营领导公司(Gesellschaft)的一般准则,还是经营领导企业(Unternehmen)之准则。修法草案亦未说明相对于1937年股份法之法条,此一法条事实上之变动所造成的后果,以及是否所有的法律思维都是还是照旧有形式继续有效。也就是说依1937年股份法第70条第1项之规定,董事会在经营领导股份有限公司时不仅应注意到现在、将来股东、债权人的利益,还包括了劳工及一般大众之利益。[34] 实质上而言,

---

[28] Raiser/Veil, Recht der Kapitalgesellschaften, 4. Aufl., 2006, S. 143.

[29] Vgl. Nachweise bei in KölnerKomm/Mertens, § 76 Rn. 1 ff.

[30] 基本法第14条规定:"一、财产权及继承权应予保障,其内容与限制由法律规定之。二、财产权负有义务。财产权之行使应同时有益于公共福祉。三、财产之征收,必须为公共福利始得为之。其执行,必须根据法律始得为之,此项法律规定赔偿之性质与范围。赔偿之决定应公平衡量公共利益与关系人之利益。赔偿范围如有争执,得向普通法院提起诉讼。"

[31] BverfG 50, 290.

[32] BVerfG 14, 263, 282; BGHZ 15, 71, 78; Schilling, Macht und Verantwortung in der Aktiengesellschaft, FS für Geßler, 1971, S. 159 ff.

[33] MünchkommAktG/Hefermehl/Spindler, § 76 Rn. 53.

[34] Rittner, Zur Verantwortung des Vorstands nach § 76 Abs. 1 AktG 1965, AG 1973, S. 113 ff.

所谓共同福祉条款应属于企业宪法(Unternehmensverfassungsrecht)的一部分,企业运行应注意劳工利益和一般大众利益,此义务不单限于董事会,而是针对整体公司而言的。再者何为符合共同福祉之经营管理措施,也没有所谓确实标准。[35] 虽于欧洲法中于2001年企业社会责任之绿皮书当中,[36]已对于企业社会责任(Soziale Verantworung der Unternehmen)之标准有了开启性的规范,[37]亦有学者提出此是否为对经济行为的非经济性之准则,[38]但在德国对于此相符之建议并未具体明文落实于德国法律条文之中,仅有于德国公司治理法典4.3.2"董事会之成员及其职员,在与其职务相关的事务上,不被允许为自己或为他人请求或接受来自第三人之报酬或其他利益,亦或给予第三人不法利益"。也就是对于董事会利益冲突的规范,其禁止董事会主动或被动地贪污或接受贿赂。[39] OECD对于跨国企业亦有订定准则纲领。[40] "OECD多国企业指导纲领"是各国政府对多国企业营运行为的建议事项,为一符合相关法律规范的自发性商业行为及标准。其主要目标是希望多国企业的营运目标能与政府一致,加强企业与其营运所处地社会间的互信基础,以及协助改善外国投资气氛及强化多国企业对永续发展的贡献并共同对抗贪腐。该准则本质上也不具强制力。

九、社会拘束

如同前述共同福祉条款虽未见于现行股份法当中,并不表示一个股份有限公司(Aktiengesellschaft)作为整个企业(含关系企业)之主控者其追求营利目标成果不受到社会拘束(Sozialbindung)。公司虽为一个受利益控制导向之资本集合体,由单纯公司法(Gesellschaftsrecht)之观点而言其仅涉及股东之利益,但由公司运行之企业体应将在其人事物之评价上都应求经济和社会性的合而为一之看待,相对而言,企业为一个复数利益交错之有机组织,除了出资者之外亦有其他企业内的利益相关行为人如组织之成员(Organmitglieder)、劳工以及视企业之大小及产业极有可能包涵至一般共同利益(die Interessen der Allgemeinheit)。而经营企业去实现这些内部利益就必须使其具有一定的社会性。宪法上最重要的基础在于德国基本法第14条第2项社会拘束性,因为股份系公司法上财产之具体形成。[41] 正如所有一般的财产所有人(Eigentümer)一样,一个由所有股东所聚合之股份有限公司在实行权利时负有一定之义务,也就是在实现其营利性目的时并不得伤害劳工和一般共同利益。

法治国(Rechtstaat)原则下的公司自治(Autonomie)系受到社会性拘束的限制,同时也及于董事会依其职权,自负责任地经营管理公司。企业为一个整体经济秩序下的一部分,在此秩序下也隐含着一份社会义务,而问题在于此一社会拘束性之法律上之射程范围(Tragweite)究竟有多远。

---

[35] MünchkommAktG/Hefermehl/Spindler, § 76 Rn. 54.
[36] Köppö/Neureiter, Corporate Social Responsibility, 2004, S. 43 ff.
[37] MünchkommAktG/Hefermehl/Spindler, § 76 Rn. 55.
[38] Köppl/Neureiter, Corporate Social Responsibility, 2004, S. 63 ff.
[39] Ringleb / Kremer / Lutter / v. Werder, Kommentar zum Deutschen Corporate Governance Kodex, 2003 Rn. 575 ff.
[40] MünchkommAktG/Hefermehl/Spindler, § 76 Rn. 56.
[41] BvferfGE 14,263,282 Feldmühle Urteil; BVerfGE 50,290,315 f. Mitbestimmung.

促进共同福址之见解应对公司内部现况利益分配有极大之意义，也就是说，如果公司董事会仅完全对于股东利益有所注意时，依学者 Kübler 和 Assmann 之见解，[42]得由监事会或于紧急状况时亦得由法院根据其财务状况加以监督董事会，看看董事会是否确实履行了其义务。董事会是否应同时顾及不同利益是值得我们深思的问题，企业社会责任是否扩张了董事会之义务？董事会如果必须同时顾及考虑企业及大众，其义务将会扩张，并且于执行业务上会有所迟疑。也就是说该做法并不会强化与明确董事会的义务和范畴，反而会松弛了对董事会的监控可能性（Lockerung der Kontrollmöglichkeiten）。易言之，其仅于极端的情形下方有裁量空间做出不利于股东之决定。此情形是在彼此间利益与目的冲突下必须对具体个案做个别考虑，并非有一定的判断基准。在此理由之下可得出"共同福祉条款"应尽可能地不作过于扩张的解释和确切地划出其界限。

首先必须明确说明的是，德国股份法虽保障董事会与监事会能达成任务功能性之能力（Funktionsfähigkeit），但是并不表示亦保障其组织内部成员的个别利益。就股份法而言，董事会为具有忠实义务之其他方利益之管理者，若涉及个人之利益则系以与公司订定之契约加以规范。

劳工利益（Arbeitnehmerinteresse），就德国而言，现今基本上系依企业组织法（Betriebsverfassungsgesetz）和共同决定权法（Mitbestimmungsgesetz）所保障，股份法并非扮演主要之角色。因为在劳动参与法令中已规定了劳工代表参与于监事会当中，所以就劳工保护之需求性（Schutzwürdigkeit），亦不可能于公司法令中加以否认。

也因为大型企业对于社会有其特别之影响力和意义，此已不可能加以忽视，仅仅透过市场对于大型公司的力量加以有效控制的想法亦是值得怀疑，因此从另一个角度观之，虽然其所负之义务与共同福址的问题已不太可能完全脱钩，但是亦不可能把二者之问题结合在一起，因为企业经营之成果并不是为了增进整体经济与政治环境之条件，如促进环保及消费者之保护，[43]而是在经营领导时经常是处于涉及企业的短期利益极大化和长期稳固性（kurzfristige Gewinnmaximierung und langfristige Unternehmensstabilität）此二者目的性之冲突的方向选择。

十、企业利益之再探讨

在社会拘束对劳资平权之共同决定（Mitbestimmung）的强调和重视的背景之下，我们已能明白德国所理解的企业利益之内涵。董事会应当使劳动者、股东、债权人和其他利害关系人团体之利益以平衡，而不应对于任何利益团体有所成见。学者 Hüffer 认为在实务上董事会对于利益排列顺序有一定之决定空间。[44] 就法院而言，其亦需要对于企业利益有一定之具体内容方得以对相关案件作出判决。从董事会实际操作上将此不确定法律概念加以具体化之职权来看，其中存在许多结构性问题。公司系一独立法人但却是一个不同利益之混杂集合体

[42] Kübler/Assmann, Gesellschaftsrecht, 6. Aufl., 2006, S. 182 f.
[43] Kübler/Assmann, Gesellschaftsrecht, 6. Aufl., 2006, S. 183.
[44] Hüffer, Aktiengesetz, 7. Aufl., 2006, § 76, Rn. 12.

(Konglomerat),故必须做系统性之考虑,确认董事会与其他利害关系团体所认为之企业利益是否能趋近。

这得认清一个事实,具体经营管理决策之发轫都是在冲突的情况下产生的,如股东之间或是利益相对的利益团体之间。所以对于企业利益的正确理解在于关注到复数利益冲突之下并没有一个明确的经营领导准则,亦没有太大之可能性透过董事会具体化之职权去解决董事会责任的问题。

较正确的理解在于公司系所有参与企业相关者之组合体,而彼此存在一直未能解决之紧绷关系(Spannungsverhältnis)。此双面的紧绷关系一方面系为实现存续意义下法人本身的利益;另一方面则是股东本身决定公司前途之自由。近期之讨论多对于企业的法律控制应合乎市场机制,并限于较严重之的冲突状况下方有所制约,使不致于伤害到企业能有弹性作为之空间。[45] 究竟是否能由此导出一个适当的企业利益的具体形成,而对董事会产生法律上之拘束,仍是存在许多的疑问。在德国历经三十年以上之讨论,至今也仍未形成具体之要件标准,而仅仅能对建立一个较贴近企业利益的领导方针而得以对董事会之作为加以评价。[46] 除此之外亦有其他如由股东价值,获利极大化、长期获利导向等不同观点所得出之董事会经营领导方针,或多或少也同样受到批评,但是至少其对于是否允许缔结认股选择权、公司的捐赠以及可否作为企业利益之一部分作出一定之判定。

1. 持续获利与获利极大化之思与辨

由持续获利此一概念得否导出获利极大化一直有所争议,再者对于长期利益和获利极大化在股份法上之意义并不相同,而应加以辨明才不致混淆误用,以下将对此概念有所说明。

公司根据私法上结构和自治目的,其主要之任务在形成公司与股东之利益,而董事会于经营领导企业时应实现公司营利性之利益,照顾到全体股东利益,股东也必须承受企业风险(Unternehmenrisiko),董事会经营裁量空间也被限缩于其中。董事会在执行经营裁量权时亦必须保障企业的存续和注意到持续性的获利。[47] 此被称为企业存续经营原则亦或是适当获利性原则。如果没有一个安全的稳固经济基础地位,公司并无法存活下去。如果公司无法存活,债权人利益、劳工利益亦或是股东利益都不可能保障。于德国股份法第 91 条第 2 项亦明白地规定董事会应采取适当之措施,特别是设置监控体系,即及早发现危害公司存续发展之情形。也就是说董事会有义务设置风险管理系统以保障企业之永续经营也是存续保障义务(Bestandssicherungspflicht)的具体化条文,也将组织需求加以具体化。[48] 此等存续建立在公司应有长期性的获利的基础上。但是事实上很难去预见何为对企业具体化长期获利目标之情形,因为就长期而言,公司之部分作为或至少一些未能获利之作为,整体而言并不一定会使公司丧失经济基础。

短期或长期之获利极大化(Gewinnmaximierung)与有获利性(Rentabilität)二者并不相同,对于获利最大化之标准以时间点区分而言,最大获利系指结算后之盈余或是用会计估算盈余

---

[45] Schwarz/Holland, Enron, WorldComm und die Corporate Governance-Disskussion, ZIP 2002, S. 1611 ff.

[46] 不同见解参见 Zöllner, Unternehmenrecht: Gibt es das? AG 2003, S. 2 ff。

[47] OLG Hamm AG 1995, 512, 514.

[48] Hüffer, Aktiengesetz, 7. Aufl., 2006, § 91, Rn. 6.

也没有一定的标准。[49]

德国股份法中所谓之利润(Gewinn)与利用会计制度技术性计算出之实际利润数额并未有不同,所以在此等理解之下,并不存在有长期获利极大化的可能性,因为在会计制度上之利润都是限制在一年的期间,以一年来结算并编制财务报表,故董事会必须在一年内获得最多的利润方符合获利极大化原则。

另外,在德国股份法中,股东大会得对盈余分派比率做出决议,[50]但此决议如果欠缺理性之商业考虑或忽视了公司经济财务之需求以保障公司之存续,则有可能依德国股份法第254条第1项被撤销,得否将其视为长期获利极大化之条文,而推翻前述的说法?德国股利分派之要件,依德国股份法第58条第4项规定,股东拥有决算盈余请求权,即所谓之盈余参与权(Recht auf Gewinnbeteiligung),此亦是股东之社员财产权。此种权利并非具体之权利而是抽象之社员权利。[51] 亦即所谓一般(das allgemiene Recht)之盈余参与权,只有在股东会依德国股份法第174条所做出之有效的盈余使用决议的情形下,股东才享有支付请求权此种具体之盈余分派支付请求权(Zahlungsanspruch)以及给付股利请求权[52](der konkrete Anspruch auf Leistung der Dividende)。

德国股份法第150条规定,依照商法第142条、第264条应编制之年度决算资产负债表上,应提存法定公积[53](gesetzliche Rücklage),其应提存之法定公积金系为年度盈余扣除上年度亏损结转(Verlustvortrag)后之1/20作法定公积金,直至法定公积金加上商法第272条第2项第1~3款所规定之资本公积金合计达到股本之1/10或是达到订于章程更高之比例为止。故可得知于德国必须弥补亏损并依法提出法定公积后方得分派股息股利,且德国股份法第233条为债权人保护之中心条文,[54]于第1项第1句规定:“于法定公积以及资本公积二者合计未超过股本百分之十之前,不得分配盈余”。

董事会应提出盈余使用之建议提交监事会并由股东会行使同意权同意。[55] 德国股份法第170条第2项规定:“同时董事会必须向监事会提出其将向股东会提出使用决算盈余之议案,此议案若未议定其他格式,则格式如下:1. 对股东的分配。2. 盈余公积之提存。3. 盈余结转。4. 决算盈余。”相较于德国股份法第58条实质盈余使用之规定,股份法第174条则为形式(formelle)要件之规定。德国股份法第174条第1项“股东会决议有关决算盈余之使用”,其给予股东会一个决定之权限。[56] 基本上,股东会对股利政策之决策余地[57](Enscheidungsspielraum)原则上是自由的,[58]至于是否有权利滥用发生之可能性,[59]仍得思考。也因此股份法第254条对股利分派决议之撤销权对于少数股东之保护得以发生一定之作用。但此处并不能认

[49] Großmann, Unternehmensziele im Aktienrecht, 1980, S. 72 ff.
[50] 陈彦良:《股利分派法制问题研究》,载《财产法暨经济法》2006年第5期,第69页以下。
[51] BGHZ 124, 27, 31.
[52] MünchKommAktG/Bayer, § 58 Rn. 102 ff.
[53] 依德国商法(HGB)第266条第3项A之规定,公积亦区分为资本公积盈余公积,盈余公积又可分为法定公积、自有股份公积、章程所订公积、其他盈余公积。Vgl. MünchKommAktG/Kessler/Suchan, § 152 AktG, § 266 HGB, Rn. 94 ff.
[54] Hüffer, AktG, § 233 Rn. 1.
[55] MünchKommAktG/Kropff, § 170 Rn. 42 ff.
[56] MünchKommAktG/Kropff, § 174 Rn. 4.
[57] 此处类同台湾地区“公司法”第184条第1项之规定,股东会得决议盈余分派。
[58] MünchKommAktG/Kropff, § 174 Rn. 11.
[59] 例如,决议特别盈余公积之过度提拔等,依德国股份法第254条则是赋予少数股东撤销决议之权利。

为其得以推定有所谓“长期获利极大化”存在之证明，因为其仅涉及盈余分派决议之撤销，这又是回到前述的决算会计盈余，未有预见说明到底在何种条件之下方得到所谓最大利润。也就是说德国股份法第 254 条第 1 项由股份法历史上所曾遇到之情形而言，该条系为避免少数股东受到侵害的少数股东权之保障。由该条亦可导出在任何情形下都应对投资者目的（Anlegerziel）有利益考虑（Rücksichtnahme）之义务。

也就是说企业的获利攸关股利之分派，董事会之决策空间必须受到企业获利性之限缩，但此获利性应指持续性之获利，故相对于获利极大化，董事会则有较大之决策空间，而有关公司对于公众利益的给付，未必会真的影响到持续性之获利，在合理的范围内，甚至有可能增进持续性之获利和企业的永续经营。

2. 股东价值的思考

但是否得由持续获利原则进而引申出股东价值[60]也值得怀疑。[61] 德国对于股东价值的思想系经由企业控制与透明度加强法（KonTraG）注入股份法当中，而要求提升加强股东价值。企业控制与透明度加强法乃针对国际金融市场投资人的期望与要求而对德国公开上市公司做之法律规范，以国际金融机构愿意投资德国企业，除要求加强企业透明度以增强股东价值之外，并放宽股票选择权和允许买回公司自身股票等相关规定。因为股东利益之关注，也使董事会与股东会权限在德国股份法第 76 条之讨论除了法律观点外也加入了企管之观点，如获利极大化的想法。相对于股东价值，董事会领导公司应注重公司利益非单单股东利益，也是常提出之见解。但是强化股东价值是建立于所有个别股东单独的利益之上的，那么就可能导出一个股东利益至上的结论。此种股东优位（Vorrang）主义是将股东利益优先于其他利害关系人的利益，如劳工、债权人、顾客和公众之前。[62] 就股东优先理论而言，其常认为公司之核心为投资人，故投资人应有控制公司之权利，也是公司唯一负责的对象，股东也基于其地位而有权取得利益，得以取得剩余财产分配请求权，且其投资具有高度风险性，股东所获得之保护也是最少，并且有相当动机促进利益最大化。再者对于股东利益优先论者也有二个主要之论点：其一，就是经营者应是只向股东负责，并以股东最大利益为目标。其二，对于其他非股东之利害关系人，如劳工、债权人、消费者、和商与小区，则是依国家法令加以保障[63]或是契约加以解决。也就是说其认为公司所产生之问题多在于不确实遵守法令，如果能遵守法令并忠实地履行其契约义务，则因公司业务作为而产生之环境污染、劳工受到不公平之待遇以及消费者权益的损害问题都能圆满解决或避免，企业之社会责任亦能因此而达成。

新近的一些说法认为所谓“股东价值”，并不能单方面地将之退化视为短期的投资者利益，而是应与其他股份法发展出董事会对业务领导所需遵守之原则趋向一致，[64]所以虽为了达到股东价值的极大化，亦不能因此造成契约他造当事人（如劳动契约之劳工）的重大负担。正如其他理论所强调者，从长期观点来看，利益与市场价值追求，并不是单方面地建立在加重其

---

[60] Groh, Shareholder Value und Aktienrecht, BB 2000, S. 2153 ff.; Bischoff, Das Shareholder Value-Konzept, 1994, S. 1 ff.
[61] Zöllner, Unternehmenrecht: Gibt es das? AG 2003, S. 11 f.
[62] Ulmer, Aktienrecht im Wandel, AcP 2002, S. 143 ff.
[63] MünchKommAktG/Smelerl/Spindler, Vor § 76 Rn. 89.
[64] MünchKommAktG/Hefermehl/Spindler, § 76 Rn. 66.

他利害关系人的负担，而是取得整体的均衡。特别是公司有许多契约与其他利害关系人如劳工、消费者，仍应给予董事会一定之经营管理空间(Spielraum des Management)，使董事会有一定的自由空间(Freiruam)决定采取对股东短期利益未必有利之措施，而这并不违反重视股东价值之原则。此处亦与一般通说所强调之企业利益原则相符。但这种间接解释之方式与企业利益原则不同处在于，追求企业利益其实在内涵上已包括了保护其他利益团体(利害关系人)，故无需再透过解释之方式保护股东以外之利害关系人。

但是此处股东价值极大化相较于其他理论如长期利益极大化理论、企业利益理论，在是否从事风险极大的业务行为案例中，区别就没有这么大，因为对于风险管控之要求，无论是采何种理论都对高风险之业务要求相同，以避免企业无法存续亦或股东受到重大损失。

所以股东价值在德国并非作为经营判断之最高基准。在德国联邦宪法院和最高法院对于股份有限公司经营之最高行动准则皆持续在判决中大多认为是"企业利益"(Unrernehmeninteresse)，[65]但是对企业利益此一名词一直都没有一个确切之定义。在德国也有不少的学者尝试着用许多较可以掌握之元素来填充企业利益的内涵定义，[66]以实际情况观之，任何企业之运行都会受到复数个别利益之影响，所有的利益团体都希望其利益系尽可能受到最大的重视，或至少是适度的关照。除了企业内之利益团体，任何与企业有关系之外部利益团体都期待被关注。企业内之利益主体(Interesseträger im Unternehmen)系指股东以及劳工。[67] 企业本身并非独立之利益主体。又如监事会成员中资方监事虽为股东所选出，但其并非利益主体之代表者，而是对企业利益负有义务。董事会则是负有义务并居于促进和达成企业利益的第一线公司经营机关。监事会则是居于监督之地位持续以监控措施加以控管。

股东与劳工系公司内不可或缺之要素，但就现行公司而言，经营与所有分离，单单劳工与股东此二者并不可能单独使公司得以运作，对公司而言仍必须有一个抽象的组织性领导力之存在，作为客观上之利益主体(如董事会)，使公司得以运作而之经营其业务，并控制公司之运作。重点在于企业的功能性能力(Funktionsfähigkeit)并不允许被公司的业务行为持续造成损害，也就是说公司之作为不能成为影响公司达成其功能和公司目标的负面因素。另外，与企业有相关依附利益之主体(Träger von Interesseen am Unternehmen)系指对于企业的顺利发展有相关利益之人与机构。是否得以股东最大利益的思考，而排除企业对其利益的考虑或衡量也值得怀疑。也就是说，股东价值是必须尊重和强化，但绝非经营判断空间裁量之唯一考虑。

十一、社会责任的具体形成

社会责任(Soziale Veranwortung)在德国公司法制中并非是一个法定义务，但如何由企业利益中去找到社会责任之真义，股份有限公司除了求经济上利益之外，国家并无一个强制力

[65] BverfGE 50, 290, 374; BGHZ 36, 296, 306.
[66] Hüffer, Aktiengesetz, 7. Aufl., 2006, § 116, Rn. 5, MünchkommAktG/Semler/Spindler, Vor § 76 Rn. 84 ff.
[67] MünchkommAktG/Semler, § 100 Rn. 118.

去要求企业采取特定措施履行社会责任。因为这一种强制社会责任的做法并不符合自由经济体制制序,而是一种强制经济系统之特征。在较早期德国股份法中就有部分条文带有这种特色,如前所述的德国1937年股份法第77条第3项便是一个明显的例子,国家可透过该条规定影响公司运行。当董事会成员分配利润时若并无对于社会性运用依照适当性比例原则(Angemessenheit)加以执行业务,则国家有管道得以强制进行司法判决程序加以调整公司业务行为;且帝国经济法院(Reichwirtschaftgericht)得依经济部长之申请,在一家股份有限公司危及公共福祉时,加以解散该家股份有限公司。[68] 此种国家的强制力限制了公司自治,并且使董事会作为股份有限公司行为机关必须履行部分的公共义务。但是对于股份有限公司在市场经济体系下,究竟是否负担以及应负担多少公法上之义务,是一个社会及经济立法上的问题,仍应该在符合宪法的社会与经济政策下采取适当的作为。所以只有在股份有限公司的经营管理机关透过违法的作为[69]而危害到公众利益(Gemeinwohl),且监事会或股东会皆未依程序解任经营管理机关,此时公司所在地之最高主管机关得向邦法院申请解散公司,而该管辖法院得依现今股份法第396条之规定判决解散。[70] 应注意此处所谓经营管理机关并不包括股东会或是控制股东,仅有少数学者认为控制股东亦应受规范。[71] 如果不是一个违法作为,就算是危及公共利益亦不能因此而解散该家公司,特别是该作为未同时违背经济与社会基础原则且亦未侵害到法律时,则不应引用此条加以处理。

企业社会责任原则应存在于自由的经济秩序之下,而不应透过国家强制力加以介入。[72] 此处将国家干涉加以阻断并不会使社会责任原则变成一个单纯的倡导标语而不具任何法律的实质重要性,它仍对董事会行使职权权限(即董事会领导公司并自负责任),仍发生有一定的效力。如此方能一方面保障公司自由的决策空间,另一方面亦确保董事会能在执行业务时注意多重复数利益结构,不至于被单纯之股东利益保障所限制,使其仍能对公司负责。故董事会有权在经营管理公司之时,对于股东利益以外的劳动者利益和大众利益加以关照,及在冲突情况之时也可以在利益衡量后做出正确的决策。虽公司有其营利性目的,但是这并不影响董事会对于社会责任之考虑和因此造成可能减少了股东的盈余获利。只要董事会在经营管理公司时不要侵害到经营管理公司时应有的通常和应认真仔细之注意义务,就不会违反德国股份法第93条所规定之董事会成员的注意义务和责任。

社会责任在法律上之重要性也在于股份法第76条中所谓的"自负责任"(eigene Veranwor-tung)。董事会成员经营公司仍应是自负责任,如果有其他之强度过高之规定,反会将公司自治的目的变成了执行公共义务,如此也丧失了公司本质上存在之目的。

---

[68] § 288 AktG 1937.

[69] Hüffer, Aktiengesetz, 7. Aufl., 2006, § 396, Rn. 3.

[70] Hüffer, Aktiengesetz, 7. Aufl., 2006, § 396, Rn. 1.

[71] Becker, Zur Auflösung juristischer Personen wegen widerrechtlicher oder gemeinwohl gefährdender Zweckverfolgung nach schweiaweischem Recht, ZSR 1988, S. 629.

[72] MünchKommAktG/Hefermehl/Spindler, § 76 Rn. 69.

十二、劳工利益

劳工利益也一直都被认为属于企业社会责任之一部分，如强调追求股东价值一般，德国亦重视公司劳动者价值(Workholder Volue)，故公司董事会在追求营利性目的时亦应注意到劳工利益，董事会有义务对于劳工利益加以照顾以及促进良好的工作环境，在采取经营业务措施时也应该注意，不得在没有强制性理由的情形下伤害到劳工地位。董事会亦得透过自愿性的社会给付(freiwillig sozialleistung)，如改善下列事项如年终奖金、老年照料、劳工住宅或根据股份法第71条第1项第2款购回本身股份进行员工入股等，或是透过企业设施提供在职进修。这些社会给付有可能会违反获利最大化原则，但是可能对整体企业有益。此种造成结算盈余减少之情形，董事会成员并不因此违反对公司所负义务。[73] 而此种社会给付之界限在于董事会成员所应遵守的注意义务程度与第93条第1项[74]所规范之注意义务相一致。

这些社会给付在公司经济情况不允许的情形下或无法在继续承担时若持续给付，则不在允许之范围。董事会在各方利益冲突之情形下，仍应自负责任依个案利益衡量，在自由意志下决定是否在可能减少决算盈余的前提下，可给予劳工其所希望得到之社会给付，并考虑给予多少方为得宜。也就是说董事会仍应考虑维持较高之盈余或是用于投资或是依股份法第58条第2项提高提拨公积以强化公司财务，使公司得以永续经营，确保劳工之就业机会。监事会亦得以依董事会成员未注意到社会利益当作股份法第84条第3项所规范之得解任董事之重大事由之一加以解任董事。[75] 总而言之，董事会应注意到社会责任之存在，但个别劳工或是劳工代表团体，并不会由社会责任对于公司而产生一个直接的法定请求权。

十三、公众利益

如同前述，公司系处于一个自由经济体制下追求其营利性目的，不可讳言大型企业的确对于整体国民经济有一定之影响力。从另一个角度而言，公司亦为整体经济之一环，董事会依据自负责任经营领导权限，自然对各个不同利益应有所衡量和关照。这些利益包括了股东利益、劳动者利益、债权人利益公司伙伴之利益以及公众利益。若未尽到义务，而伤害到财产利益，则有可能会导致损害赔偿可能性的产生。但如果董事会领导公司仅单方面地针对公共利益考虑，没有同时对于企业相关参与人的利益加以足够的保障与考虑，此等做法亦是不被允许。根据经验而言董事会做一个负有社会责任之作为亦对企业有所帮助，有助于生产力或提升公司之影响力等。特别是在公众的领域中，如果企业实行具社会责任而有助于公众利益的措施，会建立良好的公共关系，也会使大众对于该企业较有印象且取得公众的信赖，排除一

[73] MünchKommAktG/Hefermehl/Spindler, § 76 Rn. 70.
[74] 德国股份法第93条第1项规定：董事会成员执行业务时应负一般及认真仔细之注意义务。
[75] MünchKommAktG/Hefermehl/Spindler, § 76 Rn. 70.

些不信任的因素和建立良好形象。

有关于企业的捐赠行为，正因为这种正面观点，使企业的社会给付措施亦具有正当性与合法性，包括学术、艺术、文化目的之捐赠以及国内、外天灾人祸协助给付之捐赠，[76]运用于运动协会和政党之捐款也包括在内。不可否认，公司是社会结构的一个组成部分，故公司对于慈善、政治、文化之促进应得允许，[77]若企业捐赠不违反长期利润之追求且为一个整体性目标之规划，得有其合法性。[78] 首先此活动之赞助或捐赠之目的与计划与企业追求营利目的直接相关者自然受允许。而其界限何在，主要是在于宪法中的社会义务性（Sozialpflicthkeit），董事会如同其他业务作为一般有一定之决策空间，捐赠之部分也是有受到股份法第93条的注意义务所拘束。捐赠与否或多少也都必须考虑到公司财务及现况，不得有违法之情形。[79] 再者如捐助财团法人之情形，如强制劳动伤害保护基金会，此系属董事会经营管理职权，无需经由股东会决议，于此处仍需探讨对短期利益最大化和持续获利之差异，社会性给付的支付费用有可能损及短期利益极大化，但并不碍于持续性获利（dauerhafte Reitabilität）；但是若社会性给付对于企业所造成之负担，完全与企业利益不相符，则董事会成员亦违反了其注意义务，特别是在公司财务现况与给付不符合比例原则之时，[80]董事会必须善尽职责不得恣意为之，其所经营管理者系他人之资产，董事会亦是为他人利用之机关，所以不论是一般业务行为或是社会给付行为都应符合一般通常交易之标准。

再者捐赠也必须是由企业的角色和认知出发，也就是以企业的角度观察此一作为，完全与企业无关之支付有可能是不合法的行为，如何具体化则为董事会之职权，其不得由私人的利益观点来领导公司，而必须由企业利益观点具体化公司之角色。捐赠亦有可能是用来行贿，此时并不因为符合企业利益而取得正当性。OECD在1997年12月17日已有一个国际贸易对抗贿赂协议（OECD-Übereinkommen），[81]德国亦将之转化为内国法，[82]欧盟亦从之。[83] 根据德国刑法第299条，无论是国内或国外之贿赂皆为犯罪，以保障整体全世界的竞争公平。[84] 德国公司治理法典4.3.2亦规定“董事会之成员及其职员，在与其职务相关的事务上，不被允许为自己或为他人请求或接受来自第三人之报酬或其他利益，亦或给予第三人不法利益”。[85] 这些都是董事会在公司治理实务上建议应遵守之最佳准则，在其他国家而言，通常之情形下支付贿赂款项也不符合企业利益。

采取增进公共利益的措施也应为对企业而言是有意义之作为，但这并不表示企业必须得到实质的好处。企业利益得依不同之情形下以不同的措施加以增进。例如，企业未必一定要以最高的价格将商品卖给消费者，亦可能以较平易之价格使消费者能以较低之代价取得高质量之产品，如此可能得到更好的企业信誉和更高的营业量。当企业本身评估后，发

---

[76] BGHSt 47,168,194.
[77] BGHSt 47,187,195; Fleischer, Unternehmensspenden und Leitungsermessen des Vorstands im Aktienrecht, AG 2001, S. 171 ff.
[78] Fleischer, Unternehmensspenden und Leitungsermessen des Vorstands im Aktienrecht, AG 2001, S. 175.
[79] MünchKommAktG/Hefermehl/Spindler, § 93 Rn. 31.
[80] Hüffer, Aktiengesetz, 7. Aufl., 2006, § 76, Rn. 14.
[81] OECD-Übereinkommen über die Bekämpfung der Bestechung ausländische Amtsträger im internationalen Geschäftsverkehr.
[82] BGBL. 1998 II S. 2327.
[83] BGBL. 1998 II S. 2340.
[84] Ringleb / Kremer / Lutter v. Werder, Kommentar zum Deutschen Corporate Governance Kodex, 2003, Rn. 587.
[85] Ringleb / Kremer / Lutter v. Werder, Kommentar zum Deutschen Corporate Governance Kodex, 2003, Rn. 583 ff.

现并不符合企业本身的获利性目的，此时企业并无义务遵守国家所提供之建议价格。董事会得于符合本身注意义务之下做出对价格设定之裁量，就算是有违德国联邦经济部之政策也无碍其裁量之合法性。若董事会尊重考虑所有之因素，特别是公众利益，当然也可以遵从联邦之建议，并不会因此违背其所负之注意义务。这些决策都是董事会自负责任的领域之下，在一般善良仔细的经营管理人之注意义务下，并不会因公共利益导出其他的附随义务。对于企业自由的干涉仅限于法律的规定，法律保留原则在基本法中亦已有明文之规定。

对于各种利益所作利益衡量之优先次序标准一直都未被清楚之描述与规定，就算是公司法上之利益也必须经由长期观察方能划出一定范围。所以要求董事会对于各种不同利害关系团体之利益冲突必须做出合理的利益衡量再做出决策，只要符合了长期获利性原则，便算是已尽到应尽之衡量义务。

公司治理法典对于董事会应尽之义务也有一定影响。股份法第 161 条对于公司治理法典及公司治理报表有所规定，问题在于其对具体化董事会职权真正的影响为何，特别是有关前述社会责任和公众利益的考虑是否有所改变。这点应再做观察，因为公司治理法典并非全部单单是重复法律之规定或是做出同义之改述。虽公司治理法典某程度是为外国机构投资人给予德国市场法制重要信息之用，然而也有部分系要求公司遵守其规定，但是并非如一般法律般给予董事会法律上具有拘束力之强制义务，而多是建议应为之事项及公司治理报表揭露之要求。

十四、守法义务

公司的守法义务也是社会责任之一环。公司系具有独立法人格之行为主体，而董事会为经营管理机关，因此一般民法、竞争法、税法、劳动法、刑法、行政秩序法等之规定都拘束之且应遵循，这是董事会应承担之义务责任。若公司未尽其守法责任将承受许多不利后果，如受到罚金或制裁以及对于公司声誉也会有所减损，亦或是流失有利的商业机会，[86]特别是董事会有义务使公司定期履行缴交税款和社会保险费用。而违反此等规定，尽管在当时公司并未受到立即具体损害，此可能对公司有利，但在原则上不能被认可。[87] 如果在法律基础上有所质疑，董事会做出对于公司最有利状况之解释，只要此观点是具有一般代表性见解之情形下，并不会违背守法义务。如果在极严重之情形下，董事会则有义务征求专业法律意见，[88]而不宜自行做出对于公司自身最有利之解释。

虽有学者认为企业之企业社会责任主要系在于法令之遵守，特别是持股东价值理论即股东优位理论之学者持此等见解，但是正确之看法应是守法未必尽责，特别是于法令不齐备，执行亦不严谨之地方，特别是执法不严会使公司开始考虑守法之成本会不会比不守法高出许多；再者法令的不周全如劳动、消费者保护法令若漏洞百出，纵使所有企业皆守法遵行，但对

[86] BGH GmbHR 1985, 143.
[87] Raiser/Veil, Recht der Kapitalgesellschaften, 4. Aufl. ,2006, S. 161.
[88] BGH DB 1985, 1173 f.

于社会而言仍存在许多不公平不正义的情形，且许多问题企业虽有能力解决，但因无法律义务，亦有可能放任不管，造成社会更多问题。守法义务的遵从就是善尽社会责任，可能只是虚拟之假设。[89]

十五、代结论——解决台湾实务问题借镜之可能性

企业社会责任于法律层面讨论本来就较为抽象，就德国之历史发展而言，公共福祉本来就包含在企业利益中，且所谓企业伦理或社会责任是内心之要素并根植于社会经济之中，而企业利益为法学界讨论之重点，特别是针对董事会经营领导裁量空间界限之划定，占极重要地位。以德国公司治理法典而言，从其中可得出企业利益此一概念对于公司治理之重要性。对于董事会成员之拘束，德国公司治理法典 4.3.3 规定，"董事会之成员系被企业利益所拘束。没有任何一个董事会之成员允许依其决策追求个人利益，亦不允许将属于企业之机会为自己所利用"。对于董事会之拘束则于法典 4.1.1 规定，"董事会要为企业经营负独立责任。并受有谋求最佳企业利益之拘束，且负有提升企业的延续性价值之义务"。另外，在并购情形下，董监事会之决议亦受到企业利益之拘束，在法典 3.7 第 2 项规定，"在发布公开收购声明后，除非获得股东大会的授权或是监事会的同意，董事会除进行正常交易行为(Geschäftsverkehr)之外，不得采取任何可能妨碍成功合并的反并购措施。董、监事会的决议系受股东及企业之最佳利益所拘束"。另外，在法典 5.5.1 亦有规定，"所有监事会成员负有追求企业之最佳利益之义务。监事会成员不得以其决议追求个人利益或为自己目的利用企业之商业机会"。也就是说在德国，公司的所有作为，都受到企业利益的拘束，在经营所有分离的情形下，企业经营者所追求者并非仅为股东利益，而是企业利益，而企业利益的概念并不排斥公共福祉、社会拘束以及所谓社会责任的要求，但是并不能偏废使营利性公司丧失了经济性功能无法得到企业最佳利益。

依台湾地区"上市上柜公司治理实务守则"观之，其于 2006 年 9 月 27 日之修订时，将第 27 条第 1 项规定加以修正："上市上柜公司董事会为健全监督功能及强化管理机能，得考虑董事会规模及独立董事人数，设置审计、提名、报酬或其他各类功能性委员会，并得基于企业社会责任与永续经营的理念，设置环保或其他委员会，并明定于章程。"此系企业社会责任组织内化，上市上柜公司应与往来银行及其他债权人、员工、消费者、供货商、小区或公司之利益相关者，保持畅通之沟通管道，并尊重、维护其应有之合法权益。当利害关系人之合法权益受到侵害时，公司应秉诚信原则妥适处理。[90] 且于该守则中明文将企业社会责任纳入第 54 条之规定，"上市上柜公司在保持正常经营发展以及实现股东利益最大化之同时，应关注消费者权益、小区环保及公益等问题，并重视公司之社会责任"。

讨论企业社会责任于法律上之检验而言，台湾地区"上市上柜公司治理实务守则"第 54 条规定应重视社会责任，但此处所谓股东最大利益与其他面向之关照是否有所冲突，其

---

[89] 赖英照：《从尤努斯到巴菲特——公司社会责任的基本问题》，载《台湾本土法学杂志》2007 年第 93 期，第 163 页以下。
[90] 台湾地区"上市上柜公司治理实务守则"第 51 条。

是否受到股东最大利益之拘束，特别是相较于“企业并购法”第5条，台湾地区“公司法”第23条规定之忠实注意义务并未明言公司负责人对于股东最大利益有忠实及注意义务，而为对公司的忠实注意义务，就德国而言，其有针对公司业务执行机关董事会有所规范，首先是有关董事会的任务与职权。德国公司治理法典4.1.1规定，“董事会要为企业经营负独立责任。并受有谋求最佳企业利益之拘束，且有担保提升企业的永续性价值之义务。”其实有异曲同工之妙，4.1.1条此乃重申德国股份法第76条及第93条之规定，并对其任务加以补充说明。其实于公司治理法典3.8第一句也有补充之规定，董事会应遵守合乎一般之公司经营规则。且配合公司治理法典4.1.4规定，“董事会确保企业中之适当的风险管理及风险控制”。本原则是由德国股份法第76条第1项“董事会经营领导公司并自负其责任”所导出。[91] 并于股份法第91条第2项对董事会之任务规定“董事会应采适当之措施，特别是监督体系之设置，以使早日发现危害公司存续发展之情事”加以重申。此处对组织之要求，存在双阶理论之义务，首先之义务在于，提前发现风险之合宜措施，第二阶段方为监督体系。德国股份法第91条所言之风险管理并非如企业管理理论之风险管理，而是着重公司内部之管控。例如，定期与监事会对重要事项共同讨论并听取建议咨询。于法典中所使用之名词“企业”(Unternehmen)而非“公司”(Gesellschaft)，可得知此处亦包括了董事会对关系企业之风险的控制与管理。[92] 这表示股东利益亦未被德国公司治理法典所偏废，只是为了避免独尊股东利益，故以中性的企业利益涵括之。就我国台湾地区而言，则是将股东利益和企业社会责任并列，亦有避免因要求股东利益最大化而忽略了企业亦为社会之一部分，对社会而言亦有其相符之责任与义务。

极具争议性之法律问题在于德国股份法中并未出现社会责任的字眼，对于股份有限公司除了获取营业利益外，是否仍隐含有其他追求利益的存在。在经营所有分离之情形下，董事会为实质掌控公司之机关，其经营裁量空间究竟有多少就成为必须探讨之部分，以厘清董事职权和责任。从历史的角度观之，1937年的股份法便已有所谓共同福祉条款，虽其后修法并未将共同福祉明文放在新股份法，但是学说上却是认为此为事所当然，而对于董事会之监控并不能因共同福祉之考虑而给予董事会过大的裁量空间，而得以不顾及股东利益，因为如果对于股东利益考虑欠缺，会造成公司治理内部监控失灵，以目前德国公司治理之趋势，多是加强股东权益之保障，故通说仍认为二者之调和应以企业利益为依归。企业利益之划定不单单是对董事会于公司经营措施的判断裁量空间加以扩大，使其得以顾及其他利害关系人利益，另外也是对其裁量空间加以具体界定，企业社会责任并不代表经营者得以忘却公司的经济责任。德国在法律制定的过程中已确立了共同决定制度为企业社会责任的具体法制化，再者在采取经营措施时，对于劳动者利益、利害关系人利益的考虑也不会使董事违反本身的忠实注意义务，并利用企业利益取代单纯之股东最大利益，使公司治理与企业社会责任得以相辅相成，并化解了短期利益极大化和共同福祉追求的冲突性。此种做法或可作为如何解决台湾地区的判决中所谓“原告系相当重视企业之社会责任，并对公益活动之推行不遗余力，惟企业之

[91] Hommelhoff/Mattheus, Corporate Governance nach dem KonTraG, AG 1998, S. 251.

[92] Vgl. Pfitzer/Oser, Corporate Governance Kodex, 2003, S. 102.

本质上仍系以追求股东最大利益为导向,其社会责任不应无限上纲”[93]台湾地区之借镜。并且呼应另一判决中强调“公司能正确经营,获得最佳利益,自能确保股东权益及提升国内经济秩序”,[94]即公司治理之重要性。

[93] 台北“高等行政法院”2007 年度诉字第 00915 号判决。
[94] 台湾地区“高等法院台中分院”民事裁定 2009 年度非抗字第 156 号。

诚信原则在公司法解释之运用：以股东权行使之争议为中心

王志诚*

周子全书："圣，诚而已矣。诚，五常之本，百行之原也。静无而动有，至正而明达也。五常百行非诚，非也，邪暗塞也。故诚则无事矣。"①

诗经："无信人之言，人实不信。"②

一、楔子

诚实及信用为社会生活之基础，兼为助成交易发达之本也。③ 诚信既然为人类至为高尚之美德，民事法又是规范人民社会生活之准则，而将道德观念法律化，形诸于法典，作为日常行为及社会活动之准绳，成为行使权利及履行义务之标竿，早为大陆法系之民法所采行。台湾地区于1929年制定"民法"时，本于债编总论中第219条规定："行使债权，履行债务，应依诚实及信用方法。"④其后于1982年1月4日修正"民法"第148条规定："权利之行使，不得违反公共利益，或以损害他人为主要目的。行使权利，履行义务，应依诚实及信用方法。"亦即将诚信原则明定于总则中，提升至统帅法典全文之地位，成为民法中最重要之基本原则。

台湾地区虽在立法体例上、形式上将"民法"与"公司法""票据法""海商法"及"保险法"等各种商法分别立法，但因各种商法中并未如采取民商分立制之国家有特别制定商人与商行为等规范，故实质上仍采民商合一制之精神。因此，民法中之诚信原则在商法之解释及适用，当然亦成为重要之指导原则。

首先，本文先分析传统民法上关于诚信原则之内涵、功能及派生原则，再探讨诚信原则在具体个案之运用及考量因素。其次，以台湾地区股东权之行使为例，整理罗列法院运用诚信

---

* 中正大学法学院教授、政治大学法学博士。

① 周敦颐：《周子全书》，通书・诚下第二。

② 《诗经》，郑风・扬之水。

③ 参见修订法律馆，大清民律草案第2条之立法理由。

④ 我国台湾地区"民法"第219条规定于1999年4月21日修正时，以关于诚实信用原则，已于第148条第2项增订规定为理由，予以删除。

原则解释及适用公司法规定之案例类型。最后,则提出本文之结论。

二、诚信原则在商法中之地位及概念

(一)诚信原则在商法中之地位

民法上有关诚信原则之规定,乃解释民法及调整民事争议之重要原则,在民商合一制之国家,在法律适用上,可直接作为解释商法及调整商事争议之基本原则。相对地,在民商分立制之国家,诚信原则作为概括条款中之“帝王条款”,君临所有法域,因此不仅可作为解释民法及调整民事争议之重要原则,亦得作为解释商法及调整商事争议之基本原则。

运用诚信原则解释民法与商法,乃至于调整民事争议与商事争议之利害关系,首先应掌握民事关系与商事关系之本质差异。基本上,民法所处理之对象,系属近代社会中抽象性、一般性之利益对立关系;商法所处理之社会关系,属于各种较为具体、态样多元之利益对立关系,且其利益交错关系较为复杂。[⑤] 例如,就公司之内部关系而言,不仅涉及大股东与小股东间之利益对立关系,亦涉及董事与股东间、经营者与员工间之利益对立关系。又就公司之外部关系而论,除可能牵涉公司或经营者与消费者或交易相对人间之对立关系外,在公司进入重整或破产阶段,股东与债权人间之利益对立关系严峻,甚至白热化。因此,当法院运用诚信原则调整商事关系,进行价值判断,以追求法律适用之妥当性时,恐益形艰困难为。

(二)诚信原则之内涵及功能

1. 诚信原则之内涵

诚信原则(Grundsatz von Treu und Glauben)属于概括条款,并非精确之法律概念。诚信原则并无一定之规则,仅为某种开放性之规范概念,作为法院审酌具体个案时,在成文法规定外,寻求妥适解决方法之法律上依据。[⑥]

从诚信原则之早年发展观之,诚信原则之意义大略有四种说法:(1)史坦姆莱(Stammler),谓法律应以社会的理想即以爱人如己之人类最高理想为标准,诚信原则即须以此理想为判断。此理想之位阶高于补充法及契约之上,从而补充法及契约是否合于此原则,应为检察。如有不合,则应排除法规而适用此原则。(2)有以诚信之意义,解为在交易场中,人人可得期待之交易上道德的基础,如Dernburg,Endmann。(3)有以诚信原则与罗马法之一般恶意抗辩有同一之意义者,如Schollmeyer,Planck。(4)有以诚信原则,解为当事人双方利益之公平较量者。[⑦]

观诸台湾地区“最高法院”之见解,曾认为:[⑧]“所谓诚实信用之原则,系在具体的权利义务之关系,依正义公平之方法,确定并实现权利之内容,避免当事人间牺牲他方利益以图利自

---

⑤ 参见富山康吉:《现代商法学の课题》,成文堂1975年版,第25页。
⑥ 参见陈聪富:《诚信原则的理论与实践》,载《政大法学评论》2008年第104期,第38页。
⑦ 参见史尚宽:《债法总论》,1983年自版,第319页。
⑧ 参见我国台湾地区“最高法院”1997年度台再字第64号民事判决。

己，自应以权利人及义务人双方利益为衡量依据，并应考察权利义务之社会上作用，于具体事实妥善运用之方法。”此外，“最高法院”亦曾有见解认为：[⑨]“诚信原则乃斟酌事件之特别情形，衡量双方当事人之利益，使其法律关系臻于公平妥当之一种法律原则。”因此，台湾地区私法体系上之诚信原则，强调一方当事人应尊重他方当事人之利益，不得仅因自己之利益，而损害他人之利益，且对于他方所形成之正当信赖，应给予保护之法律原则。

2. 诚信原则之功能

关于诚信原则之功能，学者有不同之分类。首先，有将诚信原则之功能分为四类：具体性功能、补充性功能、限制性功能及修正性功能。[⑩]

其次，有列举诚信原则之功能，具有下列四种：法具体化功能、正义衡平功能、法修正功能及法创设功能。[⑪]

最后，有将诚信原则具体化成为下列三种功能范围：[⑫](1)义务范围之扩大(补充功能)。特别是从给付义务与附随义务理论，据此而创设，包括缔约上过失、积极侵害债权之制度化等。(2)法律行为内容之修正与取消(调整功能)。例如，情事变更原则，依诚信原则调整其给付之法律效果。(3)权利行使之限制(限制与内容控制之功能)。作为权利行使之准则，包括权利滥用之禁止、定型化契约条款之控制、权利失效原则等。

(三)诚信原则之派生原则

1. 权利滥用禁止原则

权利人依法律所赋予之力量，为享受其利益之行为时，虽不免影响及于他人之利益，但权利之行使原则并不因此受限制，盖法律所以赋予个人以权利，乃系就相互对立之利益加以衡量，而决定优先保护权利人之利益。惟权利之赋予并非绝对保护个人，亦兼在维护社会公益，故认为权利行使必有一定之限界，超过适当之限制而行使权利，及权利之滥用，法所不许。[⑬]也就是，权利人于法律限制内，虽得自由行使其权利，惟不得违反公共利益，乃权利社会化之基本内涵，此即为权利滥用禁止原则。一般而言，权利滥用禁止原则源自诚实信用原则，自亦应受诚实信用原则之支配。[⑭] 台湾地区“民法”第148条第1项规定“权利之行使，不得违反公共利益，或以损害他人为主要目的”即本于斯旨。

依台湾地区“最高法院”2011年度台上字第463号民事判决之见解：“权利滥用禁止原则不仅源自诚实信用原则，且亦须受诚实信用原则之支配，在衡量权利人是否滥用其权利时，仍不能不顾及诚信原则之精神。故于具体案件，如当事人以权利人行使其权利有权利滥用及违反诚实信用原则为抗辩时，法院应就权利人有无权利滥用及违反诚信原则之情事均予调查审认，以求实质公平与妥当。”即认定权利滥用禁止原则源自诚实信用原则。

---

⑨ 参见我国台湾地区“最高法院”1993年度台上字第1654号民事判决。

⑩ 参见姚志明：《诚信原则》，载《月旦法学杂志》2001年第76期，第113～115页。

⑪ 参见林诚二：《论诚实信用原则与权利滥用之机能》(修订版)，1991年自版，第4～6页。

⑫ 参见吴从周：《债权物权化、推定租赁关系与诚信原则——最高法院九五年度第十六次民事庭会议决议评释》，载《台湾法学杂志》2008年第111期，第21页。

⑬ 参见王泽鉴：《民法总则》，1983年自版，第418页。

⑭ 台湾地区学者亦有认为，诚信原则与权利滥用禁止原则，一脉相通，在概念上并无二致。参见王伯琦：《民法债篇总论》，国立编译馆1985年版，第150页。

至于权利滥用禁止原则于适用时，除须注意权利人于行使权利时，在主观上有无以损害他人为主要目的外，在客观上尚须综合权利人因权利行使所能取得之利益与其权利之行使对他人及整个社会国家可能予以之损失，加以比较衡量。[15]

2. 权利失效原则

源自诚信原则所派生之权利滥用禁止原则，以软化权利效能而为特殊救济形态之“权利失效原则”，亦为台湾地区司法实务之见解所肯认。权利失效理论既系针对时效期间内，权利人不符诚信原则之前后矛盾行为规范上之不足，用以填补权利人长久不行使权利所生法秩序不安定之缺漏，剥夺其权利之行使，故在适用上尤应慎重，以免造成时效制度之空洞化。也就是对于权利人不行使权利之期间，能否谓系“于相当期间内不行使权利”、是否足使义务人“正当信赖”权利人不欲其履行其所有权之义务等攸关是否构成权利失效之要件，法院应当详细审查，如未详查即径为审判，即有判决违背法令之虞。[16] 至于援引权利失效原则，司法实务上应注意下列事项：(1)权利失效原则，乃系源于“诚信原则”之特殊救济方法，其目的在于禁止权利滥用。[17] (2)法院为判断时，应斟酌权利之性质、法律行为之种类、当事人间之关系、社会经济状况及其他一切情事，以为认定之依据。[18]

3. 情事变更原则

当法律关系发生后，倘为其基础或环境之情事该法律效力终了前，因不可归责于当事人之事由，致发生非当初所得预料之变更，如仍坚持贯彻原订之法律效力，则明显有失公平时，即应认其法律效力得有相当程度之变更，即所谓情事变更原则。一般认为，情事变更原则，乃私法上之原则，是为诚信原则之下位概念。[19] 台湾地区“民法”于1999年4月21日修正时，增订第227条之2规定：“契约成立后，情事变更，非当时所得预料，而依其原有效果显失公平者，当事人得声请法院增、减其给付或变更其他原有之效果。前项规定，于非因契约所发生之债，准用之。”即明定情事变更原则之具体条文，俾利适用。

依台湾地区“最高法院”2013年度台上字第929号民事判决之见解：“当事人为避开情事变更原则之适用，于契约中对于日后所发生之风险预作排除请求增加给付之约定者，倘综合

---

⑮ 参见我国台湾地区“最高法院”1967年度台上字第1621号民事判决。

⑯ 参见我国台湾地区“最高法院”2014年度台上字第854号民事判决。

⑰ 参见我国台湾地区“最高法院”2008年度台上字第950号民事判决：“按权利固得自由行使，义务本应随时履行，惟权利人于相当期间内不行使其权利，并因其行为造成特殊之情况，足引起义务人之正当信任，认为权利人已不欲行使其权利，或不欲义务人履行其义务，于此情形，经盱衡该权利之性质、法律行为之种类、当事人之关系、经济社会状况、当时之时空背景及其他主、客观等因素，综合考量，依一般社会之通念，可认其权利之再为行使有违‘诚信原则’者，自得因义务人就该有利于己之事实为举证，使权利人之权利受到一定之限制而不得行使，此源于‘诚信原则’，实为禁止权利滥用，以软化权利效能而为特殊救济形态之‘权利失效原则’，究与消灭时效之规定未尽相同，审判法院当不得因已有消灭时效之规定即径予拒斥其适用，且应依职权为必要之调查审认，始不失民法揭橥‘诚信原则’之真谛，并符合诉讼法同受有‘诚信原则’规范之适用。”另参见我国台湾地区“最高法院”2012年度台上字第126号民事判决：“私法领域中，权利人本得自由决定如何行使其权利，除权利人就其已可行使之权利，在相当期间内一再不为行使，并因其行为造成足以引起相对人之正当信任，以为权利人不欲行使其权利，权利人忽又行使权利，足令相对人陷入窘境，本于诚信原则发展而出之权利失效原则，此际权利人所行使之权利因违诚信原则，不能发生应有效果，惟如无任何具体情事足以引起相对人信赖权利人已不行使其权利者，即不得任以权利人未即时行使权利，遽认其不得行使权利。”其他类似见解，参见我国台湾地区“最高法院”2011年度台上字第445号民事判决。

⑱ 参见我国台湾地区“最高法院”2013年度台上字第1932号民事判决：“行使权利，履行义务，应依诚实及信用方法，民法第一百四十八条第二项定有明文。此项规定，于任何权利之行使及义务之履行，均有其适用。权利人在相当期间内不行使其权利，如有特别情事，足使义务人正当信任权利人已不欲行使其权利，其嗣后再为主张，即应认有违诚信而权利失效。法院为判断时，应斟酌权利之性质、法律行为之种类、当事人间之关系、社会经济状况及其他一切情事，以为认定之依据。又权利失效系基于诚信原则，与消灭时效制度无涉，要不因权利人之请求权尚未罹于时效而受影响。”

⑲ 参见黄源盛：《大理院关于诚信原则的法理运用》，载《法制史研究》2009年第16期，第299页。

当事人之真意、契约之内容及目的、社会经济情况、一般观念及其他客观情事,认该风险事故之发生及风险变动之范围,为当事人于订立时所能预料,基于'契约严守'及'契约神圣'之原则,当事人固不得再根据情事变更原则,请求增加给付。惟该项风险之发生及变动之范围,若非客观情事之常态发展,且已逾当事人于订约时所认知之基础或环境,而显难有预见之可能性时,本于诚信原则对契约规整之机能,自仍应许当事人依情事变更原则调整契约之效力,而不受契约原订排除条款之拘束,庶符情事变更原则所蕴涵之公平理念。"即认为诚信原则具有契约规整之机能,故仍可许当事人依情事变更原则调整契约之效力。

4. 禁反言原则

就英美法上之法律观念而言,其与大陆法系所称诚信原则之概念较为接近者,应属"禁反言"(*estoppel*)。矛盾行为、出尔反尔之行为,破坏相对人之正当信赖,其权利之行使与自己之先前行为相矛盾,有违诚信原则,应予以禁止。[20] 禁反言原则(equitable *estoppel*)是英美法系国家之一般契约理论,其基本内涵是"一言既出,驷马难追"(My word is my bond),强调应言行一致,不得出尔反尔之意涵。禁反言原则在法律适用上,通常系指契约当事人因其过去之言词或行为,而被禁止否认契约之效力;至于被主张禁反言之一方,必须引致(induce)对方,而使对方产生信赖并因此遭受损害,始会构成禁反言之适用。观诸台湾司法实务之发展,其直接援引禁反言原则之案例,亦非罕见,兹举下列二例以供参考。

首先,台湾地区"最高法院"2005年度台上字第1956号民事判决认为:"惟查上诉人曾于原审一再主张称:纵认本件不成立债权让与及第三人利益契约,然英美法上有所谓'禁反言原则',我民法第一百四十八条第二项亦有诚信原则之规定,咏淳公司既于一九九五年九月十九日函发被上诉人,详述系争货款应径付伊,被上诉人亦于同年十月三日表示同意,依'禁反言原则'之法理,或诚信原则规定,被上诉人应将该款交付伊,惟被上诉人却将系争货款交付咏淳公司,造成错误,其恶果不能由伊负担。且被上诉人当时并无不能支付之情形,且已于一九九六年四月三十日给付完毕等语。该'禁反言原则'是否毫无可取?上诉人于一九九五年十月三日表示同意付款并副知被上诉人为允诺,有无该'禁反言原则'之适用?攸关本件上诉人得否向被上诉人为请求。原审对上诉人此项重要之攻击方法,恝置不论,遽行判决,即有判决不备理由之违法。"似认为英美法上之禁反言原则,与台湾地区"民法"第148条第2项所揭示之诚信原则相当。

其次,台湾地区"最高法院"2008年度台上字第1593号民事判决则认为:"查上诉人于原审主张附图(三)所示H、I、J、K、L、M、N、O等建物,同时占有原龙安段五六七之一地号及系争土地,该建物前半段之龙安段五六七之一地号土地,业经共有人廖林波漓及廖生地诉请分割,并依该判决诉请拆除系争土地全体共有人出具土地使用权同意书与他共有人兴建之合法建物,且系争建物之现状与竣工后之平面图已有不符,系争建物为独立建物而非区分所有建物。而同一使用执照所兴建之系争建物,丁××等人于前一诉讼主动请求分割并已取得分割判决,足见本件并无不得分割之情事,彼等反于本件诉讼主张不得分割,显已违反禁反言之禁止

---

[20] 参见陈聪富:《诚信原则之适用范围与效果——"最高法院"1999年台上字第497号民事判决》,载《月旦裁判时报》2011年第7期,第134页。

而不得再为主张,有台湾台北地方法院1975年度家诉字第四号、台湾高等法院1975年度家上字第112号、1996年度上更(一)字第3号及本院1987年度台上字第1482号民事判决可稽等语,攸关系争土地得否分割之判断,自属重要之攻击防御方法,然原审未于判决理由项下说明其取舍之意见,径为上诉人不利之认定,有判决不备理由之违误。”即认为若先前已有主张者,其后不得为相反之主张,否则即有违禁反言原则。

三、运用诚信原则解释公司法之考量因素

诚信原则居于概括条款之地位,扮演具体化、补充、修正或限缩实定法(制定法)之规范作用,可作为法院调整公司各种利害关系人间利益冲突之授权基础。因此,法院于处理公司法之解释争议时,得将诚信原则作为利益衡量或价值判断之润滑剂,以合理调整及解释实定法之规范内涵。鉴于诚信原则属于高度不确定性、抽象性及开放性之法律原则,故透过权利滥用禁止原则、权利失效原则、情事变更原则及禁反言原则等派生原则之建立,实可减缓其遭法院恣意运用之风险。问题在于,法院应如何善用诚信原则调整法律适用之安定性,以合理调整公司各种利害关系人间之利益冲突,进而追求具体个案在法律适用上之妥当性,发挥诚信原则所具有之具体性功能、补充性功能、限制性功能及修正性功能,以符合公司法之目的,仍为艰难之课题。

就商法之理念而言,其是解释或制定商法时所应共同努力达成之目标。所谓商法之理念,主要是指重视社会需求、伦理要求、消费者保护、企业维持、利益调和、保障交易安全及迅速等六大理念。[21] 运用诚信原则合理解释公司法之具体规定,不仅符合伦理要求,亦可达成利益调和之理念。特别是公司法身为商法之重要一环,具有营利性、集团性、反复性、社会性、定型性等特殊性质,而反映在法律条文之技术性、外观主义、公示主义、划一主义、迅速主义及责任调整(加重或减轻)等层面,[22]具有高度技术性之特质,但仍应符合伦理要求,并讲求利益调和。法院于运用诚信原则或其派生原则进行价值判断,对于具体个案之利害关系进行利益衡量时,不仅应考量公司法之特性,尚应符合公司法之理念。

理论上,法院对具体个案进行利益衡量时,在诚信原则之具体适用上,必须考量利害关系人间利益对立之个别利益保护问题,亦应权衡个人利益与公共利益之冲突问题,使利益与不利益能在各利害关系人间合理分配。至于法院于运用诚信原则调整利害关系时,除应考量具体个案之客观情状外,其操作利益衡量之评价标准,则可涵盖主观因素、公共利益及基本权价值。[23]

(一)客观因素

首先,在适用诚信原则所派生之权利失效原则,通常必须考量客观上权利人就其已可行

[21] 参见王志诚:《商法解释之方法:以实务案例为探讨》,载《全国律师》2013年第17卷第11期,第8页。
[22] 参见石井照久、鸿常夫:《概说商法》,载《劲草书房》(新版)1979年版,第8页。
[23] 关于利益衡量之评价标准,参见姚志明:《诚信原则》,载《月旦法学杂志》2001年第76期,第112页;杨宏晖:《诚信原则与契约缔结相关说明义务的合理性》,载《法学丛刊》1999年第54卷第3期,第117~118页。

使之权利,在相当期间内一再不为行使,并其不行使之情状,足以使公司之利害关系人正当信任权利人不欲行使其权利。又适用情事变更原则时,则应衡量是否非客观情事之常态发展,且已逾当事人早先所认知之基础或环境,而显难有预见之可能性。此外,适用禁反言原则,则必须考量权利人之权利行使是否有与其先前行为发生自相矛盾之客观情事,损及公司利害关系人之正当信赖。

(二)主观因素

当事人主观之可归责因素,会影响法院之价值判断,特别是在恶意行使权利之情况,可能遭法院认定构成权利滥用,而促使法院考量是否适用权利滥用禁止原则。又当事人因故意或过失而不知相关事实时,亦可能会产生其信赖是否值得保护之问题,而影响应否适用权利失效原则或禁反言原则之判断。

(三)公共利益

诚信原则之运用,不仅应考量当事人之私益,亦应兼顾公共利益之保护。由于公司法具有集团性及社会性之特性,解释公司法之个别条文,除应权衡其适用结果对利害关系人所产生之利益与不利益,借以进行利益调整之判断外,亦应考量其背后是否存在所欲保护之公共利益。[24]

(四)基本权利

法律秩序所承认或形成之价值判断,对法院在具体个案之适用上,可提供较为稳固之理论基础。宪法基本权利所建构之价值体系及价值规范,亦可直接或间接地对公司法所建立之

---

[24] 观诸台湾地区司法实务之见解,即曾从立法政策及规范目的之观点,认定下列条文具有强行规定或禁止规定之性质:(1)"公司法"第 13 条第 1 项规定公司不得为他公司无限责任股东或合伙事业之合伙人,此为强制规定,违反之者,依"民法"第 71 条规定,该合伙契约为无效(我国台湾地区"最高法院"1997 年度台上字第 1587 号民事判决、"最高法院"1991 年度台上字第 1886 号民事判决)。(2)"公司法"第 16 条第 1 项规定公司除依其他法律或公司章程规定,以保证为业务者外,不得为任何保证人。其性质上为禁止规定(我国台湾地区"最高法院"1980 年台上字第 1676 号判例)。(3)股份有限公司之股份,依"公司法"第 163 条第 1 项但书规定,非于公司经设立登记后不得转让,此属禁止规定,如违反之而于公司经设立登记前为转让,依"民法"第 71 条之规定,应属无效(我国台湾地区"最高法院"1986 年度台上字第 431 号民事判决)。(4)股份有限公司发起人之股份,非于公司设立登记一年后,不得转让,"公司法"第 163 条第 2 项定有明文。违反此项禁止规定之股份转让,应属无效(我国台湾地区"最高法院"1981 年台上字第 458 号判例)。(5)"公司法"第 167 条第 1 项前段禁止股份有限公司取得自己股份之规定,为强制规定,违反此项规定之行为,应属无效(我国台湾地区"最高法院"2007 年度台上字第 252 号民事判决、我国台湾地区"最高法院"1997 年度台抗字第 318 号民事裁定、我国台湾地区"最高法院"1983 年度台上字第 289 号民事判决)。(6)依"公司法"第 178 条及第 206 条第 3 项准用第 178 条规定,股份有限公司之股东或董事对于会议之事项,有自身利害关系致有害于公司利益之虞时,不得加入表决,并不得代理他股东行使其表决权,系属强行规定(我国台湾地区"最高法院"2006 年度台上字第 1848 号民事判决)。(7)"公司法"第 209 条对于董事竞业禁止义务设有明文规范,其立法原意,旨在保障公司及股东之利益,是以当股东会对董事竞业情形加以斟酌后,认公司可容忍董事之竞业行为时,则不妨豁免董事此项义务,以平衡双方之利益。解释上应认为属于强制规定,较为妥适,否则,该条文所设之立法目的无由达成,该条文亦将成为具文(台湾地区台北"地方法院"2007 年度诉字第 4947 号民事判决)。

法律秩序发生作用。特别是结社自由、财产权之保障[25]或其他自由及权利之保障,[26]对于公司法之解释及适用,亦可作为顶层之指导原理。

四、运用诚信原则解释股东权行使之争议类型

(一)股东诉权之失效

1. 确认董事会决议无效之诉(确认公司发行新股无效之诉)

台湾地区"高等法院"2009年度上更(三)字第62号民事判决:"按'民法'第一四八条规定,权利之行使,不得违反公共利益,或以损害他人为主要目的。行使权利,履行义务,应依诚实及信用方法。该所称权利之行使是否以损害他人为主要目的,应就权利人因权利行使所能取得之利益,与他人及国家社会因其权利行使所受之损失,比较衡量以定之。倘其权利之行使,自己所得利益极少而他人及国家社会所受之损失甚大者,非不得视为以损害他人为主要目的,此乃权利社会化之基本内涵所必然之解释……是以大华公司究有无召开系争董事会,该增资决议是否有瑕疵,上诉人于斯时既已知情,进而参与其事,讵上诉人于享有增资利益如董事报酬、大华公司因增资得免破产命运,进而继续经营迄今,且嗣经多年经营而有所获利之情事下,7年后即大华公司监察人拟召开股东会改选董事时(嗣于2003年8月26日改选为被上诉人丙××),始争执系争董事会决议不存在,上诉人及被上诉人所增资股东权均不存在,不仅影响增资后各股东权利变动情形,进而影响嗣后大华公司股东会召集程序是否有瑕疵问题?造成大华公司营运、股东法律关系处于不安之状态,并背负抽还股本义务,撼动既有长期已形成之法律秩序,亦损及增资认股利安公司投资认股之安定性,有碍交易安全。反观上诉人提起本件确认诉讼,否认增资效力,藉词以多年前之董事会增资决议不存在或无效,否认该次因增资而取得多数股份之股东之增资股份存在,间接使上诉人持股比例增加,将使其他加入认股之股东无法享受利益,遭受非其所能预测之损害,明显违反公平正义原则,既不符禁反言原则,更有背于诚信,揆诸前开说明,乃属权利滥用,为维持大华公司既存法律秩序,上诉人

---

[25] 参见台湾地区台北"地方法院"1997年度诉字第1909号民事判决:"按不属于重整人之财产,其权利人得不依重整程序,由重整人取回之,公司法第二九六条第二项准用破产法第一百十条规定甚明。此即所谓'一般取回权'之规定,指就不属于重整人之财产,其权利人得不依重整程序向重整人取回之权。例如,重整公司于重整裁定前基于租赁、承揽、委任及寄托等契约关系,而占有他人之财产。此等财产于其原来之契约关系消灭后,自应许所有权人取回。因此,此类不属于重整公司之财产,其权利人自得不依重整程序,由重整人取回之。取回权系基于实体法之规定而发生,故不依重整程序行使,而许由权利人在诉讼上或诉讼外对重整人行使之,且亦得依抗辩主张。经查公司法第二九○条第五项第七款虽然规定重整人针对权利人行使取回权时,应事先征得重整监督人之许可,惟依法条规定意旨观之,其显属为使重整正常进行,而赋予重整监督人监督重整人处理重要行为而设,非为赋予重整监督人准否权利人之取回权而规定,否则若解释为于公司重整中,非经重整监督人许可,权利人不得取回属于其自己之财产,将使取回权之规定形同具文,非但与取回权系基于实体法之规定而发生之精神不符,亦系限制人民财产权之行使,实有违反宪法保障人民财产权之意旨。是以,本件原告主张依公司法第二九六条第二项准用破产法第一百十条及民法第七六七条之规定,取回其自己所有而不属于重整公司之系争木模及模具,为有理由,被告虽辩称其重整监督人对于原告主张行使取回权不表同意,然依前揭说明,可知其抗辩为不可采。从而原告请求被告返还系争木模及模具,自属有理,应予准许。"即以"宪法"第15条所规定财产权之保障为基础,解释"公司法"第290条第5项第7款有关重整程序中,权利人行使取回权时,重整监督人能否否准之问题。

[26] 参见台湾地区"高等法院"2007年度非抗字第58号民事裁定:"'宪法'为维护人民之自由及权利,特在第二十二条明定于不妨害社会秩序公共利益者均可受保障,并于同法第二十三条所列对于自由权利限制之要件,且须以订定法律之方式,始得加以限制。只是,除有法律明文规定予以限制外,人民应有权利不接受法院所命之职务。又按'公司之清算,以董事为清算人。但本法或章程另有规定或股东会另选清算人时,不在此限';'不能依前项之规定定清算人时,法院得因利害关系人之声请,选派清算人','公司法'第三百二十二条第一、二项分别定有明文。则于法院选派清算人之情形,亦须被选定人为就任之承诺,始属公司之清算人。"即以"宪法"第22条所规定之其他自由及权利之保障为基础,解释"公司法"第322条有关法院选派清算人之就任问题。

诉请确认系争董事会决议不存在、无效,并据以确认两造因增资所为附表认股股份之股东权不存在,均为无理由,不应准许。”本件判决即以诚信原则及禁反言原则为法律基础,认定起诉股东于增资发行新股后7年,始争执董事会决议不存在及其他所增资股东权不存在,应属权利滥用。故认定不得提起确认董事会决议无效之诉。

台湾地区“高等法院”2012年度上字第853号民事判决:“(三)上诉人于董监事改选后有关领取董监事车马费、执行董监事职务等事项是否违反诚信原则? 1.按‘民法’第一四八条规定,权利之行使,不得违反公共利益,或以损害他人为主要目的。行使权利,履行义务,应依诚实及信用方法。该所称权利之行使是否以损害他人为主要目的,应就权利人因权利行使所能取得之利益,与他人及国家社会因其权利行使所受之损失,比较衡量以定之。倘其权利之行使,自己所得利益极少而他人及国家社会所受之损失甚大者,非不得视为以损害他人为主要目的,此乃权利社会化之基本内涵所必然之解释……此外,被上诉人公司于2010年9月21日召开2010年度股东常会,选任甘建福、甘智全、林正明、甘锦祥、甘锦裕、甘明弘、谢正雄及上诉人甘霖公司法定代理人甘赖荣玉、上诉人甘锦地等9人为董事,为两造所不争执,有被上诉人公司2010年9月21日2010年度股东常会议事录附卷可凭(见原审卷一第159~160页),上诉人甘锦地及甘霖公司之法定代理人甘赖荣玉不但同意就任,并于2011年7月20日向被上诉人公司各领取2010年度董事报酬204,922元,复于同日依增资后之股东权分别向被上诉人公司领取2010年股利182万元、210万元,有董事愿任同意书(见原审卷二第288~289页)、董监报酬印领清册(见原审卷二第290页)及彰化银行汇款回条(见原审卷二第291~292页)附卷可考。……盖上诉人提起上开及本件确认之诉,始争执被上诉人公司发行、认购新股存有瑕疵,倘该等瑕疵确实存在,亦上诉人等当选董事之前所曾参与而知悉之过程,何以在其等当选董事并就任且领取董事报酬、股东股利之前,未曾有所异议? 是上诉人等提起本件确认之诉,显然并非着眼于公益,此举不仅影响增资后各股东之权利关系,亦影响被上诉人公司依该次董事会增资决议后之股东会召集及决议,对被上诉人公司营运及股东关系将有不安之影响,甚而造成抽还股本撼动已然形成之法律秩序,自是有碍交易安全,明显违反公平正义,既不符禁反言原则,更有背于诚信,上诉人等诿称不知情而不受禁反言原则之拘束,即非可采。”本件判决除认定起诉股东并非基于公益提起确认诉讼外,并以诚信原则及禁反言原则为法律基础,认定其不得提起确认公司发行新股无效之诉。

2. 撤销股东会决议之诉

台湾地区“最高法院”1984年度台上字第595号判例:“依‘公司法’第一百八十九条规定诉请法院撤销股东会决议之股东,应受‘民法’第五十六条第一项之限制。此综观‘公司法’与‘民法’关于股东得诉请法院撤销股东会决议之规定,始终一致。除其提起撤销之诉,所应遵守之法定期间不同外,其余要件,应无何不同。若谓出席而对股东会召集程序或决议方法,原无异议之股东,事后得转而主张召集程序或决议方法为违反法令或章程,而得诉请法院撤销该决议,不啻许股东任意翻覆,影响公司之安定甚巨,法律秩序,亦不容许任意干扰。故应解为依‘公司法’第一百八十九条规定诉请法院撤销股东会决议之股东,仍应受‘民法’第五十六条第一项但书之限制。又同条系关于撤销诉权之规定,股东依此规定提起撤销之诉,其于股东会决议时,虽尚未具有股东资格,然若其前手即出让股份之股东,于股东会决议时,具有股东资格,且已依‘民法’第五十六条规定取得撤销诉权时,其诉权固不因股份之转让而消灭。但若其前手未取得撤销诉权,则继受该股份之股东,亦无撤销诉权可得行使。查本件系争股东会决议事项,既属全体股东无异议后并案一致通过而无人异议。则上诉人之前手既未依‘民法’第五十六条规定取得撤销诉权,依上说明,上诉人亦无由继受其前手诉权之可言。”本件判例系认为在民商合一制下,出席股东诉请法院撤销股东会决议之要件,仍有“民法”第56条第1项但书规定之适用。亦即,本于禁反言原则,若出席而对股东会召集程序或决议方法,原无异议之股东,事后不得依“公司法”第189条规定,诉请法院撤销股东会决议。

台湾地区“高等法院”台南分院2011年度上字第182号民事判决:“(2)被上诉人(崧峻生物科技股份有限公司)之监察人有权召集系争股东临时会,已如前段所述,而股东临时会开会地点原在被上诉人之会议室,如勘验内容所示,上诉人(封安宣)将电动拉门紧闭并集合六七人在门内拒绝警察及股东入内,上诉人之行为,难认系正当。(3)参与系争股东临时会之股东股权比例达公司总发行股份71.52%之事实,为上诉人所不争执,且如勘验内容所示,上诉人当时在场听闻陈美娟当场宣读变更开会地点之公告内容(陈美娟当场宣读公告内容时,并将该开会时间填入公告内,有光碟内容可按),堪认上诉人已知悉变更后之开会时间、地点。而上诉人之股权比例为8.1%,亦为两造所不争执,故本件足认有高达79.62%之股东,均已接获变更开会时间、地点之通知。按上诉人恶意阻止系争股东临时会之开会,迫其变更时间、地点在先,明知变更后之时间、地点,复故意不参加,再以该变更事项未及通知全体股东,召集程序违法为由,诉请撤销系争股东临时会之决议,上诉人显系以自己不正当行为造成之结果作为其上开主张之依据,应认属权利滥用,难认有权利保护必要。”本件判决认为股东恶意阻止股东临时会之开会先,且明知变更后之时间、地点,复故意不参加股东临时会,依权利滥用禁止原则,自不得诉请撤销股东临时会之决议。

(二)股东权行使之保障

1.股东之盈余分派请求权

台湾地区“高等法院”台中分院2004年度上字第338号民事判决:[27]“盖契约自由肯定个人自主及自由选择之权利,本系市场经济及社会进步发展下最重要的一环,契约既因当事人自由意思的合致而订立,其内容的妥当性,原则上固可因此而获得保障。惟当事人是否确能立于‘平等’地位从事缔约行为?契约之内容是否与法令有违?契约自由是否不得予以限制?乃契约自由制度下应予考量之问题。倘一方当事人不得已而屈服于他方意思之下,订立内容违反法令、公序良俗或诚实信用原则之契约,自非法之所许。是为维护契约内容之公平合理,契约自由应受限制。系争记名股票,系上诉人(大立光电股份有限公司)依‘公司法’第二百三十五条第二项规定发给被上诉人之1995年度及2001年度之分红配股。按股息及红利之分派,除章程另有规定外,以各股东持有股份之比例为准;章程应订明员工分配红利之成数,但经目的事业中央主管机关专案核定者,不在此限,‘公司法’第二百三十五条第一、二项定有明文。其目的在配合推动员工分红入股之政策,冀对员工发生鼓励与安定之作用;而既以该

---

[27] 查本件判决,后经我国台湾地区“最高法院”2007年度台上字165号民事判决维持。

年度公司经营所生盈余分配红利，自非以将来公司营运如何为分配红利之要件。故公司分配红利不得违反‘公司法’第二百三十五条第一、二项规定，另加该法条所无之限制。系争同意书就被上诉人依上开法律应分得之红利配股，以被上诉人需任职至一定时间之方式限制其分次领取，增加被上诉人本无须负担之义务，自与该法条规定之目的有违。纵被上诉人有违反劳动基准法或工作规则或雇佣契约等情事，经上诉人依劳动基准法相关规定终止劳动契约，亦不影响被上诉人原已取得之权利。上诉人于被上诉人未取得其他交换利益之情况下（如付费供被上诉人长期进修等），剥夺被上诉人上开终止契约后原得享有之权利，复以显不相当之高额惩罚性违约金约定，剥夺被上诉人请求领取分红配股股票之权利，显已违反法令规范之目的。又权利人于法律限制内，虽得自由行使其权利，但不得违反法令及公共利益，此乃权利社会化之基本内涵。故‘民法’第一百四十八条就诚实信用原则加以规范，以确保在具体的权利义务关系间，依公平正义之方法实现权利之内容，避免当事人之一方牺牲他方之利益。两造订立系争同意书，旨在‘股票取得之限制’及‘员工离职权益之限制’，并附加被上诉人不得于三年内离职之条件，增加被上诉人法律所未规定之负担，且违反法律（‘公司法’）规定之目的，自非合法。”本件判决即以诚信原则为基础，认定公司与员工所约定“股票取得之限制”及“员工离职权益之限制”，增加员工法律上所未规定之负担，违反法令及公共利益。

2. 股东之检查人选派声请权

台湾地区“高等法院”2013 年度非抗字第 97 号民事裁定：“次按‘权利之行使，不得违反公共利益，或以损害他人为主要目的。行使权利，履行义务，应依诚实及信用方法’。‘民法’第一百四十八条定有明文，所谓权利滥用，系指当事人行使权利以损害他人为主要目的而言；所谓诚信原则，系指依一切情况，就其具体情形，有依正义衡平之理念加以调整，求其妥适正当而言。本件相对人（陈元雄）依‘公司法’第二百四十五条第一项规定声请选派检查人，系本于法律所赋予股东共益权之行使，乃正当行使权利，自非权利滥用，相对人亦无何违背诚信原则之情事。而检查人之检查范围，仅限稽核公司账目、财产，若再抗告人（永裕钢铁工程股份有限公司）之财务制度健全，当不致因检查人之稽核，而对公司营运发生影响。且在自由经济环境下，公司经营之良窳取决于公司经营阶层之执行力与判断力，再抗告人主张相对人声请选派检查人之动机，并非出于为公司与股东之利益，而系欲抢夺公司经营权所使用之逼迫手段云云，姑不论再抗告人就此情无法举证以实其说，且实则此与‘公司法’第二百四十五条第一项选派检查人规定要件无关。又按‘最高法院’1986 年度台抗字第 150 号裁定，系阐明公司之监察人得随时依据‘公司法’第二百一十八条第一项之规定，调查公司业务及财产状况，查核簿册文件，自无再依同法第二十四十五条第一项之规定，声请法院选派检查人检查公司业务账目财产情形之必要。而本件相对人并非再抗告人公司之监察人，与上开裁定之事实情形不同，自不得比附援用该裁定于本件，认再抗告人公司现有监察人林美娟已足发挥自行监督之目的，身为股东之相对人即不得声请选派检查人。又虽相对人之配偶陈张爱娥曾担任再抗告人公司之监察人，惟其与相对人在法律上权利义务系属个别，就相对人而言，仍不得行使公司之监察权。况再抗告人业于 2012 年 8 月 10 日召开股东会改选监察人完毕，时至今日已逾 1 年有余，陈张爱娥未再行使监察人职权，亦难谓相对人可借此查核簿册文件，了解公司业务及财务状况。是再抗告人以相对人本件声请非出自保障少数股东之利益，援引‘最高法院’1986 年度台抗字第

150 号裁定，认相对人可透过公司监察人达自行监督目的，且相对人可透过其担任监察人之配偶径行调查公司业务及财务状况，无声请选派检查人之必要，相对人系权利滥用云云，原法院合议庭未予详查有无选派检查人之必要性，遽以驳回再抗告人之抗告，而维持原法院独任法官所为准许选派检查人之裁定，适用法规显有错误云云，亦非可采。”本件判决认定股东之配偶虽担任监察人，但股东自行依“公司法”第 245 条第 1 项规定声请选派检查人，系本于法律所赋与股东共益权之行使，乃正当行使权利，自非权利滥用，亦无何违背诚信原则之情事。

3. 股东名簿变更登记请求权

台湾地区“最高法院”2007 年度台上字第 515 号民事判决：“按‘公司法’第一百六十五条第一项规定：记名股票之转让，非将受让人之本名或名称记载于股票，并将受让人之本名或名称及住所或居所记载于公司股东名簿，不得以其转让对抗公司。旨在证明股票受让之合法性及为送达公司之凭据，而背书为记名股票让与之唯一方式，转让记名股票之受让人，依背书及交付方法而取得股票时，即已取得股东权利，登记仅为对抗要件，而非生效要件。股票受让人已依背书转让而取得股票，并已备齐股票让与过户有关文件，请求记名股票公司办理变更股东名簿之记载，倘记名股票公司以不正当之消极行为，阻止股票受让人申请办理变更股东名簿记载之成就，本于诚信原则，自应类推适用‘民法’第一百〇一条之法理，视为已成就，此与‘最高法院’1971 年台上字第 817 号判例所示情形有别。倘不允许股票受让人得同时请求变更股东名簿记载及请求给付股利，而仍须先请求办理变更股东名簿记载之诉，获得胜诉判决后，始能请求本于股东权利所应受分派股利或红利，因背书受让而享受分派股息或红利等权利，与损害赔偿究有不同，将无从保护股票受让人之权益，亦与诉讼纷争一次解决之诉讼原则有悖。”本件判决即本于诚信原则，认为公司若以不正当之消极行为，阻止股票受让人申请办理变更股东名簿记载之成就，自应类推适用“民法”第 101 条之法理，视为已成就。

4. 出席股东提出临时动议权之保障

台湾地区“经济部”2012 年 5 月 3 日经商字第 10102414350 号函：“按本‘部’2012 年 2 月 24 日经商字第 10102404740 号函释略以：‘若股东已于股东会开会 2 日前，以电子方式行使表决权，且未撤销意思表示者，股东会当日该股东仍可出席股东会，且可于股东会现场提出临时动议（临时动议仍应受“公司法”第一百七十二条第五项规范），该股东就现场提出之临时动议，得行使表决权’。上开所称得提出临时动议及得对临时动议行使表决权，乃因临时动议系开会时临时提出，系该股东原已行使过表决权以外之议案，该股东事先并未行使过表决权，自可在现场行使表决权。又该股东既已于股东会开会前，以电子方式行使表决权，且未撤销意思表示，则就原议案自不得提修正案亦不可再行使表决权，本‘部’2012 年 2 月 24 日经商字第 10102404740 号函应予补充。”依台湾地区“经济部”之上开解释，似以禁反言原则为立论依据，认为已以电子方式行使表决权之股东，若其后亲自出席股东会，仍可行使临时动议权及对该动议行使表决权，但不得提出原议案之修正案及对该修正案行使表决权。

（三）股东权之滥用

1. 股东之股东会召集请求权

台湾地区“最高法院”2005 年度台上字第 1821 号民事判决：“又‘公司法’第一百七十三条乃

股东提案权之特别规定，明定须继续1年以上持有已发行股份总数3%以上股东，得以请求董事会以召集临时股东会之方式行使提案权，其在本质上为股东权之共益权，其行使之目的，并非专为股东个人，而在防止公司不当经营之救济。行使该条提案权之股东，需受持有一定持股期间及比率之限制，并须报请主管机关许可为要件，旨在防止股东任意召集股东会，漫无限制提出议案，干扰公司营运，甚或争夺公司经营权，影响公司之正常营运。倘公司法一方面以'公司法'第一百七十三条规定限制少数股东召集股东会为股东提案权之行使，却又允许股东得以临时动议方法提出议案，则少数股东得以临时动议方式之提案要求股东会讨论并决议，以规避'公司法'第一百七十三条之限制，将无达成'公司法'第一百七十三条防止少数股东滥行召集股东会，借以争夺经营权之目的。故由少数股东依'公司法'第一百七十三条规定召集之股东会，其临时动议倘系就主管机关许可以外之事项为决议，其决议自有瑕疵。又改选董事与提前解任董事，并无必然相牵连，故改选董事、监察人，并不当然即蕴含解任董事监察人，本件少数股东召开股东会之提案，倘仅称改选董事、监察人，既未言及全面改选或仅部分改选，自难遽以推论讨论事项之解任董事。"本件判决认为股东行使"公司法"第173条第2项规定之股东会召集请求权，需受持有一定持股期间及比率之限制，并须报请主管机关许可为要件，旨在防止股东任意召集股东会，漫无限制提出议案，干扰公司营运，甚或争夺公司经营权，影响公司之正常营运。

2. 大股东多数决原理之滥用

台湾地区"高等法院"2005年度上字第194号民事判决："（二）……从股东持有股份之角度而言，盈余分派亦为股东取得股份之核心目的，亦即为股东对于公司之固有权益之一。固然在企业经营之合理范围内，可以将盈余保留而限制或暂停分派盈余，惟若完全或近乎全部剥夺股东盈余分派之可能，不仅系侵害股东固有之权益，并侵害宪法上对于股东盈余分配请求权之财产权保护，同时亦使'公司法'以保障给予股东盈余分派之利益，以促使股东愿以资金投资股份有限公司，而使股份有限公司取得资金借以进行市场经济之交易及竞争之立法目的无法达成，而违反'公司法'所欲建立之市场经济秩序。且如多数股东得以在股东会中通过决议，剥夺或近乎全部剥夺所有股东盈余分派之权利，并同时透过'公司法'上员工分红之制度设计，将所有红利或绝大部分红利分配给一定经营阶层之员工，而大股东在利用对公司之经营权之掌控，借由担任公司董事或其他职位而获得分配公司经营之成果，并限制其他股东取得公司经营利润，此举不仅使'公司法'第二百三十五条第一项为股东之股息及红利分派之规定形同虚设，并且系多数股东滥用其表决权而侵害少数股东权利，与公共秩序有违，自应将其决议解为无效。（三）综观上开决议变更章程后有关盈余、红利之分派，股东所能分派之盈余，仅占全部盈余0.5%，已几近于零；由股东会决议变更章程中有关员工分红部分，即占公司盈余红利分配之99.5%，而员工红利中99%分派予公司协理级以上之员工，而上诉人公司仅有法定代理人王恩光一人为协理级以上员工之事实，为上诉人公司所不争执；由是项决议变更章程中有关盈余、红利之分派比例，其结果使占有上诉人公司已发行股份总数39%之股东即法定代理人王恩光一人独获上诉人公司全部盈余98%之分派，显然违反'公司法'第二百三十五条第一项所规定之股东平等分派原则，且对于'公司法'允许公司存在之经济上目的及资本主义市场之经济秩序，将为之破坏殆尽，违背一般社会国家之利益，及道德观念，参诸前揭'公司法'第一百九十一条、'民法'第七二条之规定意旨及'最高法院'判决、判例意旨，应认 2004 年 7 月 26 日上诉人公司股东常会对于章程中有关更改盈余分配之决议，违背法令及公共秩序，为无效。”本件判决认定多数股东得以在股东会中通过决议，剥夺或近乎全部剥夺所有股东盈余分派之权利，并同时透过公司法上员工分红之制度设计，将所有红利或绝大部分红利分配给一定经营阶层之员工，系多数股东滥用其表决权而侵害少数股东权利，与公共秩序有违。

五、结论

由于诚信原则属于高度不确定性、抽象性及开放性之法律原则，故透过权利滥用禁止原则、权利失效原则、情事变更原则及禁反言原则等派生原则之建立，以具体化诚信原则之规范内涵，虽在相当程度上可减缓其遭法院恣意运用之风险，提高法律适用之可预测性，但法院如何适当发挥诚信原则所具有之具体性功能、补充性功能、限制性功能及修正性功能，以符合公司法之目的，仍为公司法学之永远课题。

诚信原则是私法体系上之概括条款，立于主宰司法体系之重要地位。运用诚信原则合理解释公司法之具体规定，不仅符合伦理要求，亦可达成利益调和之理念。法院于运用诚信原则或其派生原则进行价值判断，对于具体个案之利害关系进行利益衡量时，不仅应考量公司法之特性，尚应符合公司法之理念。基本上，法院于运用诚信原则作为利益衡量之法律基础，以调整各种利害关系人之利益对立关系时，不仅应考量具体个案之客观情状，尚应主观因素、公共利益及基本权价值等评价标准。以台湾地区“法院”运用诚信原则处理股东权行使之争议案件而言，主要涉及股东诉权之失效、股东权之保障与股东权之滥用等争议类型，兹整理如表 1，以供参考。

表 1　台湾地区“法院”运用诚信原则处理股东权争议案件之类型

争议类型	判决字号或解释函令	股东权之性质	诚信原则或其派生原则之适用（法院之利益衡量）
股东诉权之失效	台湾地区“高等法院”2009 年度上更（三）字第 62 号民事判决	确认董事会决议无效之诉	诚信原则、禁反言原则 （起诉股东于增资发行新股后 7 年，始争执董事会决议不存在及其他所增资股东权不存在，应属权利滥用，不得提起确认董事会决议无效之诉）
	台湾地区“高等法院”2012 年度上字第 853 号民事判决	确认董事会决议无效之诉	诚信原则、禁反言原则 （起诉股东并非基于公益提起确认诉讼外，且其参与及知悉公司发行、认购新股存有瑕疵之过程，故不得提起确认公司发行新股无效之诉）
	台湾地区“最高法院”1984 年度台上字第 595 号判例	撤销股东会决议之诉	禁反言原则 （若出席而对股东会召集程序或决议方法，原无异议之股东，事后不得依“公司法”第 189 条规定，诉请法院撤销股东会决议）

续表

争议类型	判决字号或解释函令	股东权之性质	诚信原则或其派生原则之适用（法院之利益衡量）
	台湾地区“高等法院台南分院”2011 年度上字第 182 号民事判决	撤销股东会决议之诉	权利滥用禁止原则 （股东恶意阻止股东临时会之开会先，且明知变更后之时间、地点，复故意不参加股东临时会，自不得诉请撤销股东临时会之决议）
股东权之保障	台湾地区“高等法院台中分院”2004 年度上字第 338 号民事判决	股东之盈余分派请求权	诚信原则 （公司与员工所约定“股票取得之限制”及“员工离职权益之限制”，并附加不得于 3 年内离职之条件，增加员工法律上所未规定之负担，违反法令及公共利益）
	台湾地区“高等法院”2013 年度非抗字第 97 号民事裁定	股东之检查人选派声请权	诚信原则、权利滥用禁止原则 （股东之配偶虽担任监察人，但股东自行依“公司法”第 245 条第 1 项规定声请选派检查人，系本于法律所赋与股东共益权之行使，乃正当行使权利）
	台湾地区“最高法院”2007 年度台上字第 515 号民事判决	股东名簿变更登记请求权	诚信原则 （公司若以不正当之消极行为，阻止股票受让人申请办理变更股东名簿记载之成就，自应类推适用民法第 101 条规定之法理，视为已成就）
	台湾地区“经济部”2012 年 5 月 3 日经商字第 10102414350 号函	出席股东之临时动议权	禁反言原则 （已以电子方式行使表决权之股东，若其后亲自出席股东会，仍可行使临时动议权及对该动议行使表决权，但不得提出原议案之修正案及对该修正案行使表决权）
股东权之滥用	台湾地区“最高法院”2005 年度台上字第 1821 号民事判决	股东之股东会召集请求权	权利滥用禁止原则 （股东行使“公司法”第 173 条第 2 项规定之股东会召集请求权，需受持有一定持股期间及比率之限制，并须报请主管机关许可为要件，旨在防止股东任意召集股东会，漫无限制提出议案，干扰公司营运，甚或争夺公司经营权，影响公司之正常营运）
	台湾地区“高等法院”2005 年度上字第 194 号民事判决	多数股东表决权之滥用	权利滥用禁止原则 （多数股东得以在股东会中通过决议，剥夺或近乎全部剥夺所有股东盈余分派之权利，并同时透过公司法上员工分红之制度设计，将所有红利或绝大部分红利分配给一定经营阶层之员工，系多数股东滥用其表决权而侵害少数股东权利，与公共秩序有违）

资料来源：本文自行整理

抽逃出资禁止规范的变革

曹兴权*

一、抽逃出资禁止规范当何去何从①

抽逃出资、虚假出资、公司虚报注册资本,被认为是有关主体在利用公司企业形态过程中损害社会经济秩序的三大恶行。为此,《公司法》第35条、第91条规定分别针对有限公司和股份公司作了禁止性规定。第35条规定,“公司成立后,股东不得抽逃出资。”第91条规定:“发起人、认股人缴纳股款或者交付抵作股款的出资后,除未按期募足股份、发起人未按期召开创立大会或者创立大会决议不设立公司的情形外,不得抽回其股本。”2014年的《公司法》修正案通过后,这些条款被原封不动地被保留下来。有限公司股东在公司成立后抽逃出资行为与股份公司股东或发起人在设立过程中抽回其股本和注册资本的行为是密切相关的。抽资禁止规范的目的在于确保法定最低及最低实缴资本要求的落实。在取消注册资本法定最低及最低实缴纳的规范时,为什么抽逃出资禁止规范仍被保留呢?是由立法者的疏忽所致,②还是因为废除此类规范本身并无必要?法定资本制表现为由一系列核心规则、相关规则构成的规则群。事实上,注册资本刚性要求不仅涉及此次修法涵盖的实收资本(原第7条)、法定资本最低限额(原第23条、第26条、第59条、第81条及第178条)、股份公司发起人认购和募集的股本达到法定资本最低限额(原第77条)、分期缴纳规则(原第26条、第81条及第84条)、货币出资最低比例(原第27条)、法定验资程序(原第29条及第84条)、有限公司股东名称对股东出资额记载与登记(原第33条)等内容,也应当涉及票面股规则、折价发行禁止规则、分红限制规则、抽逃出资禁止规则甚至变相抽逃出资禁止规则等。针对禁止抽逃出资的恶行,我国专门规定了严厉的行政责任和刑事责任。《公司法》第200条(原第201条)规定行政责任:“公司的发起人、股东在公司成立后,抽逃其出资的,由公司登记机关责令改正,处以所抽逃出资金额百分之五以上百分之十五以下的罚款。”《刑法》在第三章“破坏社会主义经

* 西南政法大学教授。

① 公司资本制度变革后,资本法定最低及最低实缴规则还存在于少数领域。抽逃出资禁止规范在不同领域的价值不同。为行文方便,本文的讨论仅针对不实施法定资本规则的领域。

② 对此次立法中表现出的过强政治推动色彩以及立法者仓促的批判事实上大量存在。当然,政策推动和仓促立法并非不能够促进理性制度的产生,这种批判本身是与对修改后的制度本身的合理性批判分开的。

济秩序罪”中的“破坏公司、企业管理秩序罪”一节中的第159条规定抽逃出资的刑事责任：“公司发起人、股东违反公司法的规定未交付货币、实物或者未转移财产权，虚假出资，或者在公司成立后又抽逃其出资，数额巨大、后果严重或者有其他严重情节的，处五年以下有期徒刑或者拘役，并处或者单处虚假出资金额或者抽逃出资金额百分之二以上百分之十以下罚金。单位犯前款罪的，对单位判处罚金，并对其直接负责的主管人员和其他直接责任人员，处五年以下有期徒刑或者拘役。”在经济秩序管理的所有行政处罚中，针对于抽逃出资行为的较为严重。刑事责任也如此。构成抽逃出资罪的，对个人“处五年以下有期徒刑或者拘役，并处或者单处虚假出资金额或者抽逃出资金额百分之二以上百分之十以下罚金”，这要比针对欺诈发行股票债券、隐匿或者故意销毁依法应当保存的会计凭证、编造并传播证券期货交易虚假信息罪等明显严重恶行的处罚严厉得多。在现实中，抽逃出资罪、虚假出资罪因在很大程度上成为企业家的口袋罪而广受批判。不过，这在公司资本制度改革已有很大改变。2014年4月24日第十二届全国人民代表大会常务委员会第八次会议通过《关于〈中华人民共和国刑法〉第一百五十八条、第一百五十九条的解释》，将抽逃出资罪的规定仅限于适用于依法实行注册资本实缴登记制的公司。顺应刑法的修改，禁止抽逃出资的公司法规范是否也将变动以同样限制适用于那些依法实行注册资本实缴登记制的公司呢？这属于未来立法的问题。现实问题是，在相关条款不变的情况下，如何适用抽逃出资禁止性规范？

法律规范的解释立场在很大程度上影响着法律适用。公司制度的立法变革应当影响法官的立场并且由此改变未来审判的结果。在立法者看来，公司制度特别是注册资本要求是保护债权人的必要手段，③抽逃注册资本因必然破坏债权人的交易预期而应受禁止。无论是基于历史逻辑进行理论推演还是基于现实逻辑进行实证考察，几乎都可得到以下结论：将债权人保护作为公司资本制度基础的假定，“是外界强加给公司资本的一种‘幻想’”。④ 法定最低资本额“不能具有债权人保护的功能，更不能作为债权人保护的一项措施”。⑤ “授权资本制框架内，法定资本规则依旧存在。”⑥显然，如果从资本与债权人保护的逻辑关系进行推导，授权资本制中似乎不应当存在一些法定资本的规则，因为授权资本制不利用资本作为债权人保护工具。但实际情况是相反的。授权资本制资本模式中也存在一些刚性的资本财务规则。当逻辑推演结论与经由历史演化形成的制度实际相冲突时，理性做法应当是反思用以支撑我们逻辑推演的假定，质疑其本身的合理性。也就是说，我们不能简单地认同法定资本基于债权人保护的目的并由此推出取消法定资本制度后债权人保护将受到严重影响的结论，也不能简单地推导出取消法定资本之后那些以债权人保护为目的的相关规则也应当被取消，当然，我们也不得忽略这些规则背后的本来保护目的。公司法将保护股东和债权人的利益，股东的保护需要利用公司法规则，但债权人的保护目标并不一定要在公司法中实现。也就是说，即使公司法中不存在专门保护债权人为目的的规则，债权人也能够通过公司法的有效实施并且

③ Peter O. Mülbert, A Synthetic View of Different Concepts of Creditor Protection, ECGI Working Paper, No. 60/2006.

④ 邹海林：《公司资本的功能定位和制度选择》，载商事法的结构模式与制度创新论坛：《公司资本制度的现代化》学术研讨会论文（2014年4月）。

⑤ 朱慈蕴：《法定最低资本制度与资本充实》，载《法商研究》2004年第1期。

⑥ 傅穹：《法定资本制：诠释、问题与检讨——从公司不同参与人的利益冲突与衡量考察》，载《南京大学法律评论》2002年春季号。

利用其他法律来获得有效保护。对债权人来说,无论是自愿债权人还是非自愿债权人,维系公司良好信用是获得有效保护的基础。通过公司经营行为以及能够反映或者影响公司经营行为的综合财务信息、管理信息、公司发展及盈利预测、主要股东及管理者个性品行等信息,是用以开展公司评价信用的最核心要素。如果说注册资本是用以信用评价的一个要素,那么它也仅仅是一个无关紧要的参考要素。所以说,公司债权人保护的基础,不仅要实现从资本信用到资产信用的转化,⑦而且还要实现从财务信用到行为信用的转变。因为资本之于债权人保护预设的虚幻性,公司债权人保护策略应当实现从财务规范到行为规范的转变。⑧

这些认识上的变化是否会有意无意地影响法官判断呢?答案是肯定的。最高人民法院在提审[(2011)民提字第86号]案时的推理,就是基于行为论证的逻辑而展开的。在该案中,被告华泰公司向另外一被告通泰公司增资5000万元,使后者的注册资本从5000万元增至1亿元,此后通泰公司通过直接或间接的方式转入华泰公司5000万元。最高人民法院在再审中认定,注册又抽回的行为违反了股东不得滥用公司人格的规定,降低了通泰公司承担民事行为责任的能力,本质上严重损害了债权人的利益,违反了资本法定原则,支持二审法院所作的华泰公司对通泰公司对外债务以在出资额的范围内承担补充给付责任的判决。需要注意的是,该案的原终审法院天津市高级人民法院认定,股东抽逃出资因属滥用股东权利的行为构成对《公司法》第20条的违反而为不当,而非直接违反第35条而不当,并且由此判定股东对债权人直接承担责任。⑨ 在实践中,基于行为是否正当而非基于是否抽逃出资去裁判的案例相当普遍。法院的这些努力,预示着变革抽逃出资禁止规范的有益方向。

取消公司资本的法定最低与实缴最低规则后,股东抽逃出资的行为依然会存在。无论如何,抽逃出资行为将会直接对公司并且由此间接给股东乃至债权人带来负面影响。因此,保留股东不得抽逃或者抽回资本的禁止性规范具有很重要的指导性意义。⑩ 就此而言,我们不能期望立法者取消该规范并由此理顺司法立场。公司资本制度变革后抽逃出资禁止规范的何去何从,与其说是公司法的立法问题,不如说是法律解释问题。只要法官在解释适用中坚持合理立场,问题就可以得到迎刃而解。关键是,必须找到我们对待这些既有规范的理性立场是什么。既有理论研究成果和司法活动经验已经展示出理性立场的一些应有内涵,而公司资本制度的变革无疑是促使我们再次进行全面探讨的契机。基于此,本文拟从规范性质、保护在主体及论证逻辑三个方面展开讨论。虽然抽逃出资禁止规范的相关案例涉及股东保护及债权人保护两大目的,但现有理论多是从债权人保护的角度加以论证的。从制度本源来看,在公司债权人保护上实现从财务策略到行为策略的转化是必须的。⑪ 也就是说,即使专门

---

⑦ 参见赵旭东:《从资本信用到资产信用》,载《法学研究》2003年第5期。

⑧ 参见曹兴权:《公司债权人强制保护策略的变革:从财务到行为》,载商事法的结构模式与制度创新论坛:《公司资本制度的现代化》学术研讨会论文(2014年4月)。

⑨ 当然,这引发另外一个问题。该案中的抽逃出资是以具体的交易行为实现的。事实上,最高人民法院《关于适用〈中华人民共和国公司法〉若干问题的规定(三)》(以下简称《公司法司法解释(三)》第12条所列的几种情况在本质上将表现为各种不同的交易。法院对抽逃出资行为的否定事实上是对这些交易行为的否定。依据合同法,否定这些行为的依据在于合同无效规则:或者违反法律行政法规的强制性规定,要么构成严重的欺诈或恶意串通损害他人利益,要么损害公共利益,要么是以合法形式掩盖非法目的。要适用以合法形式掩盖非法目的去否定这些交易,这些交易的产生应当符合公司内部的决策规则。

⑩ 当然,《公司法》第200条关于对股东与发起人抽逃出资行为进行行政处罚的规定,也应当如刑法解释那样限制在特定范围内。在公司资本制度改革后,抽逃出资禁止行为本身不再涉及太多的公共管理利益了。对此,本文将在下一个部分讨论。

⑪ 在正面,应当关注公司良好的治理行为;在反面,应当及时而有效地否定那些可能对公司偿还能力产生不良影响的不当交易行为。抽逃出资而赖以进行的行为,即属于后者的一个类型。

讨论公司债权人保护,也应当基于股东抽逃出资涉及的股东与公司行为来考虑。本文以下讨论也建立在此基础上,主要从抽逃出资赖以进行的相关行为对公司及债权人影响的角度展开。

二、抽逃出资禁止规范性质的转化:从公益到私益

(一)公益性还是私益性

社会利益是法律的创造者,是法律的唯一根源,法律为利益保护而生。[⑫] 利益及利益格局的发展变化决定着法律的变化。法律所保护的利益,有个体的、社会的以及国家的。个体利益属于私人利益的范畴,而社会利益以及国家利益在广义上属于公共利益的范畴。当然,在狭义上讲,社会利益仅指公共利益,属于社会上不确定的大多数人的利益;[⑬]国家利益仅指国家这种个体的利益。法律保护利益的手段,不外乎自治和强制两类,法律规范也分为任意和强制之别。如果法律规范仅涉及当事人之间的利益,多为任意规范;法律规范的目的主要在于保护国家利益、社会利益和第三人利益的,多为强行规范。[⑭] 一般而言,私法中的规范多以保护私人利益为主,行政法规范多以保护公共利益为主,而刑法规范几乎是在保护社会公共利益。当然,这并不意味着私人利益的保护不需要强制规范、公共利益的保护不需要任意性规范,也不意味着私法中不存在保护公共利益的规范、行政法中不存在保护私人利益的规范。民法的公法化、商法的公法化,这种现象本身就针对私人利益保护越来越倚重强制性规范的状况,而违反行政法的强制性规范并不必然导致合同无效。"违反公法的法律行为是否无效,必须探究公法的目的,并运用比例原则来限制对公法目的的解释,以进一步区分公法责任与私法责任。"[⑮]就此而言,为合理适用法律,需要区分强制性规范所保护利益的私益与公益。

强制性规范的判断标准是规范本身是否可以由当事人进行变更和排除,而不在于规范的法律后果采用何种形式。[⑯]《公司法》第35条和第91条归属强制性规范的范畴无疑,公司不得在章程中排除适用。关键是,该些条款是否存在法定例外,是则属于限制性规范,否则可归为禁止性规范。依据第35条,有限公司的股东不得抽逃出资。第74条规定的异议股东股权回购请求权仅仅针对无理由长期不分红、反对分立与合并以及经营期限届满而继续延期的三种情况,并且这三种例外情况在客观上是抽回而不是第35条所言的抽逃。就此而言,第74条并非第35条关于有限公司股东不得抽逃出资规则的例外,第35条属于禁止性强制性规范。第91条针对股份公司发起人、认购人的行为。根据该条,除非发生未按期募足股份、发起人未按期召开创立大会或者创立大会决议不设立公司的情形,发起人、认股人不得在缴纳股款或者交付抵作股款的出资后抽回其股本。第91条关于未按期召开创立大会或者创立大

⑫ 参见张宏生、谷春德:《西方法律思想史》,北京大学出版社1990年版,第349~350页。

⑬ 公共利益在受益对象上具有不确定性,因为公共利益的受益人不是某个具体的个人或群体。参见王利明:《物权法草案中征收征用制度的完善》,载《中国法学》2005年第6期。

⑭ 参见张广兴:《法律行为之无效——从民法通则到民法典草案》,载《法学论坛》2003年第6期。

⑮ 参见谢鸿飞:《论法律行为生效的适法规范》,载《中国社会科学》2007年第6期。

⑯ 参见钟瑞栋:《民法中的强制性规范:公法与私法接轨的规范配置问题》,法律出版社2009年版,第28页。

会决议不设立公司的情形以及第142条关于公司回购是否构成该例外呢？从体系上考察，第91条的目的在于规范股份公司设立中的行为，而非第35条所指公司成立后的行为。[17] 在公司尚未成功设立的设立过程中，发起人、认购人的不得抽回股本；在未按期召开创立大会或者创立大会决议不设立公司的情形，发起人、认购人抽回股本是当然结果，不属于那种不得进行可能危及公司财务状况的抽回之例外。第142条针对公司已经成功设立的情形，无法成为设立中禁止行为的例外。[18]

《公司法》第35条和第91条的强制性规范保护何种利益呢？[19] 从第35条的行文来看，保护公共利益的色彩较为浓厚。第35条所言行为重点在于禁止“逃”而非“抽”，“逃”的表述本身即表明立法者对那些在本性属于恶行的厌恶。如果将禁止抽逃定性为落实法定资本制度的必要保障，认为法定资本制度具有限制公司设立以及保护债权人的社会政策目标预期功能的话，那么该规范的公益性色彩也是自不待言的。当然，限制公司设立的假定具有将公司制度、有限责任定性为某种恶的意味。虽然这种定性本身是不恰当的，在历史上曾经出现过的不恰当看法在当下已经完全消失，但是认为有限责任制度不离于债权人保护的看法流传了下来，通过资本门槛强化债权人保护也就成为主要的社会公共政策预期。问题是，资本门槛、抽逃出资禁止规范本身是否具有保护债权人的直接目的。对此，本文将在下一个部分讨论。

回到抽逃行为本身。虽然立法者对“逃”之类恶行直接进行道德否定和法律否定，但是如果回到抽逃行为赖以实现的具体交易行上时我们会发现，其实抽资的行为并非完全不正当，并非所有的抽资行为都是在逃避出资义务。因此，仅仅根据“逃”的主观目的进行简单判断的做法违背市场实际。将那些表现行为都界定为违反公共利益保护目的无疑过于武断。也就是说，将《公司法》第35条和第91条界定为私法规范，在判断其保护利益的公私属性时，虽然根据字面含义容易得出结论，但一旦回到具体行为则将出现判断难题：此类行为是否就一定是“抽逃”呢？

当然，将《公司法》第35条和第91条界定为公法规范也未尝不可。这两条及第200条的内容，都可以纳入公司登记有关管理制度中，事实上公司登记管理条例也已经纳入。刑法也直接规定了抽逃行为的刑事责任。在抽逃出资禁止规范被界定为公法规范后，抽逃出资禁止规范保护利益的公共属性是相当明显的。工商机关有维护公司有关经济秩序之责，抽逃出资将破坏市场经济秩序，当然也破坏公共管理制度中的管理秩序。查处抽逃出资行为，追究行为主体的行政责任和刑事责任，是维护公司制度乃至经济秩序的必要手段。[20] 当然，取消针对该类行为的犯罪并且同时修改登记规则后，如何从私法规范的角度判断此类强制规范保护利益公私属性的问题将依然存在。

---

[17] 针对宁波市工商行政管理局《关于可否对拟设公司或其股东进行处罚的请示》(甬工商企〔1996〕206号)的请示，国家工商行政管理局《关于可否对拟设公司或其股东进行处罚问题的答复》工商企字[1996]第312号(1996年11月26日)认为，在公司设立过程中，登记主管机关发现股东或发起人虚假出资，可以依据《公司法》、《公司登记管理条例》对股东或发起人进行处罚。

[18] 当然，因第142条的存在，股份公司股东抽回出资的合法情形要比在有限公司少得多了。即便如此，第142条也表明，在华公司设立后抽回或者退股行为本身也并不直接等于“恶”，而是需要对该类行为进行合理性、合法性的再判断。

[19] 为便于讨论，本文在有限公司与股份公司中统一使用抽逃的表述，并且在讨论时不区分第35条和第91条。当然，本文行文主要针对第35条。

[20] 工商机关查处此类行为的新闻报道不时出现。

(二)基于抽逃出资行为效力判断的考察

从合同效力瑕疵的判断中可窥探规范保护的私益与公益。社会公共利益是社会上大多数成员的利益,是全体社会成员的最高利益,因此违反社会公共利益的合同无效,即成为各国立法所普遍确认的原则。[21] 如果仅损害一方当事人的利益,那么合同可被撤销。如果损害第三人的利益,则合同效力待定。在本质上,合同一方当事人的利益与第三人利益都属于私人利益,只不过后者带有某种程度的公共性色彩。就此而言,我们有必要对私法乃至行政法的那些强制性规范保持谨慎心态,以便恰当地区分出该规范保护的利益的公私属性。从合同的无效、可撤销、效力待定状态的判断,可推导出导致这些效力状态的相关法律规范所保护的利益。不过,这容易陷入循环论证。因此通过立法罗列导致合同无效具体情形的处理方法显得很有必要,《合同法》第52条即采用此类方式。如果商业活动属于交易行为的范畴,并且也能够从合同法所列的几种具体形式中得到该交易行为无效的合理结论,那么导致无效的相关刚性规范即属于保护公共利益的公益性规范;如果难以推导出合同无效或者确定合同无效将有失公平或者违背一般常识,那么将此类作为交易行为刚性底线的规范归入保护私人利益的私益性规范则更加合理。

根据原《公司法司法解释(三)》第12条,除"其他未经法定程序将出资抽回的行为"的兜底性规定外,公司抽逃出资的行为具体表现为将出资款项转入公司账户验资后又转出、通过虚构债权债务关系将其出资转出、制作虚假财务会计报表虚增利润进行分配、利用关联交易将出资转出四类。[22] 从市场交易行为的角度解析,将出资款项转入公司账户验资后又转出,要么是公司借贷或赠与给该股东或者与股东有关的其他主体,要么是该股东与股东有关的其他主体直接侵占公司财产;通过虚构债权债务关系将其出资转出,应当虚构一个交易行为并且以履行该交易的方式转出出资;制作虚假财务会计报表虚增利润进行分配表现为公司的虚假财务行为和不当利润分配行为;利用关联交易将出资转出则要签订以公司为一方当事人的各类关联交易的合同。直接侵占公司财产本身违法,行为当然无效,通过此方式来抽逃出资的行为无效,但法律上的否定是基于侵害财产的非法行为而非抽逃出资的非法目的。该目的之所以存在,多因原告诉求"是"而"是"。公司借贷或赠与该股东或者与股东有关的其他主体的行为之所以无效,或者是因不当关联交易(与利用关联交易将出资转出的表现一致),或者是公司内部意思表示瑕疵而又不存在善意第三人保护的情形,或者是被确认为以合法形式掩盖非法抽逃出资的非法目的。但是,在被确认存在这些情况时,判断本身带有不确定性。在司法实务中,将公司资金通过交易的方式转出但短时间之内又转回的行为,一般被认定为抽逃。但是如果是较长时间后转出,则可能不认为是抽逃。一进一出之间的时间因素成为判断的关键,而时间的长短本身带有随意性。前两类被否定,并非一定基于抽逃出资的非法目的,即使基于非法目的,也可能与第三类的所谓目的一样,多因原告诉求"是"而"是",或者监管

---

[21] 《合同法》第52条所列一方以欺诈、胁迫的手段订立合同损害国家利益,恶意串通,损害国家、集体或者第三人利益,以合法形式掩盖非法目的,损害社会公共利益以及违反法律、行政法规的强制性规定的表述在逻辑上是有问题的。一方以欺诈、胁迫的手段订立合同损害国家利益的,并不必然导致损害公共利益,而其他几种情况均属于损害公共利益的一些具体表现形式。

[22] 严格来讲,这四类行为并不能完全涵盖所有情形。

机关如此主张。针对黑龙江省工商行政管理局《关于公司股东以借款为名抽回注册资本是否属于抽逃出资行为的的请示》(黑工商函〔1999〕11号),国家工商行政管理局《关于公司股东以借款为名抽回注册资本是否属于抽逃出资行为的的请示》企指函字〔1999〕第6号(1999年4月27日)认为,公司股东为规避法律、法规的规定,以借款方式全额抽回其出资的,应按抽逃出资行为处理。试想,监管怎么判断出该类交易就一定基于逃避出资的目的呢?虚构债权债务关系所表现出的交易当然不受法律支持,因为该交易关系不存在。从此类虚构行为,容易推导出行为背后抽逃出资的目的。虚假行为因虚假而具有恶性,再加上抽逃出资的恶性,当然被判定为无效。通过虚假财务行为进行利润分配最终将落脚于不当利润分配行为,因此不当利润分配是判断的基点。公司法对利润分配有规定,违反该规定的分配行为无效,股东分配的利润应当退回。如果还存在虚假财务行为,则更应被否定。但是,何以在不当利润分配或者虚假财务行为与抽逃出资目的之间建立必然联系,则相对困难,并且,抽逃出资目的控诉本身带有主观性使该联系带有较大的不确定性。

如果《公司法司法解释(三)》第12条所列几种表现背后的交易行为本身必定无效,逃避出资的目的是无需证明的,则抽逃出资禁止性规定保护利益的公共性容易得以确证。但事实恰好相反,这些行为并不必然导致公司、股东及债权人的利益受损,当然也不一定导致社会公共利益受损。即使利益受损,也存在是损害个体利益还是公共利益的区分问题,并且,即使存在损害公共利益的情况,也并非一定是由所谓抽逃出资非法目的导致的。因此,通过考察抽逃出资所指行为的效力我们发现,依然存在认定为"逃"的难题,[23]而所谓的抽逃行为禁止规范在实际中是否一定指向公共利益的保护是不确定的。

(三)从公益到私益

在我国,一般认为社会公共利益有公共秩序与公共道德两个方面,市场交易行为中的公共利益则主要表现为经济秩序和公共道德。为有效保护经济交往中的公共利益,法律不得不采取强制手段干涉市场主体的合同自由。所以,维护社会经济秩序必然呼唤国家对当事人之间的财产或者服务的交换进行干预。虽然这种干预对于维护当事人之间的实质平等关系、确保个人利于与社会利益之间尽可能保持一致的目的来说是必要的,但是尽可能尊重市场自由、最大限度尊重合同自由也是必要的公共政策。因此,在判断市场交易规范的公益性与私益性时,倾向于严格限制公共利益的判断是适宜的。"严格意义的公共利益是发生冲突的合法需求中需要由公共权力来维护的、具有压倒性正义优势的一方需求。公共利益的认定须符合利益冲突标准、法律途径标准和价值比较标准。"[24]在难以确定抽资禁止规范所保护利益的公私属性时,将其归入私益类或许较为理性。

同时,在难以通过合同效力判断去反推强制性私法规范乃至行政法律规范的公益性与私益性时,对规范进行目的判断是必要的。法律概念在语义学上一直带有目的性,也即与当时

---

[23] 并非一旦出现此类行为发生就直接认定构成抽逃出资,在推理时也并非直接将该行为与抽逃出资禁止规则建立联系而使其借助于行为效力判断的其他规范。因此,不仅抽逃出资禁止规范本身的公益性存在疑问,而且它在法律推理中的地位事实上也已经发生变动。对后者,本文将在后一部分探讨。

[24] 刘太刚:《公共利益的认定标准及立法思路——以公共利益的概念功能为视角》,载《国家行政学院学报》2012年第2期。

对该概念的适用有决定性作用的规范相关。[25] "是规范目的决定了法律概念的功能,而不是相反。"[26]探究法律规范的目的,立法背景资料可资借鉴,法律解释方法的运用不可少。需要注意的是,法律解释中必然存在主观解释和客观解释的立场之争。表面上看来严密且确定的概念体系也不是以一成不变的语义学为其基础,而其语义学上的意义一直随着"规范目的"的变化而发生变化。在这个意义上讲,强制性规范所保护利益公与私之区分本身不是一成不变的。一个特定的强制性规范在此一时保护的是公共利益,而在彼一时则可能转化为保护私人利益。事实上,所谓的社会公共利益本身在很大程度上就是一个公共政策,与经济有关的公共政策本身就是与时俱进的。禁止以逃避出资义务为目的的抽资行为,目的在于确保资本法定最低及实缴最低刚性规则的实施,而资本的法定最低及实缴最低规范被认为是具有实现排除任意设立公司、维系市场公司主体信用和秩序等公共目标的价值的。如果不考虑功能假定是否成立的问题,仅从表面意义上讲,禁止以逃避出资义务为目的的抽资行为的规范保护的则是公共利益了。实践证明,基于确保公司"优生"的心态而设计的法定资本规则不仅无法达到预设目的,而且还有极大的负面效果。在减少市场管制、减政放权的政策背景中,法定资本规则被取消,禁止以逃避出资义务为目的的抽资行为规范所保护利益的公共性色彩大大减弱,抽逃出资的刑事责任规则也被严格限制在实施实缴资本有刚性要求的少数领域。就此而言,抽逃出资禁止规范保护的利益,几乎实现了从公共属性到私人属性的转化。

不当抽资行为会对公司财产乃至公司独立性带来影响,可能危及公司信用。即使不考虑对公司的负面影响,这些行为中的不当本身也应得到法律的负面评价。因此,保留抽逃出资行为禁止规范在现阶段是必要的。不过,既然它已经回归到保护私人利益规范的范畴,经济领域的道德使命无法回避市场自由之基础原则,法院也就不必带着维护公共利益的道德使命感去解释适用了。2014 年 2 月 17 日最高人民法院修订《公司法司法解释(三)》第 12 条,取消了原第 1 项"将出资款项转入公司账户验资后又转出",但保留了其他几种可以认定构成抽逃出资的情形。在适用抽逃出资禁止规范、面对法律解释所列的几种行为时,是以抽逃出资论证的思维去展开还是以其他思维展开呢? 这依然是个严肃的话题。如前所述,在出现解释保留的那些情形时,法院的否定意见可以根据这些情形本身的不当,也可以根据抽逃出资目的之不当。但是,如果坚持后一种立场,无疑存在因为原告诉请即认同的尴尬。

在修改前的《公司法司法解释(三)》中,第 12 条第 1 项"将出资款项转入公司账户验资后又转出"、第 4 项"利用关联交易将出资转出"与其他三项情形有显著不同。第 1 项、第 4 项所涉行为本身并非天然具有恶性,无论是将出资款项转入公司账户验资后又转出还是利用关联交易将出资转出,相关的基础行为本身可能是合法、正当的,而其他三项的基础行为本身具有不合法性。因此,除上述尴尬之外,如果法院坚持以抽逃出资论证的思维,无疑将产生武断对待关联交易的风险。如此操作,则可以认为依然没有走出将抽逃出资规范作为公共利益保护规范的思维模式。修改后的《公司法司法解释(三)》第 12 条仅将原版解释中的第 1 项排除,但"利用关联交易将出资转出"情形依然保留。因此《公司法司法解释(三)》第 12 条未作

㉕ 参见黄茂荣:《法学方法与现代民法》,中国政法大学出版社 2001 年版,第 89 页。
㉖ [德]魏德士:《法理学》,丁晓春、吴越译,法律出版社 2005 年版,第 92 页。

进一步修改的情况下，建议法院转化论证思维，并将“利用关联交易将出资转出”解释为“利用不当关联交易将出资转出”。

其实，工商机关也应当如此。虽然《公司法》对注册资本制度有实质性修改、刑法也彻底改变了抽逃出资罪的立法立场，但抽逃出资的行政监管及处罚规则没有任何变动。2014 年 2 月 19 日修订的最新公司登记管理条例虽然删去了最低注册资本限额、企业年度检验等规定，对年度报告公示制度、电子营业执照等内容进行了规定，但抽逃出资行政处罚的规定也没有变动。当抽逃出资禁止规范保护的利益从公共转化为私人后，在那些不实施实缴最低规则的领域，不存在维护公共利益而监管抽逃出资行为的必要。工商机关不能够依据不变的法条而坚持不变的监管立场，否则，就会出现因为要监管执法就去监管执法的混乱。

在实践中，有些法院直接根据生效的刑事判决及工商行政机关作出的抽逃出资处罚决定来认定系争案件中某股东的行为构成抽逃出资，并且以此依据来支持原告要求抽逃出资行为人承担民事责任的诉讼请求。行政处罚、刑事判决之类活动的目的在于保护公共利益。因此，此类处理，在禁止抽逃出资规范保护公共利益的法律政策背景中是无可厚非的，但在保护的利益已经从公共转向个体的场合则必须谨慎。未来，有关的刑事裁判会很少再出现。当然，期望相关的行政处罚决定也很少出现。

三、债权人保护：从直接目标到间接目标

私法自治中的国家强制是必须的。国家通过立法、行政或者司法介入市场主体的交易行为的目的在于：保护交易弱者；在个体利益与社会利益发生冲突时维护社会公共利益以及维护特定的交易技术或规律。对于抽逃出资禁止规范而言，由于不属于商业交易技术规范的范畴，其公共利益保护的色彩逐渐淡化并且在实施资本法定最低及最低实缴的领域已经消失，除在实施资本法定最低及最低实缴的领域外，其功能应当定位于保护交易弱者。

在此前语境中，公司资本制度特别是法定资本制度与债权人保护目标建立联系，后者是前者的一个重要功能。在揭开保护债权人功能假定的虚幻面纱后，取消法定资本制度是自然之事。因为该制度不仅不能保护债权人，而且还有激励监管机关“权力寻租”的巨大风险。当然，法定资本制度保护公司债权人上的功能假定至少能给公共执法者以心理安慰。心理安慰因突然取消该规则而突然消逝，公共执法者可能存一丝不安：未来该如何保护债权人呢，他们毕竟是公司制度特别是有限责任机制安排中的弱者。取消注册资本法定最低及实缴要求后，皮包公司满天飞的现象可能更加严重，而抽逃出资行为对公司带来损害时也必可能导致对债权人的损害。在此心理状态下，依然存在抽逃出资禁止规则无疑成为执法者用以倾斜保护债权人的最佳工具了。在很多场合，心理或者情绪是影响决策的一个关键因素。法官是一个寻求和实现公平与正义的职业。在面对纷争时，主持公道、倾斜性保护弱势群体的利益被认为是法官的天然职责。“以无情的眼光对事，以悲悯的眼光看人。”这被认为是法官在司法裁判

中必须坚持的准则。[27] 问题是，我们能否抱着对债权人的同情[28]而如此倚重抽逃出资禁止规则去实现债权人倾斜保护的目标？[29] 与之相关的问题是：抽逃出资规范的主要目的是保护私人利益，但这个私人主体是否仅是债权人？如果抽逃出资规范对债权人保护有意义，这个保护效果需要的规范基础是什么？依据该规范基础的论证是否严密？司法实践的情况如何？如何认识股东人格之于债权人保护的影响？针对法定资本规范与抽逃出资规范之上保护债权人的虚幻假定，要抛弃为什么又如此困难？《公司法》第1条也将股东与债权人并列作为保护对象，债权人是弱者，而弱者需要保护，但债权人通过哪些法律来获得保护，是不是一定要在公司法中寻求专门保护？如此等等。

以《公司法》第32条、《公司法司法解释(三)》第12条、第14条为关键词，在北大法宝案例库中检索，获得200多个与抽逃出资有关的民事纠纷案例。这些案例的诉讼请求大致分为两类：(1)判决股东不得请求返还投资款、股东退股行为无效。这些案例不涉及对债权人或股东的赔偿问题。在股东请求返还投资款、股东退股行为是否有效的争议中，直接保护的对象是公司而非与公司利益有关联的股东或者债权人。(2)涉及债权人或股东的赔偿请求。在上述200多个案例中112个可归属此类。其中，第一，一审76个。具体分布为：上海(32)、浙江(11)、北京(6)、重庆(4)、河南(8)、湖南(5)、甘肃(2)、福建(1)、湖北(1)、天津(2)、广东(2)、山东(1)、广西(1)。第二，二审34个，具体分布为：上海(11)、浙江(6)、北京(3)、河南(4)、甘肃(2)、重庆(2)、福建、江苏、湖北、天津、广西、山东(各1)。二审案件，除(2010)桂市民终字第230号(一审认定抽逃出资证据不足)、(2011)怀中民二终字第125号(将补充赔偿责任改判为连带责任)、(2011)沪二中民四(商)终字第1218号改判外，其余均维持原判。第三，再审及提审各1个，分别为(2005)崇民二(商)重字第1号、最高人民法院(2011)民提字第86号，这两个案件都维持原判。适用抽逃出资禁止规范及相关规则去保护股东的案例大量存在的事实表明，该类规范的目的并不仅仅在于保护债权人。股东抽逃出资违反了股东之间的出资协议，其他股东当然可以追究抽资行为人的违约责任，要求其向公司补交并且向自己承担违约责任。同时，抽逃出资的行为必然损害公司财产利益。在重庆(2012)沙法民初字第03465号案中，被告冯某在向公司缴纳25,000元出资后又于2002年1月将该25,000元从公司取走，原告就要求被告向公司补足其投资并支付利息。

从《公司法》第35条案例的诉求来看，抽逃出资禁止规范所保护的利益主体，涵盖公司、股东以及债权人。《公司法司法解释(三)》第12条明确规定，公司、股东或者公司债权人均可以“在公司成立后以相关股东的行为符合下列情形之一且损害公司权益为由，请求认定该股东抽逃出资”。就此而言，我们不能再坚持债权人保护为抽逃出资禁止规范单一目标的不当观念。

从诉讼实践来看，债权人依据股东抽逃出资而提出的诉讼请求得到支持的比例并不低。这意味着，抽逃出资禁止规范确实具有保护债权人的效果。为进一步检讨抽逃出资禁止规范

[27] 参见[英]培根：《人生论》，何新泽，陕西师范大学出版社2002年版，第216页。

[28] 因为同情弱者而曲解私法的情形在特定领域比较普遍，如对说明义务、不利解释原则、不利格式条款的判断。

[29] 已经有理论提出，公司保护债权人保护的本身在很大程度上就是基于道德考虑。H. Wiedemann, Gesellschaftsrecht I (München, C. H. Beck 1980) p. 515. 转引自 Peter O. Mülbert. A synthetic view of different concepts of creditor protection, ECGI Working Paper, No. 60/2006, p. 9。

在保护债权人上的效果，有必要分析债权人的请求及法院的推理逻辑。如前所述，股东要抽逃出资，必定依赖具体行为。这些行为，或者是直接侵占公司财产，或者是虚构公司的对外债务，或者是真实的关联交易，或者是虚构关联交易，或者是不当分配，或者是虚构财务以进行不当分配。这些行为事实上离不开公司。公司在这些行为中要么是违法受害人，要么是交易关系的一方主体。在前者，公司财产受到损害，违法行为人向公司承担民事责任；在后者，需要依据《公司法》第21条对关联交易的正当与否加以判断，并由此确定股东是否对公司承担赔偿责任。当公司获得索赔时，民事责任主体的实际赔偿转化为公司的财产。公司的对外债务，再由公司以自己的名义用自己财产进行清偿。拿关联交易来说，如果公司债权人认为该关联交易事实上是为了股东抽逃出资，那么他至多可以结合利用《合同法》第73条的债权人代位权或第74条的撤销权以及《公司法》第21条的规定，在自己债权的范围内行使代位权或撤销权。但是，行使代位权或撤销权之后，债权人能否将代公司追回的财产用于自己债权的清偿还存在疑问。依据《关于适用〈中华人民共和国民事诉讼法〉若干问题的意见》第300条的规定，行使代位权的结果是债权直接得到清偿，不适用入库规则。该条规定："被执行人不能清偿债务，但对第三人享有到期债权的，人民法院可依申请执行人的申请，通知该第三人向申请执行人履行债务。该第三人对债务没有异议但又在通知指定的期限内不履行的，人民法院可以强制执行。"不过，《合同法》第73条是否排除入库规则而采用清偿规则还不得而知。"虽然法律在字面上没有直接反映出来'入库规则'，但从立法过程中的诸多草案上一直认为有这一规则；债权人行使的是'代位权'，虽然是以自己的名义，但代位权本身与代位权的客体毕竟不是一回事，代位权的客体是归属于债务人的，故其结果也应归属于债务人。"[30]当然，可以适用入库规则的风险因司法解释而被排除。最高人民法院《关于适用〈中华人民共和国公司法〉若干问题的规定(一)》(以下简称《合同法司法解释(一)》第20条规定："债权人向次债务人提起的代位权诉讼经人民法院审理后认定代位权成立的，由次债务人向债权人履行清偿义务，债权人与债务人、债务人与次债务人之间相应的债权债务关系即予消灭。"该解释排除入库规则存在的可能性，让代位权在实行效果上采取了代位债权人优先受偿的原则。[31] 此外，选择结合适用《公司法》第21条及《合同法》上的债权保全制度，债权人还面临无法获得全部保障的风险。根据《合同法》第73条第2款"代位权的行使范围以债权人的债权为限。债权人行使代位权的必要费用，由债务人负担"的规定，债权人仅能够在该不当关联交易造成损失的范围内追索。这些损失，除被抽逃的财物及利息外，其他的很难得以证明。即使能够证明，最终的数额可能远远小于债权人诉求的债权。为避免该类风险，在抽逃出资的案例中，债权人转而依赖《合同法》第20条的法人人格否认的原理。

上述最高人民法院提审的(2011)民提字第86号案即如此。在该案中，通泰公司因对外的连带保证合同而主债务人的债权人在5000万元范围内承担清偿责任，原告在发现通泰公司的股东华泰公司有抽逃出资行为时，以滥用公司人格、损害债权为理由要求华泰公司对通泰公司的债务承担连带责任。该案一审法院认定，华泰公司向通泰公司投资5000万元将通

[30] 崔建远、韩世远：《合同法中的债权人代位权制度》，载《中国法学》1999年第3期。
[31] 参见张玉敏、周清林：《"入库规则"：传统的悖离与超越》，载《现代法学》2002年第5期。

泰公司注册资本从5000万元增至1亿元后，通泰公司将2200万元转给三个案外人，三个案外人通过其他各公司账户最终转给华泰公司，2800万元经通泰公司直接转回华泰公司账户，“因不能提供证据证实系基于其他业务往来而形成的资金流转，亦不能对此转账行为作出合理解释”，认定构成抽逃出资。债权人有理由在向借款人贷款前审查通泰公司担保能力时相信其财产保证能力是1亿元而不是5000万元，该抽逃行为构成了对原告权益的侵害。“股东抽逃出资行为损害了通泰公司在公司法规定意义上的独立性，滥用了通泰公司的法人独立地位，侵害了浦发银行的利益，故应当在本案其他被告不能承担贷款偿还责任部分，在其抽逃5000万元注册资金范围内对通泰公司的债务承担补充给付责任。”很明显，法院作出最终判决的依据在于《公司法》第20条第3款。该款规定涉及法人人格否认规则，“公司股东滥用公司法人独立地位和股东有限责任，逃避债务，严重损害公司债权人利益的，应当对公司债务承担连带责任”。利用第20条的好处就在于可以让抽逃出资的股东对公司的债务承担连带责任，而不仅仅局限于第21条所涉及公司损失。该立场为二审法院和再审法院所支持。有意思的是，虽然最高人民法院的再审认为，“股东抽逃出资，减少公司资本，损害公司和债权人利益，应当在其抽逃范围内对公司债务不能清偿部分承担补充赔偿责任”，但同时坚持，“原审判决认定事实清楚，适用法律正确”。一方面坚持有限的补充连带责任，另一方面则将判决建立在法人人格否认基础之上，推理依据与判决结果存在矛盾。如果认定应适用法人人格否认，那么对公司债务不能清偿部分承担补充赔偿责任就不仅局限于抽逃范围内而是全部了。要在抽逃出资范围内承担连带责任，结合适用《公司法》第21条、《合同法》第73条，采用《合同法司法解释(一)》第20条的立场，也能够实现。当然，适用《公司法》第21条的前提是存在交易行为。当然，如果没有交易而是直接侵占，根据返还原理也可以推导出适用《合同法》第73条的前提。

其实，该推论以及判决结果上的悖论隐含着公司独立人格对公司债权人乃至股东权利保护的影响问题。只有直接适用《公司法》第20条，对抽逃出资行为的否定才能够与直接保护债权人的规则发生联系，并且由此带上直接保护债权人的色彩。当然，在该场合中，所谓的直接保护债权人也仅仅是带有某种色彩而已，判决的直接依据不是抽逃出资禁止规则而是法人人格否认规则。就此而言，坚持抽逃出资禁止规范具有直接保护债权人效果的论断则过于武断。在适用《公司法》第21条、其他条款中的股东行为禁止规范(如利润分配规范)以及《合同法》第73条时，事实上坚守了公司独立人格的基本原理。公司独立人格原理作为一种财产分割机制，不仅分割股东与公司积极财产(资产)，也分割公司债务与股东消极财产(债务)。[32]在前者，公司人格的独立性将股东财产与公司财产分开，公司股东不能够随意抽回自己股份，不能够强制公司分割或者彻底清算。[33] 股东就是股东，公司就是公司，各自以自己的财产对外承担责任。《合同法》第73条以及相应司法解释所确立的优先受偿规则仅仅是实现债权人保护的一种技术性安排，而权利的“代位”本质不发生任何变化。就此而言，如果抽逃出资规则对债权人保护有意义，那么这种意义也不是直接的。债权人债权的保障，最终依赖于也必须

[32] Henry Hansmann & Reinier Kraakman, Organizational Law as Asset Partitioning, 44 *Eur. Econ. Rev.* 807 (2000), p. 807.

[33] Reinier Kraakman, Henry Hansmann, Gernard Hertig, Klaus Hopt, Hideki Kanda, Edward Rock, *The Anatomy of Corporate Law: A Comparative and Functional Approach*, Oxford University Press(2004), p. 7.

依赖于公司信用。[34] 只有将与公司信用损害发生联系时,抽逃出资在债权人保护上才有些许意义。《公司法司法解释(三)》第12条明确规定,“以相关股东的行为符合下列情形之一且损害公司权益为由”提出请求的,法院才支持。损害公司利益是认定构成抽逃出资的前提条件。

如果将道德否定、法律批判的靶标定位于抽逃出资之“逃”上,那么我们可以发现,将公司资产转移到股东个人的某个行为定性为抽逃出资时,评判主体关注的焦点并不一定在于该行为是否危及债权人的债权。也就是说,如果抽逃不危及公司信用,该行为至多损害的是公司、股东的利益,就与债权人没有多少联系。在很多时候,我们甚至不考虑损害的后果,而仅考察该行为主观目的的非正当性。此点,又回到了上述分析。

综上,抽逃出资禁止规范的存在不以保护债权人为目的;即使对债权人的保护有意义,这种意义也是间接性的。之所以坚持认定该规范对债权人的保护有价值的虚幻观念,一方面是因为该社会对资本制度功能存在根深蒂固的误解,另一方面是因为人们倾向于做简单的推论而不愿意去深究背后的真实逻辑。抽逃出资禁止规范的债权人保护目的,已经实现从直接到间接的转化。就此结论,我们必须保持谨慎。得到该结论,并不意味着我们承认该类规范具有保护债权人的直接效果。不应基于所谓债权人保护的目的而随意认定一些在市场看来正常的交易行为构成抽逃出资,是适用《公司法》第35条时的应有理性。

四、抽逃出资禁止规范适用论证的演化:从价值到事实

股东违反抽逃出资禁止规范将面临法律责任。虽然因公司资本制度的变革导致股东被追究行政责任和刑事责任的风险大大降低,但民事责任风险依然存在。社会对抽逃出资行为内在“恶”性的容忍度没有变化,市场中大量存在此类行为现象被认为是非理性的。虽然该类行为不一定导致对社会公共利益的直接损害,但对交易个体的不利影响依然存在。针对抽逃出资行为的民事赔偿请求,我们应完成两个论证:其一,所指公司资产被转出的行为构成为法律否定的行为(或者是股东抽逃出资的行为);其二,根据责任追究规则确定违法行为人应当承担民事责任。

(一)抽逃出资构成的论证

如前所述,股东将公司资产转出的目的必须依赖于一系列具体的行为来实现。抽逃出资的认定也应当以对这些行为的判断为基础。认定的结果不外乎两种:该行为构成抽逃出资;该行为不构成抽逃出资。在完成此类认定时,立场不同结论不同。宽容抽资行为、宽容关联交易行为的,不构成抽逃出资的情形较多;对抽资的行为即表示反感的,认定构成抽逃的情形较多。认定构成抽逃出资的推理立场大致有两种:其一,将抽资行为等同于抽逃出资;其二,

---

[34] 就此而言,应当要求抽要出资的股东在抽逃出资范围内对公司不能清偿的债务承担连带责任而不是在给公司造成损失的范围内承担连带责任。判决书表述的背后逻辑也是违背市场常识的,至少是混淆了公司资本、公司资产与公司信用之间的关系。当然,如果能够在抽逃出资额与公司由此遭受的损失之间通过推理建立联系,该指责就不成立。遗憾的是,从判决书的表述上看,尚不存在该特别推理。

在抽资行为与抽逃出资之间建立判断机制。

根据修改前的《公司法司法解释(三)》,出资款项转入公司账户验资后又转出、虚构债权债务关系将其出资转出、制作虚假财务会计报表虚增利润进行分配、制作虚假财务会计报表虚增利润进行分配、利用关联交易将出资转出是最主要的几种抽资行为。虽然该解释第12条同时设置了"损害公司权益为由"的条件,但从论证逻辑上考虑,相关的认定几乎仅是根据这些表现即可完成。也就是说,只要发生了这些行为就构成了抽逃出资。显然,这些行为与抽逃出资是等同的。此种推理逻辑在于,大前提为某类行为就是抽逃出资的行为,小前提为股东实行了该行为,结论是股东实行了抽逃出资行为。将出资款项转入公司账户验资后又转出,除直接侵犯公司财产外,多以关联交易的方式出现,而利用关联交易将出资转出就等于抽资的认定无疑过于武断。当然,对于其他几种行为,因其本身涉及虚假,即使被不当地认定为抽逃出资,其不利影响也相对较小。无论如何,将抽资作为价值性判断结论并且以此作为推理大前提的推理方式存在明显局限。[35] 修改后的《公司法司法解释(三)》取消了将出资款项转入公司账户验资后又转出的情形,但依然保留关联交易。根据司法解释的既定立场,如果仅根据关联交易产生的事实、该关联交易实施后会出现公司资产转移到股东或其关系人名义下的效果就直接认定该行为构成抽逃出资行为,该判断也是非理性的。关联交易至少存在合理利用关联关系与不当利用关联关系两类,不应当将其全盘否定。

在抽资行为与抽逃出资之间建立判断机制的立场,推理逻辑在于,大前提为某类行为是不合理、不合法的行为,小前提是抽资的某个行为属于这类不合理、不合法的行为,结论是抽资的某个行为是不合理、不合法的行为。根据该立场,要结合公司资产转移到股东的事实、根据行为本身的合理性两方面去判断该类行为是否构成抽逃出资。在此种论证中,抽资行为本身属于事实的范畴,只有完成合理性标准的检验程序后我们才能够得出抽资行为是否构成抽逃出资的结论。在上述(2011)民提字第86号案中,法官即坚持了此种立场。"在源润公司直接或间接收回出资的行为足以使债权人对其是否履行出资义务产生合理怀疑的情况下,源润公司应当就其已履行出资义务承担举证责任,但本案一审、二审期间,源润公司未能合理解释其收回出资有合法原因。""源润公司委托代理人在本案再审庭审中虽不认可源润公司抽逃出资,但表示本案所涉5000万元为源润公司对通泰公司的尚未偿还的欠款。该表示应视为源润公司对抽回上述5000万元的确认。因此,源润公司关于其行为不构成抽逃出资的申诉理由无事实和法律依据,本院不予采纳。"对待以关联交易方式导致的公司资产转移到股东及关系人的场合,在抽资行为与抽逃出资之间建立判断机制的论证立场是必要的。在虚构债权债务关系将其出资转出、制作虚假财务会计报表虚增利润进行分配、制作虚假财务会计报表虚增利润进行分配的场合,该论证机制也有存在的必要。因为,仅仅根据公司的虚假行为以及资产转移结果的实施就认定构成抽逃出资,也并非全部理性。其实,仅仅根据这些违法行为本身即可以保护公司利益,直接认定构成抽逃出资并且以此作为追究责任的依据,无疑是要再给股东戴上一顶本无必要的"抽逃出资"的帽子。

---

[35] 在抽逃出资禁止规范所保护的利益已经从公益转为私益后,仅仅根据抽逃本身是难以否定相关民事行为的效力状态的。合同无效行为针对损害公共利益的情形,在法律上直接否定仅损害私人利益的合同的效力难以自圆其说。

（二）责任追究的论证

在实务中，针对公司诉请抽逃出资股东返还出资的诉求，在认定构成抽逃出资后，很多法院直接支持原告请求，不再依据其他法条判决。不过，寻找其他法条支持的也不少。在本文收集的20个此类案件中，直接支持原告请求的有20个，寻找其他法条支持的有5个。被寻找的其他理由也不一致：认定股东“抽逃出资行为违反了股东的出资义务”；[36]“股东抽逃出资侵害公司财产权”；[37]“抽逃出资减少了公司的实收资本，降低了公司的履约偿债能力，损害了他人的利益”；[38]“抽逃出资行为违背了资本不变的原则，导致公司在其后的经营活动中造成了一定的损失。抽逃出资股东因无合法享有抽逃资金的依据，其行为侵害了公司的利益”。[39]

针对公司债权人诉请抽逃出资股东对公司债务承担责任的诉求，直接以该违法行为而支持原告请求的比较普遍，但更多的是转而依据其他法条中的请求权基础。在本文统计的54个案例中，属前者的20个，属后者的34个。上述（2011）民提字第86号案即属于后者。在依据其他法条建立请求权基础的34个案例中，认为抽逃行为构成滥用法人人格、侵害债权人利益的5，个认为抽逃行为降低公司偿债能力损害债权人利益的10个，认为抽逃行为违反法定出资义务由此损害债权人利益的4个，认定抽逃出资导致资本不实、资产减少并损害债权人利益的7个，直接认定损害债权人利益的8个。

从审判推理实际过程来看，追究抽逃出资行为民事责任的论证思维，大致两种：其一，直接将抽逃出资禁止规范作为请求权基础。在此种处理方式中，直接将抽逃出资行为与责任承担联系，只要构成抽逃出资，行为主体就应当承担民事责任。大前提是抽逃出资行为将承担民事责任，小前提是某行为属于抽逃出资行为，结论是某行为应当承担某种民事责任。此刻，抽逃出资行为处于追究民事责任推理中的价值判断结论的地位。抽逃出资行为内生的“恶”必然给主体带来民事责任，是坚持这种思维的观念性前提。此类推理，对于在公司依据违法抽逃行为而要求该股东返还出资的请求是适宜的，但是针对债权人的请求则不太适宜，因为该种路径难以适用于要求股东对债权人承担连带责任、赔偿全部损失的情形。在公司诉请抽逃出资股东返还出资的20个案例中，运用该类推理模式的案例占到75%；在公司债权人诉请抽逃出资股东对公司债务承担责任的54个案例中，运用该推理模式的比例仅37%。其二，或者寻找其他请求权基础。在该推理模式中，大前提是行为一旦导致结果就应当承担特定民事责任，小前提是某抽逃出资的行为导致该类结果，结论是某抽逃出资的行为承担特定民事责任。在此类模式中，虽然主体的行为被认定构成抽逃出资，但实施该行为的主体并不一定承担特定民事责任。也就是说，在抽逃出资行为与民事责任之间建立了审查机制，只有抽资行为符合特定标准的，行为主体才面临特定民事责任。在（2011）民提字第86号案中，是否构成滥用公司人格即属该类推理中的审查标准。在此类论证模式中，抽资甚至抽逃出资行为本身仅仅是推理中的一种事实性证据。

㊱ 上海（2011）青民二（商）初字第1567号、重庆（2010）中区民初字第5990号。
㊲ 北京（2009）大民初字第8044号。
㊳ 北京（2009）朝民初字第08642号。
㊴ 重庆（2008）万民初字第2011号。

综上，无论是对抽逃出资行为的认定，还是对抽逃行为的责任追究，都存在两种不同的推理模式，要么是将抽逃行为看作价值判断结果而作为大前提，要么是将抽逃行为作为事实而作为小前提。就此，本文将法院的论证逻辑区分为价值型和事实型两种。在价值型中，具有抽资效果的行为几乎与抽逃出资行为等同，在抽逃行为与责任承担之间建立直接对应关系。如此处理，不仅可能因存在严重扰乱了公司正常活动之弊，显著扩大了对抽资行为的法律否定和道德否定，而且使简单问题复杂化，在很多场合将本可以利用其他规范解决的纠纷人为地牵扯到抽逃出资上来，并且，该立场在特定场合也无法有效满足债权人要求实施抽逃出资的股东承担连带责任的请求。

抽资行为首先影响公司。无论是在出资缴纳的环节，还是在分红的环节，都可能出现将公司资产不当地转给股东的复杂情况。为此，大陆法系的公司法在出资和分红两个环节建立其刚性规则，诸如不得抽回出资、股利分配仅局限于公司经营增加的资产、除在极端例外的场合公司不得回购自己发行的股权、不得对股东提供财务资助、股东不得以向公司承诺提供工作或者服务的方式来出资、减资限制，期望将那些可能导致公司向股东不当流动资产的所有情形一一罗列出来。此类处理方式因过于刚性而局限明显。一方面，那些被禁止的行为难道就没有任何合理性吗？这些行为天生就恶吗？这些行为必然带来民事责任吗？显然很难给出答案。另一方面，这些规范可能无法涵盖所有情形，有些规则本身也可能难以操作。英美公司法则采用另外的立场，根据公司信用维持（主要是财务信用）的需要，针对那些不当的出资行为和利润分配行为建立合理性审查标准，通过这些标准来规范公司与股东之间的资产流动性。这些标准，包括禁止欺诈交易与欺诈转移的合同法规则、破产欺诈规则、公司偿付能力标准（资产负债平衡与现金流充足）。[40] 显然，这些行为标准着眼于交易行为的合理性而非财务数据，实现了公司债权人保护策略从财务路径到行为路径的转变，与市场运行的实际情况高度吻合。在上述案例中，法院不是直接根据《公司法》第35条的禁止性规定去判断抽资行为的恶性并且追究相应民事责任，具有柔性变革《公司法》规范立场的效果。此种立场值得期待。公司债权人保护的路径存在的“事前路径”（*ex* ante）与“事后路径”（*ex post*）之分野，实则涉及国家强制介入权在立法、司法以及行政之间的合理配置。[41] 理论共识是，“事后路径”要比“事前路径”更加适宜。[42] 在未来，面对抽逃出资引发的法律纠纷，法院将走出是否抽逃出资简单思维，转而越来越倚重合理性审查标准去审查行为的合理性。

五、余论

公司资本制度变革后，抽逃出资禁止规范何去何从大致面临五种选择：第一，通过立法废除该条；第二，条文不变适用思路也不变；第三，通过立法将其限制在依法实行注册资本实缴登记制的领域；第四，通过立法废除该条文但要求公司章程明确表述相关内容；第五，保留条

---

[40] Christoph Kuhner, *The Future of Creditor Protection Through Capital Maintenance Rules in European Company Law*, p. 25.

[41] ［美］卡塔琳娜·皮斯托、许成钢：《不完备法律——一种概念性分析框架及其在金融市场监管发展中的应用》，载吴敬琏：《比较》，中信出版社2002年版，第111页。

[42] Francisco Soares Machado, Effective Creditor Protection in Private Companies: Mandatory Minimum Capital Rules or *Ex Post* Mechanisms? Available at http://ssrn.com.

文但变革法律适用思维。第二种选择,显然不适宜。第一种选择过于激进,并且在当下信用环境中会产生“抽资不会被禁止,那就随意抽回”的误导。第三种选择不仅具有第一种选择的局限,而且对比性的语言表述还可能传达出一个更加明显的误导性信息:在依法实行注册资本实缴登记制的领域外可以随意抽资。该误导信息比采取第一种选择中语焉不详态度的负面影响更大。第四种选择,同样具有前两种的局限。虽然章程规定能够在一定程度上给股东提供禁止性的指示,但该类指示的效果要比立法指示的效果可能小得多。第五种选择是可行的,一方面,能够起到行为指引效果;另一方面,只要在规范的解释适用中认识到保护利益的变化,在债权人保护上坚持理性立场,并选择恰当的论证方式,抽逃出资禁止规范能够有效发挥预期功能,并且适应公司立法政策的变革。

制度是由一系列体系性的规则构成的,而制度的良性运行需要与之相匹配的社会环境。由公司资本制度变革引发出的抽逃出资规范该何去何从的问题,不单单涉及该规范本身的立与废,相关探讨也不应当仅仅局限在法律的领域。单就法律领域,需要司法、行政执法因立法变革而作适应性变革。本文仅从常识性的角度探讨司法回应的三个转变,姑且不论这些认识的合理性,很多显而易见的问题也尚未涉及。诸如:在法律适用中,如何处理《公司法》第21条与第20条的关系?针对抽逃出资行为适用法人人格制度,如何确定并且坚持理性立场?[43]在根据合同理论认定抽资行为是否构成抽逃出资行为时,如何确定抽逃出资的主观目的?如何适用以合法形式掩盖非法目的的效力否定规则?法律禁止股东抽逃出资,股东抽逃出资侵犯公司财产权,股东对公司承担侵权责任,[44]但股东对公司的责任是否全部属于侵权责任?这在行政执法上则应当更加谨慎。在未修改赋予行政主管机关查处抽逃出资的相关规则之前,行政执法者不应因存在执法权的规定而去执法。抽逃出资规则内含的三个变动及理念在执法中也应得以体现。如同法院一样,国家工商行政管理总局在管理活动中已经表现出了一些新理念。在公司股东以借款为名抽回注册资本是否属于抽逃出资行为的认定上,国家工商总局的态度事实上已经发生可喜变化。在对待抽资行为的理念上,表现出逐步从价值判断立场转向事实判断立场的变化,倾向于通过分析该类行为本身的合理性去判断而不是对行为本身的直接否定。1999年4月27日,在回复黑龙江省工商行政管理局《关于公司股东以借款为名抽回注册资本是否属于抽逃出资行为的请示》(黑工商函〔1999〕11号)时,国家工商行政管理局认为,公司股东为规避法律、法规的规定,以借款方式全额抽回其出资的,应按抽逃出资行为处理。[45] 2002年7月25日,在回复江苏省工商行政管理局《关于公司股东以借款形式部分抽回注册资本是否属于抽逃出资行为的请示》(苏工商〔2002〕91号)时,国家工商行政管理总局认为:“依照《公司法》的有关规定,公司享有由股东投资形成的全部法人财产权。股东以

[43] 在实务界,主导地位的观点认为,抽逃出资与瑕疵出资性质不同,后者存在股东应对公司债务承担无限责任的情形,而前者无论抽逃多少,都不影响公司独立法人人格,股东仅在所抽逃资金的范围内承担责任。但也有观点认为,抽逃出资行为是对法人有限责任原则的违反,抽逃后的公司资金未达到法定最低资本,公司并不真正具有法人人格。参见最高人民法院民二庭宋晓明等:《民商事审判若干疑难问题》。抽逃出资不导致适用法人人格否认的立场,也反映在最高人民法院曾经公开征求意见的《关于审理公司纠纷案件若干问题的规定(一)》(征求意见稿,载《人民法院报》2003年11月5日第4版)中。该稿件第12条规定:“债权人起诉公司清偿债务,公司不能清偿的,债权人可以对抽逃出资且未予返还的股东提起诉讼,请求其在抽逃出资及利息范围内承担补充赔偿责任。为抽逃出资提供帮助或者负有直接管理责任的股东、董事、经理应对返还出资承担连带责任。”

[44] 参见刘俊海:《论抽逃出资股东的民事责任》,载《法学杂志》2008年第1期。

[45] 参见国家工商行政管理局《关于公司股东以借款为名抽回注册资本是否属于抽逃出资行为的请示》企指函字〔1999〕第6号。

出资方式将有关财产投入公司后,该财产的所有权发生转移,成为公司的财产,公司依法对其财产享有占有、使用、收益和处分的权利。公司借款给股东,是公司依法享有其财产所有权的体现,股东与公司之间的这种关系属于借贷关系,合法的借贷关系受法律保护,公司对合法借出的资金依法享有相应的债权,借款的股东依法承担相应的债务。因此,在没有充分证据的情况下,仅凭股东向公司借款就认定为股东抽逃出资缺乏法律依据。如果在借款活动中违反了有关金融管理、财务制度等规定,应由有关部门予以查处。"[46]比较前后两个回复,工商总局的立场明显不同。同样是股东与公司之间的借贷行为,1999 年的答复倾向于认定构成抽逃出资,而 2002 年的答复则坚持了区分原则。2003 年 5 月 21 日,在回复山东省工商行政管理局的类似请示时,工商总局继续坚持了区分立场,认为"非金融机构的股东与公司之间如以借贷为名,抽逃出资,可依法查处"。"在其股东未取得信托投资经营范围的情况下,公司以委托其股东从事投资业务的名义,将股东的出资全额划入股东帐户,此种行为可以认定为变相抽逃出资行为。"[47]当然,立法本身也应当继续前行,以及时对法定资本制度涉及的规范体系作系统性修订。市场交易有关的强制性规则,应当仅针对那些例外的不合理情形,没有必要对一般性行为设置刚性规则。债权人仅在公司发生偿付能力危机时才遭受实质的不利。与债权人保护有关的资本性规则也应当仅在此出现,以确保公司支付能力不至于受到不利影响。就此而言,支付能力标准是有限责任和法定资本制的调和剂。[48] 就法定资本制度而言,其真正意义在于规范公司对股东的分配。[49] 资本形成的各类限制与公司向股东分配的限制之间也可能重复。法定资本制度变革的核心意义在于降低甚至取消资本形成上的限制,因此公司法中那些围绕资本形成限制而生的相关规则应顺势而变。既然限制公司对股东不当分配是任何公司法都必须面对的问题,未来公司法的修改不如围绕该线索展开,不去过问股东与公司之间围绕出资或抽资的各种直接或间接行为,转而关注公司与股东之间财产流动是否构成不当分配以及进一步对公司信用造成不利影响。

[46] 参见国家工商行政管理总局:《关于股东借款是否抽逃出资行为问题的答复》工商企字〔2002〕第 180 号。

[47] 参见国家工商行政管理总局:《关于山东省大同宏业投资有限公司是否构成抽逃出资行为问题的答复》工商企字〔2003〕第 63 号。

[48] FRITZ EWANG, An Analysis and Critique of the European Union's Minimum Capitalization Requirement1, Electronic copy available at http://ssrn.com/abstract=1015708.

[49] Andreas Engert, *Life Without Legal Capital: Lessons from American Law*, *Working Paper*, Electronic copy available at http://ssrn.com.

股权外部转让纠纷的裁判困境与破解进路*

汪青松**

一、引言

有限公司股权转让是实践中最为常见的公司纠纷类型之一，同时，股权的外部转让又因其涉及有限公司内部关系与外部关系、人合性与资合性以及股东自益权与共益权的对立与平衡，而成为司法实践中适用法律的难点。自最高人民法院2011年就公司法司法解释（四）草案在法院系统公开征求意见以来，涉及有限公司股权转让问题的解释条文也是争议最多的部分，特别是关于有限公司股权外部转让合同的成立与生效问题，一直难以形成统一意见。基于私权神圣与契约自由之理念，不少观点倾向于主张有限公司股权外部转让合同应采成立生效主义，①股权转让应当随着合同双方达致合意而完成。以此种思路来界定转让双方的合同关系当然非常简洁，但有限公司股权外部转让合同不仅仅涉及合同关系，它还涉及相关主体与公司之间的股权关系，因而不能无视其他股东和公司的客观存在，必须准确理解其他股东的同意权、优先购买权与公司的相关文件的变更登记在整个交易中的关键作用。本文正是按照这种思路，以现行法律规定为基点，深入剖析相关制度安排的适用难题与内在原因，进而指明破解有限公司股权外部转让制度困境的出路就在于准确把握有限公司股权外部转让合同的基本特质与股权转让完成的关键环节。

二、有限公司股权外部转让的裁判困境

公司法的演进既"取决于其初生之确定基因"，也是"对变化环境压力"之回应。② 因此，社会现实必然对法律的发展产生推动作用。有限公司的封闭性易于导致大股东"滥权"与小

* 本文属于国家社科基金项目"经营者集中的附条件批准制度研究"（12CFX068）；教育部人文社科规划基金项目"股份公司股东权利配置的多元模式研究"（12YJA820068）；2012年西南政法大学资助项目。

** 西南政法大学民商法学院副教授，法学博士。

① 参见刘俊海：《论有限责任公司股权转让合同的效力》，载《暨南学报》2012年第12期。

② Robert Charles Clark, The Morphogenesis of Subchapter C: An Essay in Statutory Evolution and Reform, *Yale Law Journal*, 1977 (87).

股东“压迫”。这种现实要求相关制度设计应当提供防范与救济措施，特别是要保障退出机制。但关于退出机制的制度安排无法逃避有限公司人合性与资合性的内在矛盾，尤其是股东基于资合性所享有的外部转股权要受到基于人合性而产生的其他股东的同意权、优先购买权等的制约。[③] 正是由于有限公司的此种特质，关于有限公司股权外部转让的制度设计与现实适用也往往在对股东的自益权与共益权、股东资格的实质要件与形式要件、股权纠纷与合同纠纷、法律规制与章程自治的权衡中左右摇摆、进退维谷。

（一）有限公司股权外部转让的制度演进

毋庸置疑，我国《公司法》诞生伊始，立法者在有限公司股权外部转让的制度设计上就准确地把握了有限公司的人资两合特性。1993 年制定的《公司法》第 35 条已经构建了较为平衡的有限公司股权外部转让与制约体系。但是，由于该法所普遍存在的可操作性与可诉性局限，其关于有限公司股权外部转让的平衡制度设计在现实经济生活中却出现了严重的失衡。有限公司属于典型的封闭性公司，“封闭性商业的确定特征就在于其大多为所有者经营”，[④]但同时，封闭性公司的小股东在多数决规则和“退出缺失”的境况下，也尤其易受滥权之害。“严格地说，封闭性公司的股份不存在便捷的市场。因此，封闭性公司的股东受到不公正对待时，投资者‘不能简单地通过以公正价格卖出（股份）来避免不公。’”[⑤]所以，有限公司的控制股东更易于利用其对股东会和公司的直接控制权以及立法的不完善来左右非控制股东的命运：一方面，简单原始的资本多数决原则使得非控制股东“用手投票”的权利形同虚设；另一方面，立法的程序性缺陷与救济缺失也断绝了非控制股东“用脚投票”的可能。由此导致了实践中许多有限公司的控制股东对拟转股股东的同意请求怠于行使表决权而久拖不决，[⑥]致使股权转让机制严重失灵，众多中小非控制股东在其投资的有限公司中陷入了进退两难的境地。

正是基于这种现实需要，2005 年修订的《公司法》从法律规制和公司自治两条路径致力于破解“转股难题”，在进一步加强有限公司股权外部转让制度的可操作性的同时，也寄希望于有限公司股东能够通过章程自治防范制度不周延的风险，毕竟，“一个小而稳定的所有者组织（如在典型的封闭性公司中），能够相对廉价地经由契约达成约束他们的大多数治理规则”。[⑦] 具体而言，我们可以把 2005 年《公司法》框架下对有限公司股权可流动性的保障措施分为三个层次：第一层次为章程自治层次，即有限公司的股东能够在公司设立之初尚未丧失平等和自由的契约地位之时通过公司章程为自己将来的进退预先铺就较为有利的制度路径；第二层次为规范补充层次，即在公司章程没有约定时，按照法律规定的转股程序操作；第三层次为司法救济层次，即在实际的转股过程中发生纠纷无法协商解决时，可以诉诸司法程序。遗憾的是，2005 年《公司法》并未直接规定诉权，因此当转股股东按照“推定同意”签订对外转让股份合同后，其他股东控制公司不予办理股东名册变更和工商变更登记时，这一问题是否

③ F. Hodge O'Neal, Restrictions on Transfer of Stock in Closely Held Corporations: Planning and Drafting, *Harvard Law Review*, 1952(65).

④ Ahram Chaye, Madame Wagner and the Close Corporation, *Harvard Law Review*, 1960(73).

⑤ Robert Charles Clark, The Morphogenesis of Subchapter C: An Essay in Statutory Evolution and Reform, *Yale Law Journal*, 1977(87).

⑥ 《公司法》（1993 年）第 35 条关于“推定同意”的制度设计仅限于“不购买”情形，而不包括“不表决”情形。

⑦ Larry E. Ribstein, Why Corporations? *Berkeley Business Law Journal*, 2004(1).

可诉,转让股东和受让人谁享有诉讼资格,被告是公司还是控股股东就成为实践中有待解决的问题,我们将在下文详细分析。

(二)有限公司股权外部转让的现实状况

1. 股权外部转让的合同形式极为复杂

首先,有限公司股权外部转让合同的名称多种多样。有的直接表述为“协议”,有的则表述为“股权转让协议”“股权与资产转让协议”“股份转让协议”“补充协议”“股东会决议”“备忘录”等。其次,有限公司股权外部转让合同往往由多个协议构成。在一半以上的案例中,当事人在订立最初的转让协议之后,往往还要继续订立一系列的补充协议。再次,有限公司股权外部转让合同往往涉及多方当事人。根据对1400份股权转让纠纷裁判文书的统计,仅仅有两方合同当事人的案例不到10%。最后,有限公司股权外部转让合同的当事人名义也较为复杂。除了以持股股东名义签订转让合同的正常情形之外,实践中还大量存在以委托代理人名义、无授权人名义以及目标公司名义签订股权转让合同的情形。[⑧]

另外,股权转让实践中还大量存在所谓的“阴阳合同”问题,即当事人实际履行的合同与向登记机关提交登记备案的合同不一致。后者往往不能反映真实的交易条件,且可能具有逃避税收等不正当目的,其法律效力存在疑问。但同时,从外观主义原则的角度上说,登记备案又会带来公示公信的效果,善意第三人据此进行的交易应当受到保护。

2. 股权外部转让中的交易行为极为复杂

交易行为的复杂性首先表现在一个转让合同中有多个交易行为并存。例如,在“四川京龙建设集团有限公司与简阳三岔湖旅游快速通道投资有限公司等及深圳市合众万家房地产投资顾问有限公司等股权确认纠纷”一案中,各方签订的《股权转让协议》约定:“刘贵良将其持有的天骋公司、星展公司、锦荣公司、锦云公司和思珩公司各90%的股权转让给京龙公司,三岔湖公司将其持有的天骋公司、星展公司、锦荣公司、锦云公司和思珩公司各10%的股权转让给京龙公司。”[⑨]这一转让合同中实际上包含了十个股权转让行为。交易行为的复杂性还表现为股权转让与其他交易关系相互交织。常见的有股权转让与目标公司资产转让并存、股权转让与目标公司债务清偿并存等。

3. 股权外部转让中的交易目的极为复杂

通过对实际案例的分析能够发现,引发诉讼纠纷的股权转让交易中,极少是纯粹以股权转让为目的的,多数是在股权转让目的之外还存在其他的甚至是更为重要的目的。主要体现在以下几个方面:

其一,以股权转让之名行财产转让之实。比如,在“呼和浩特市圣坤矿业有限责任公司与朱向阳、内蒙古乾坤金银精炼股份有限公司、北京德润逸生珠宝首饰有限公司、刘海英、刘思岩股权转让纠纷”一案中,根据一审查明的事实,各方就股权转让事宜所签订的《合同书》约定“圣坤公司将其100%的股权及所属东伙房金矿的资产转让给朱向阳”。[⑩]

---

⑧ 参见最高人民法院2014年5月15日作出的(2014)民二终字第36号民事判决书。
⑨ 参见最高人民法院2013年8月20日作出的(2013)民二终字第29号民事判决书。
⑩ 参见最高人民法院2012年5月22日作出的(2011)民二终字第122号民事判决书。

其二，以股权转让实现债务清偿。例如，在“张友隣、张伟、天津万和科技发展股份有限公司、天津开发区桦栋实业发展有限公司与郁起、赵中爱股权转让合同纠纷”一案中，郁起、赵中爱持股的万和公司（以下简称原万和公司，甲方）与桦栋公司（乙方）签订《股权转让合同》，主要约定：“郁起、赵中爱分别将其持有的原万和公司85%、15%股权转让给乙方及乙方股东张友隣、张伟，转让价款3000万元；乙方承担并清偿原万和公司部分债务和科技广场项目已垫付的工程款3.1亿元。”[11]

其三，将股权转让作为借款的担保。例如，在“张德俊与山东省企业托管经营股份有限公司、济南海东发实业有限公司股权转让纠纷”一案中，托管公司与济南含章印务有限公司（以下简称含章公司）、海东发公司、赵晓平、刘大庆共同签订借款协议一份，主要约定：含章公司向托管公司借款500万元，如含章公司不能按时还款，则海东发公司、赵晓平的股权转让款应首先用于归还含章公司欠托管公司的款项，海东发公司、赵晓平全权委托托管公司转让上述股份，并事先签订股权转让协议书。[12]

其四，旨在通过转让股权变成合资企业。例如，在“中惠（海南）置业有限公司、中惠（南京）房地产开发有限公司、中惠（中国）置业集团有限公司与北京安能信达能源投资有限公司、李华国、海口博泰隆房地产开发有限公司股权转让纠纷”一案中，一审法院认定“合同双方的目的是，中惠中国公司通过签订合同受让李华国在博泰隆公司中60%的股权，从而使博泰隆公司变更成为中外合资经营企业，故该合同的性质为涉港股权转让合同”。[13]

（三）有限公司股权外部转让纠纷的裁判难点

1. 合同纠纷与股权纠纷难以界分

相对而言，股份公司的股权的“证券化”较为充分，因而具有较好的流通性，加之关于股份公司股份转让的制度设计较为简洁，尤其是不记名股票的转让，一般只在交易双方之间产生单一的合同法律关系，股票交付即表明转让完成。然而有限公司股份的转让却要复杂得多，整个转让过程除涉及转股股东与受让人之间的关系外，还要涉及转股股东与其他股东的关系，受让人与其他股东的关系，上述人员与公司、公司登记机关、公司债权人等第三人的关系等。这些关系中的任何一环的脱节都会导致股权转让的交易瑕疵，引发纠纷。例如，瑕疵股权转让会引发受让人能否获得股东资格的问题，受让人已支付转让价款但公司未办理相关变更登记会引发谁应当行使股东权的问题，相关登记不一致会引发证明效力的判断问题，当股权转让纠纷进入司法程序时如何确定公司的诉讼地位问题，等等。这些纠纷中往往是合同关系与股权关系交织在一起，大大增大了法律适用的难度。

2. 多个交易行为并存导致法律关系界限模糊

如在前文提及的“张德俊与山东省企业托管经营股份有限公司、济南海东发实业有限公司股权转让纠纷”一案中，含章公司未能按时还款，托管公司就海东发公司、赵晓平的股权与第三人签订了股权转让协议。关于借款协议与股权转让协议的关联性，二审法院认为：“本案

[11] 参见最高人民法院2014年5月15日作出的（2014）民二终字第36号民事判决书。
[12] 参见最高人民法院2012年11月29日作出的（2012）民提字第116号民事判决书。
[13] 参见最高人民法院2013年12月11日作出的（2013）民四终字第1号民事判决书。

的股权转让协议并不是单纯为转让股权而签订的，系履行借款担保协议设定的股权质押责任而出具的，股权转让协议与借款担保协议具有关联性，故不能孤立地判断股权转让协议的效力。"最高人民法院再审认为："本案借款协议属于企业之间的借贷，已被生效判决确认为无效。本案股权转让协议系因借款协议而派生，两者之间存在一定的关联性，但股权转让协议显然属于另一法律关系，其目的与宗旨不同于借款协议，其内容亦不为我国法律法规所禁止，因此，借款协议的无效不能必然地导致股权转让协议无效，股权转让协议的效力应当依据其本身的效力要素进行审查和认定。"[14]

3. 合同的多种目的导致效力判断困难

当股权转让合同带有多种交易目的时，其效力判定就成为难题。例如，在"石艳春、刘春华、刘瑛、刘冬英、刘文英、刘步书与新疆盈科投资集团有限公司、新疆盈科房地产开发有限公司股权转让纠纷"一案中，新疆维吾尔自治区高级人民法院一审认为："本案所涉两份《房地产转让协议》、四方《股权转让协议》及两份补充协议都是为达到由盈科房地产公司取得本案所涉登记在工贸公司名下和由其占有的建设用地使用权的目的。""因此，四方《股权转让协议》及两份补充协议是刘步书等人的真实意思表示。"但最高人民法院二审则认为："作为股权受让方的盈科集团公司在订立相关《股权转让协议》时，其真实意思表示并不是为实际经营工贸公司而持有公司股权；作为股权转让方的刘步书等人，其真实意思表示也并非将工贸公司股权和资产全部转让从而退出经营，且双方对该掩藏在股权转让形式下的真实意思表示在主观上均明知。由此可以认定，双方在签订本案所涉股权转让协议时所作意思表示构成虚伪表示。根据《民法通则》第55条的规定，本案所涉股权转让协议因缺乏真实意思表示而应认定为无效。因作为主合同的本案所涉股权转让协议无效，刘步书等人与盈科集团公司签订的《〈股权转让协议〉补充协议》《补充协议书（二）》亦属无效。"[15]另外，多种交易目的并存也给根本违约以及合同解除权是否成就的判定造成了困难。

4. 其他股东优先购买权的形成时点难以界定

例如，在"丁祥明、李晴、冯月琴与瞿斐建优先认购权纠纷"一案中，一审原告瞿斐建认为其对其他股东拟转让股权的优先购买权在2006年9月10日公司召开的专门讨论公司股权转让问题并形成一致决议、自己在该决议上注明优先受让之时就已经形成。一审法院认为在该次股东会上并未明确受让的第三方，股权转让的交易条件没有形成，原告的优先购买权尚无实现的基础。二审法院认为："2006年9月10日的股东会决议中，瞿斐建已明确表示决定优先受让（购买）其他股东之转让股权（股份），故瞿斐建行使优先购买权的条件已经具备。"最高人民检察院抗诉认为："股东会决议的内容尚未发送给作为受要约人的第三人，不发生要约的效力，瞿斐建在此基础上行使优先购买权，不构成对要约的有效承诺，也缺乏合同主要条款，不具有可执行内容，只是对自己享有优先购买权的表示。"[16]

---

[14] 参见最高人民法院2012年11月29日作出的（2012）民提字第116号民事判决书。
[15] 参见最高人民法院2012年7月19日作出的（2013）民二终字第40号民事判决书。
[16] 参见最高人民法院2013年12月22日作出的（2012）民抗字第32号民事判决书。

三、有限公司股权外部转让裁判困境的原因探微

如前所述，股权转让过程中存在着转股股东自益权与其他股东共益权、股东资格的实质要件与形式要件的矛盾冲突，并进而产生了法律适用上的种种难题，因此，有限公司的股权转让极易陷入制度困境。产生这种困境的原因：一方面在于有限公司客观上存在股权关系与基础关系的分离、人合性与资合性的对立，另一方面还在于现行立法关于有限公司股权外部转让的制度安排具有明显的"反公共地"特征，容易因某一环节的交易瑕疵而引发所谓的"反公共地悲剧"。[17]

（一）股权关系与基础关系的分离与冲突

股权"乃基于其地位与公司间所有之法律关系是也。股东权既非纯粹的财产权，亦非纯粹的人格权，乃一种特殊的权利"。[18] 这种特殊性在于股权不是基于传统的民法产生，而是源于公司法的规定，因此难以兼容于传统的民法权利体系。但股权客观上又是债权与物权的演变，设立人因认缴出资而形成对公司之债，因移转物权而形成实际出资，以此获得以资产收益和参与公司事务为主要特征的股权。据此，我们可以发现，在股东与公司的股权关系的背后，必然存在导致股权关系产生或消灭的基础性关系，后者属于典型的民事关系，主要应由民法加以调整。股东认缴出资后与公司形成的债的关系、转股股东通过签订股权转让协议与受让人之间形成的股权转让关系都是属于这种基础关系。在现实生活中，股权关系与基础关系具有分离特性，二者的生成时间并不一致，所涉及的关系主体也不完全相同，由此导致了二者之间的矛盾冲突。具体到有限公司股权外部转让问题上，作为基础关系的股权转让协议本质上是转股股东与受让人之间的合意，对其调整应当以契约自由为基本原则，但转股股东与公司股权关系之消灭以及受让人与公司股权关系之产生又绝非单纯依靠转股股东与受让人之间的合意所能实现，股权转让关系向股权关系的转化还要受到其他股东过半数同意、其他股东的优先购买权、公司签发出资证明书、修改公司章程和股东名册、变更公司登记机关登记等环节的制约。有限公司股权关系与基础关系的分离与冲突进一步衍生出关于股东资格的实质要件与形式要件的种种争论。

（二）资合性与人合性的矛盾与对立

有限公司是资合性与人合性的耦合体，二者的协调统一能够发挥资本聚合与股东参与的优势，在很大程度上克服股份公司普遍存在的股东"搭便车"现象和代理人"道德风险"。但是二者也存在矛盾与对立，人合性在很大程度上对其资合性形成封闭性制约。这种矛盾对立反映到有限公司股权的外部转让上，就表现为转股股东的自益权与其他股东的共益权的对立，即其他股东从自己和公司利益出发或许不希望公司现有股东结构发生变化，从而以自己

---

[17] Michael A. Heller, The Tragedy of the Anticommons: Property in the Transition from Marx to Markets, *Harvard Law Review*, 1998 (111).

[18] 郑玉波：《公司法》，三民书局1996年版，第106页。

所享有的共益权(如股东会表决权)对抗转股股东的自益权(转股权)。因此,有限公司的股权无法像股份公司的股权那样实现完全的"证券化",进而无法形成开放统一的股权自由转让市场。面对有限公司股权的这种"非完全证券"特性,立法在对其转让制度的设计上处于一种两难困境:基于有限公司资合性考量,应当保障股东转股权的实现,而基于有限公司人合性考量,又需要保障现有股东对新加入者的适当的排除权。但是要准确把握二者之间的"黄金分割"绝非易事。现行公司法在股权外部转让问题上通过转股权、同意权、优先购买权以及"推定同意"等制度之间的相互制衡以求协调有限公司资合性与人合性的冲突,但是试想一个通过"推定同意"制度对抗其他股东的消极抵制而进入公司的外来者如何能实现与其他股东的"人合"? 而没有这种"人合",就可能导致外来股东的权益无法实现或者陷入公司僵局。

(三)有限公司股权外部转让制度安排的不足

首先,现行公司法关于有限公司股权外部转让的制度安排整体上呈现出"反公共地"特征。哈丁(Hardin)教授在 1968 年所阐明的"公共地悲剧"揭示出产权不明晰就会导致资源的过度使用,引起了人们的广泛关注。但是,现实中所存在的与"公共地"正好相反的情况却一直被人们忽视,即如果某种资源有许多排他性的产权,对该资源的使用情况将会怎样? 直到 1998 年,黑勒(Heller)教授才完整地提出了"反公共地"概念。他指出:"在我所定义的反公共地中,多重所有者被赋予了排除他人使用稀缺资源的权利,没有人拥有一个有效的使用权。当有太多的所有者拥有排除权时,就容易导致资源使用不充分,即一种反公共地悲剧。"[19]这一理论被提出之后,在经济学和法学界得到了广泛的关注与讨论,被用来解释分析诸如知识产权、网络、制度安排、政府管理、企业管理等许多社会现象。

"反公共地悲剧"理论对制度安排的启示在于:制度安排或经济资源的多头管理,使太多管理机构可以对某个经济资源行使排他权或否决权,阻碍了资源的使用,因而导致了"反公共地悲剧"。[20] 中国公司法关于有限公司股权外部转让的制度安排在很大程度上也表现出"反公共地"特征。按照法律规定,有限公司股权外部转让要经过股权转让合同的订立、其他股东的过半数同意、特殊情形下的行政审批、公司换发出资证明书、修改公司章程和股东名册记载、向公司登记机关办理变更登记等环节,涉及转股股东、受让人、其他股东、公司、公司登记机关等主体,这些主体都能够对股权转让行使一定的"排他权"或"否决权",以阻碍股权转让的全面完成。例如,转股股东可以通过不通知公司其股权已转让来阻止受让人实际行使股权,受让人可以通过是否支付相应价款来制约转股股东投资变现目的的实现,其他股东可以通过行使否决权或优先购买权阻止受让人进入,公司可以通过不予换发出资证明书、修改公司章程和股东名册记载来阻止受让人行使股权,公司登记机关可以利用变更登记左右股权转让的对外效力,等等。

其次,限制性规定与股权转让合同效力的关系模糊不清。股权转让合同自何时生效? 全体股东过半数同意和股东行使优先购买权与股权转让合同效力之间的关系如何? 对此,学界

---

[19] Michael A. Heller, The Tragedy of the Anticommons: Property in the Transition from Marx to Markets, *Harvard Law Review*, 1998 (111).

[20] 参见陈广汉、张光南:《反公共地悲剧理论及其发展》,载《经济学动态》2006 年第 6 期。

存在不同的见解:第一种意见认为股权转让合同原则上从成立时就生效;第二种意见认为股东会的同意和其他股东是否放弃优先购买权是法定生效条件;第三种意见认为股东向股东以外的人转让出资时,如果没有经过全体股东过半数同意的程序,应当无效;第四种意见认为未经全体股东过半数的股权转让协议的效力应当为相对无效,而非当然无效。[21] 现行公司立法的相关规定也相互冲突,如按照《公司法》第32条第2款的规定,应当将修改股东名册的记载视为股权转让完成的标志。但是该法第73条却使用了"依照本法第七十二条、第七十三条转让股权后,公司应当注销原股东的出资证明书,向新股东签发出资证明书,并相应修改公司章程和股东名册中有关股东及其出资额的记载。对公司章程的该项修改不需再由股东会表决"。从本条字面上理解,似乎是股权转让合同订立并经其他股东过半数同意股权转让即已完成。所以,如何判断《公司登记管理条例》第35条的"转让股权之日"已成为实践中的一个难题。

再次,股权变动的意思主义与形式主义存在抵牾。股权变动的判定是有限公司股权外部转让中的一个关键问题,而学界对这一问题的看法也有意思主义与形式主义的不同观点。意思主义观点认为有限公司的股权变动应当采纳意思主义,股权转让合同一经订立生效,股权即转让给了受让人,亦即发生了股权变动的效果。[22] 按照意思主义的股权变动观,股东名册未记载的股东并不必然没有股东资格,股东名册在处理各股东关系上仅具备确定的效力、推定的效力和免责的效力,而不能具备实质否定剥夺股东资格的效力。[23] 形式主义的股权变动观点则认为,在股权转让行为中,实际上存在两种行为:一是股份转让的债权行为;二是股份转让的权利变动行为。前者是当事人之间关于股权转让合同的签订行为,后者则是合同生效后当事人之间为履行合同而实际交付股份的行为。按照我国公司法的规定,股份转让的权利变动行为涉及权能的移转和权属的变更,且这种变更是以股东名册的变更(生效效力)和工商登记(对抗效力)的变更为准的。[24] 也有形式主义的股权变动观的学者认为,公司将受让方载入股东名册之时或者公司向新股东签发出资证明书之时为股权变动之时。[25]

最后,法律规制与章程自治呈现两难选择。公司契约理论认为,公司是一系列(不完全)契约的有机结合,是一个有明示和默示的交易组成的网络,即所谓合同的联结体。[26] 尤其对于有限公司这样的封闭性公司来说,其契约性更为明显。因此,应当尊重公司这种内在特性,允许公司各关系人通过意思自治处理彼此间的关系,尽可能减少对公司事务的直接规制。基于此种理念,2005年修改的《公司法》进一步突出了有限公司的契约性,为公司章程自治留下了广阔的空间。具体到有限公司股权外部转让问题上,现行《公司法》第71条第4款允许"公司章程对股权转让另有规定"。那么,从字面上及其他国家的一般做法去理解,这种"另有规定"应当包括"宽于"或"严于"法律规定的情形,即从严格意义上说,应当允许公司章程规定禁止有限公司股权的外部转让。但是,封闭性公司的实践表明,在股权流动性受到限制时,

---

[21] 参见刘阅春:《出资转让之成立与生效》,载《法学》2004年第3期。

[22] 参见李建伟:《公司法学》,中国人民大学出版社2008年版,第313页。

[23] 参见范健:《论股东资格认定的基本理念与原则》,载王保树主编:《实践中的公司法》,社会科学文献出版社2008年版,第26~32页。

[24] 参见赵旭东:《公司法学》(第2版),高等教育出版社2006年版,第326页。

[25] 参见刘俊海:《现代公司法》,法律出版社2008年版,第321~323页。

[26] Stephen M. Bainbridge, The Board of Directors as Nexus of Contracts, *Iowa Law Review*, 2002(88).

"小股东盘剥"(minority expropriation)的情况就会更加显著。一旦有了这种规定,股东就只能通过内部转让来实现自己的转股权,如果内部转股无法达成合意,就需要立法为股东退出提供最后的救济。一般认为,对封闭性公司来说,"在股票市场缺失时,更应通过收购或解散而非市场交易来保障退出"。[27] 各国公司法大多也都规定在这种情况下,拟转股股东可以要求公司回购自己的股权。但遗憾的是,中国《公司法》第74条所规定的有限公司回购股份以及第182条关于司法解散请求的规定并不包括上述情形(虽然立法也没有明确禁止其他的公司回购股份情形,但创造性司法却不是我们的传统)。如此一来,实践中对《公司法》第71条第4款的理解必然出现严重分歧。比如,有观点认为,有限公司章程中股权转让限制应当采纳"合理性"标准,即股权转让限制是合理的,则有效;若明显的不合理,则无效;绝对禁止股权转让是不允许的。[28] 另有观点认为,法官必须本着长期契约与短期契约、章程初始条款及修订条款的差异化视角,区分各类限制股权转让的章程约定条款的效力。[29] 也有观点认为,公司通过章程对股权转让进行限制确实存在法律依据,不过,若公司章程彻底剥夺了股权转让自由权,则应基于股权转让自由的最低限度的要求给予股东以合理对价退出公司的救济权。[30]

四、有限公司股权外部转让裁判困境的破解之道

"对于任何商业企业的所有者来说,退出权主要在两个方面发挥作用。其一,退出权允许所有者清算其投资并回复其投资价值。其二,大量的退出威胁往往能抑制管理者侵害所有者利益的行为。"[31]虽然有限公司股权外部转让只是股东退出权实现的一个路径,但在现行制度安排下,也是制约其他路径、保障公平的重要路径,同时,如前所述,也是最容易出现交易瑕疵、产生制度困境的一个路径。因此,必须准确把握有限公司股权外部转让合同的基本特质和股权转让完成的关键环节,才能化解关于股权确认的实质要件与形式要件的矛盾冲突、厘清股权关系与合同关系的交织缠结、把握法律规制与章程自治的均衡适度。

(一)将有限公司股权外部转让合同理解为附生效要件的涉他合同

在对于有限公司股权外部转让合同效力的界定中,那种仅从意思自治原则简单推导得出的成立生效主义无疑忽视了股权关系与基础关系相分离的客观存在,不仅会加大法律适用的难度,也与实然法的规定不符,同时还会导致当其他股东行使优先购买权时转让人要不要承担违约责任的逻辑难题。实际上,在公司章程未对股权转让另有规定的情形下,公司法的限制性规定即符合《合同法》第44条第2款的规定,应属于附法定生效要件合同,而一旦公司章程另有规定,也应当属于附约定生效要件合同。[32] 准确把握这一要旨,首先,可以有效保障有

---

[27] Larry E. Ribstein, Why Corporations? *Berkeley Business Law Journal*, 2004(1).

[28] 参见陈彦晶、董惠江:《论有限责任公司章程中股权转让限制的效力》,载《黑龙江社会科学》2011年第4期。

[29] 参见罗培新:《抑制股权转让代理成本的法律构造》,载《中国社会科学》2013年第7期。

[30] 参见王建文:《有限责任公司股权转让限制的自治边界及司法适用》,载《社会科学家》2014年第1期。

[31] 刘俊海:《论有限责任公司股权转让合同的效力》,载《暨南学报》2012年第12期。

[32] 最高人民法院《关于适用〈中华人民共和国公司法〉若干问题的规定(四)》(法院系统征求意见稿)第25条、第26条的规定没有直接明确未经其他股东同意的外部转让合同的效力类型,但其基本上认可了公司法关于通知义务和优先购买权的规范对股权外部转让合同的生效具有强行法的效力。

限公司的人合特性,防止外部受让人未经其他股东同意而仅凭股权转让合同强行界入公司事务;[33]其次,可以增强受让人的自我保护意识,防止转股人同股多卖,恶意侵害受让人利益;最后,可以有效解决其他股东的同意权和优先购买权与善意第三人保护之间的冲突问题,即股权转让的限制性条件属于"应知"范畴,买受人无"推定善意"可能。股权的善意取得只能限定在《公司法司法解释(三)》所规定的原股东将已转让但未变更登记的股权再行处置的情形。[34]

长期以来,关于有限公司股权外部转让的理解过分囿于股权转让人与受让人关系的狭隘视角,而忽略了公司在股权转让合同关系中的独立存在。其实,正如有的学者所言,"不但去说分散的股东们'拥有'一个公开公司是令人误解的,而且从经济学视角中,去说一个单一控制股东'拥有'一个封闭公司是更加有问题的"。[35] 股权转让所表达的是转让方将其与有限责任公司之间的权利义务关系概括地转让给受让人。股权转让改变了股东与股东的关系,也改变了股东与公司之间的关系,必然影响到公司和其他股东的利益,而非转让双方的私事。[36] 所以,公司的独立地位在有限公司股权外部转让中尤其不应被忽视。通过上文分析不难发现,正是由于股权关系与基础关系相分离,有限公司的股权关系作为投资者与公司之间的特定关系不能够仅仅通过基础关系而实现变更,转股股东无法实现股权的直接交付,所以有限公司股权外部转让合同已经突破了严格的合同相对性,而成为涉他合同,即所谓"由第三人给付之契约",[37]这里的"第三人"即是指公司。准确把握这一要旨,可以清晰界定转股股东与受让人之间的契约关系和他们与公司的股权关系的边界,防止合同纠纷与股权纠纷的缠结不清(即当公司未为股权交付时,由于现行《公司法》第73条没有明确赋予受让人诉权,较为妥当的做法是按照《合同法》第65条追究转股股东的违约责任)。

关于其他股东的优先购买权,需要明确的是,公司股东依法享有的优先购买权应受保护,但是股东优先购买权是对其他股东自由转让股权这一权利的限制,因此股东行使优先购买权亦应严格按照法律规定进行。股东优先购买权是相比于股东以外的买受人而享有的优先权。这一权利行使的前提是,拟出让股东与股东以外的人已经就股权转让达成合意。该合意不仅包括对外转让的意思表示,还应包括价款数额、付款时间、付款方式等在内的完整对价。[38]

(二)将股东名册变更登记作为股权外部转让完成的时间界点

首先,合同订立与价款给付不是股权转让完成的充分条件。股东资格确定的实质要件主

---

[33] 近来也有学者基于股权二分论提出将股东与第三人签订对外转让股权的合同拆分成财产权转让合同和人身权转让合同,在其他股东未明确是否行使同等条件下的优先购买权时,前者是一个附解除条件的合同,后者是一个附生效条件的合同。这种思路对于解决合同自由与公司人合性之间的冲突也具有积极意义,但将一个转让合同拆分为二也会进一步造成实际操作上的障碍。参见蔡元庆:《股权二分论下的有限责任公司股权转让》,载《北方法学》2014年第1期。

[34] 最高人民法院《关于适用〈中华人民共和国公司法〉若干问题的规定(三)》第28条第1款规定:"股权转让后尚未向公司登记机关办理变更登记,原股东将仍登记于其名下的股权转让、质押或者以其他方式处分,受让股东以其对于股权享有实际权利为由,请求认定处分股权行为无效的,人民法院可以参照物权法第一百零六条的规定处理。"

[35] Lynn A. Stout, Bad and Not-So-Bad Arguments for Shareholder Primacy, *Southern California Law Review*, 2001(75).

[36] 参见叶林:《公司在股权转让中的法律地位》,载《当代法学》2013年第2期。

[37] 涉他合同为其内容涉及第三人的合同,包括"由第三人给付之契约"和"向第三人给付之契约"。参见郑玉波:《民法债编总论》,三民书局1996年版,第388页。

[38] 最高人民法院在"丁祥明、李晴、冯月琴与瞿斐建优先认购权纠纷"一案的法律意见中对于优先购买权的行使条件给与了进一步的明确。参见最高人民法院于2013年12月22日作出的(2012)民抗字第32号民事判决书。

义虽然注意到了股权产生与变动的深层原因,但是显然与《公司法》第 32 条第 2 款的规定相矛盾,也无法解决许多现实问题。例如,有观点主张,如果股权转让合同约定自签字之日起生效,那么自该日起的股东权利亦应由受让方行使。这种观点无疑最大限度体现了私法自治原则,但是当面对同股多卖的股权行使问题时却会无所适从。毕竟,正如前文所述,有限公司股权外部转让涉及许多环节,受让协议要想转化为实在的股权还要受到许多形式要件的约束。有限公司股权的非完全证券化使其无法像股份公司的股票那样实现直接即时交付,合同订立与买受人给付价款并不标志着股权转让完成。因此,受让人仅凭股权转让合同向公司主张行使股权,公司可以而且应当按照《公司法》第 32 条第 2 款予以拒绝。

其次,公司登记机关变更登记不是股权转让完成的必要条件。按照股东资格确定的形式要件主义的观点,公司登记机关的登记无疑应当属于形式要件中效力最强的,假如采用其作为股权转让完成的必要条件,应当是最合乎商法的外观主义和最有利于保障交易安全的方式。但是,股权转让毕竟不同于不动产交易,对公司登记机关的变更登记采用严苛的生效要件主义有悖于商法的效率原则,也与公司立法的放松规制潮流不符。因此,《公司法》第 32 条第 3 款明确了公司登记机关的变更登记属于对抗要件,《公司登记管理条例》第 35 条也规定,有限公司股东转让股权的,应当自转让股权之日起 30 日内申请变更登记。这些规定均说明了股权转让在变更登记前就已完成。

最后,股东名册变更登记应当成为股权转让完成的时间界点。为避免“反公共地悲剧”,黑勒教授指出,“充分发挥私有产权功用的一个路径是把一束权利转让给单一所有者,而胜过多重所有者的排除权”。[39] 同样,为解决有限公司股权外部转让的制度困境,有效的解决之道就是界定一个统一的股权转让完成的标志。通过上文对股权转让合同性质的分析,我们已经比较清晰地认识到:有限公司股权外部转让合同乃是基于双方当事人合意而成立、基于其他股东过半数同意而生效、基于公司交付而完成。那么随之而来的最关键的一个问题就是如何界定公司交付?在股权转让的整个环节中,涉及公司的主要有换发出资证明书、修改公司章程和股东名册登记以及办理公司登记机关变更登记(其作用前已论及)。我们认为,其中当数股东名册变更登记最具有股权交付的表征意义,且其与换发出资证明书和修改公司章程当共同视为股权转让交付的组成步骤,结合《公司法》第 32 条第 2 款之规定,应当将股东名册变更登记作为股权转让完成的时间界点。同时,规范的公司登记机关变更登记应当严格以股东名册变更登记作为前提条件。如此一来,不仅对于“转让股权之日”的判断变得简便易行,股权变动的内外关系也能够和谐统一。更为重要的是,许多涉及股权转让的现实难题都可以清晰地划归合同纠纷或者股权纠纷,从而能够更加准确地适用法律。例如,前述的当转股股东按照“推定同意”签订对外转让股份合同后,其他股东控制公司不予办理股东名册变更和公司登记机关变更登记的情形,就应当由受让人向转股股东提起违约之诉,转股股东则可以向控制股东和公司提起侵犯其转股权的诉讼。

---

[39] Michael A. Heller, The tragedy of the anticommons: property in the transition from Marx to markets, *Harvard Law Review*, 1998 (111).

（三）准确把握有限公司股权外部转让限制的自治空间

在我们通过结合合同法理和公司立法厘清了有限公司股权外部转让的若干纷争之后，依然有待思考的问题就是如何理解《公司法》第 71 条第 4 款？承接前文思路，当公司章程对股权转让作出宽于法定限制条件的规定时，当然更加有利于保障股东转股权的实现。当公司章程作出完全禁止股权外部转让的规定时，也并未违背立法文义，且为大多数国家立法所允许，那么，当股权内部转让无法达成合意时，在现行立法未对此种情形明确赋予回购请求权和创造性司法难以期待的情况下，就需要公司章程在作出完全禁止外部转让规定的同时，也为内部转让僵局提供相应的救济办法（如建立指定受让制度、公司回购制度），以保证股东的转股权不因此而完全被剥夺。还有一种情形就是当公司设立时公司章程并未完全禁止股权外部转让，但后来控股股东通过资本多数决修改公司章程作出了完全禁止的规定，从而剥夺了小股东的外部转股权。对此有人提出，公司章程的这种修改应当适用一致同意原则，但这种观点显然与《公司法》第 43 条第 2 款规定不符。因此在公司章程中最好规定此类条款的修改原则，在没有规定时，可以考虑允许小股东按照《公司法》第 22 条第 2 款以股东会决议内容违反公司章程为由提起撤销之诉。

五、结语

关于公司法是对客观现实的一种表述，还是应当成为一种带有前瞻性的规范，一直是一个争论不休的话题，但是，“即使公司法是表述性的，也没有理由认为其应当止步不前。借用部队的一种说法，公司法应当尽其所能”。[40] 有限公司（封闭公司）的股权转让问题在英美法中似乎并不成为问题，其以“合伙”的眼光来看待封闭公司而几乎将所有事务都交由合同约定的做法，似乎是太迁就于封闭公司的人合性，但实践的结果却没有损害甚至保障了资合性。这或许主要得益于其发达的律师制度（在制度设计时最大可能避免产生困境）和创造性的司法体系（能够比较自由地进行利益衡平）。而大陆法系在处理有限公司的人合性与资合性时却并不得心应手，往往陷入规制与自治的两难境地。或许，我们应该从英美法中得到些许启示。如今，英美判例法已经开始在封闭性公司中赋予小股东对其他股东和公司的“信托义务”，[41]而“信托义务”普遍存在于有限公司这样的封闭性公司股东之间以及股东和公司之间的合理性就在于有限公司的人合性和独立性。所以，如果用一种更开放性的思维来分析，对于作为有限公司股权外部转让合同一方主体的转股股东来说，其不仅基于合同义务应当向受让人履行股权瑕疵担保、第三人履行担保等义务，以保障受让人真正获得股权，同时也应基于“信托义务”向其他股东和公司履行通知义务，以保障其他股东的同意权、优先受让权和公司的知情权。对于其他股东和公司来说，保障转股股东正当转股权的实现也是其“信托义务”所在。这或许是有限公司股权外部转让制度困境破解进路的另一种表达方式。

---

[40] Richard A. Booth, Who Owns a Corporation and Who Cares? *Chicago-Kent Law Review*, 2001(77).

[41] Francesca Russo-Di Staulo & Jeff Cazeau, Does a Florida Minority Shareholder in a Closely Held Corporation Owe a Fiduciary Duty to Fellow Shareholders? *The Florida bar Journal*, 2005(October).

判例与公司法的完善
——以资本维持原则为例

周林彬[*]　高　菲[**]

法院审判活动是推动公司法从文本走向实践的重要路径,也是推动公司法改革与发展的重要力量。公司法律制度的完善不一定都通过立法完善,在具体法律规则未完善前,通过司法尤其是判例[①]来完善公司法律制度也是一个有效率的安排。随着企业信用信息系统的建立与完善,交易双方信息不对称的现象逐步得到纠正,资本的担保功能不断弱化,公司资本不再是保护债权人的唯一手段,对资本的管制也正在走向缓和。自 20 世纪以来,各国公司法相继进行资本制度改革,不断修正资本维持原则,放松对公司资本的管制。2013 年修改的《公司法》取消了最低注册资本制度,实行公司成立的"宽进"标准,然而,公司成立后的资本维持原则没有发生任何变化。在具体法律规则未修改前,可以通过判例修正公司资本维持原则。

一、判例在公司法产生与发展中的重要作用

判例在公司法的产生与发展过程中发挥着重要的作用。在英美判例法国家,公司法的许多规则即来源于判例。例如,有关股份回购禁止的特伏尔案、有关商业判断规则的史密斯案,以及有关法院不干涉公司内部事务的多数决原则的福斯案等著名的判例。[②] 即使在实行成文法典和单行法的大陆法系国家,判例也是公司法重要的法律渊源,而且有关公司法判例的产生往往成为公司法改革与发展的动因。例如,英国通过伦敦公司狄简案、子午线全球基金管理亚洲公司诉证券委员会案等一系列判例,不断丰富和完善董事义务的内涵,并将判例法 150 余年来形成的一整套规则以成文法的形式确定下来,从而迫使大陆法系国家纷纷修改董事义务法律规则。判例在公司法的产生和发展过程中发挥着重要的制度优势,一方面,当现行法律没有规定时,法院可以通过判例创设新的法律规则;另一方面,当法律规定模糊不清,甚至矛盾冲突时,法院也可以通过判例统一裁判标准。

* 中山大学法学院教授,博士生导师。

** 广州番禺职业技术学院讲师,澳门科技大学民商法专业博士生。

① 我国并非判例法国家,判例在我国不具有直接法律效力,不能在裁判文书中直接引用。因此,此处所指的判例,系指对下级法院裁判具有指导作用,供下级法院裁判参考的案例,下同。

② 参见刘乃睿:《公司法的判例法方法及其运用》,西南政法大学 2009 年博士学位论文。

（一）符合“判例规则先行于成文法规则”的公司法适用规律

商法产生与发展的一个特点是，“先有商事判例规则，后有商事成文法规则”。这虽然有悖于“成文法优先于判例法”的大陆法系传统法律理论与实践的观点，但是却符合从具体到抽象的认识论规律，也符合英美商法的产生与发展规律，并且以判例为主的英美法，被波斯纳教授谓之是“有效率”的法律体系。从判例作为法律渊源的角度分析，具体判例先于抽象成文法产生的法官“造法”，符合“自下而上”产生市场规则这一哈耶克谓之的“自发秩序”的市场经济规律，[③]也符合通过判例适用解决因成文法立法体例缺陷，导致的法官为解决“成文法律漏洞”而行使“剩余立法权”这一成文法国家法官“能动司法”的法律适用规律。[④]

公司法作为商法的重要组成部分，也同样如此。在英美法系国家，公司法的许多法律规则本身来自于判例法，又服务于判例法，法官可以遵循“先例原则”，法院创造的先例对以后同类案件具有拘束力，成为制定与完善公司法的重要方法与路径。

在英国，确立禁止股份回购规则的经典判例，是 1887 年的 Trevor v. Whitworth [⑤]一案，这也成为公司法确立资本维持原则的法源。审理该案的 Watson 大法官认为，在公司交易中，实缴资本可能会减少或者丧失，没有一部法律能够避免这种情况的发生。但是，与公司进行交易，并对公司产生信任的任何人，会很自然地依赖于以下事实：公司是建立在一定数量的实缴资本基础之上的，公司成员有不能随时抽回资本的义务。并且，除非是基于合法的经营目的，已经缴付给公司的资本不能随后被抽回。然而，经过多年的经验积累后发现，严格禁止回购股权限制了公司的交易自由，导致公司资产的浪费和低效率。1958 年，英国衡平法院在 Re Castiglione Will Trusts[⑥] 一案中判决，公司通过信托的方式持有自己公司的股票并没有违反 Trevor v. Whitworth 案确立的资本维持原则。从此，法律开始从“严格禁止”向“有限度地放开”转变，并且允许的例外情形越来越多。最终，1981 年英国《公司法》修改了股权回购规则，以成文法的方式确认“允许公司在一定条件下回购股份”。

我国虽然不是判例法国家，但最高人民法院于 2010 年 11 月 26 日出台的最高人民法院《关于案例指导工作的规定》（以下简称《规定》）指出，最高人民法院发布的指导性案例，各级人民法院审判类似案例时应当参照。并且，自 1985 年 1 月起，最高人民法院就已经定期在《最高人民法院公报》发布案例，形成了事实上的案例指导制度。法官在裁判时虽然不直接援引相关案例，但仍然会参照最高人民法院公布的类似案例，尤其是受到裁判理由的影响。

例如，1993 年实施的《公司法》要求公司对外投资额累计不得超过公司净资产的 50%。然而在司法实践中，法官并没有机械地适用该规定，判决公司违反对外投资比例限制的行为

---

③ 判例法遵循的是一种自然形成的规律。自发秩序，无论是社会秩序还是法律秩序的形成，其所谓自发并非完全是无意识的，就个人来说是一种有意识的规则创制活动，但它超出个人知识局限，形成一般秩序则并非设计而是演化的结果。通过判例法形成法律规则，其机制具有自发秩序演化的特征。转引自陈兴良：《判例刑法学》，法律出版社 2012 年版，序言。

④ 法官不可能将每一问题都交立法者予以解释，而必须根据其对法律的理解对眼前的问题作出裁判，这一过程就是创制判例法。因此，即使是在成文法大量制定的情况下，判例法也在同步发展。对判例法的正确表述应该是，判例不得与现行成文法相抵触，如抵触，以成文法为准。但在成文法未直接规定的领域，判例自然具有法律效力。参见侯利阳：《试论判例的作用》，载 http://www.chinalawinfo.com/LawOnline/ArticleFullText.aspx？ArticleId = 27361，2014 年 9 月 17 日访问。

⑤ （1887）12 App Cas 409.

⑥ （1958）Ch 549.

无效。相反,法院更多地是从对外投资行为是否损害股东和公司利益的角度出发,确定公司对外投资行为的效力。经过判例经验的积累,2005 年修改的《公司法》最终废除了公司对外投资比例的限制。

申苑公司与九环公司、华鑫公司签署联营合同,约定三方共同投资组建"松花江路油气站有限公司"。后九环公司、华鑫公司及杨浦油气公司提出,申苑公司的投资超过其净资产的50%,要求法院确认联营合同无效。法院认为,虽然申苑公司在松花江路油气站的投资额已超过其净资产的50%,违反公司法的有关规定。但《公司法》有关限制对外投资比例的规定,仅系为防止对外投资行为损害股东、债权人的合法利益,并非针对被投资公司,且公司净资产亦处于不断变动中,因此,法院判决联营合同有效。⑦

(二)统一裁判标准,实现法律的公平正义

作为人设计的制度,法律并不是十全十美的。现实中的法律,尤其是具有发展性、灵活性特点的商事法律,因商业活动的复杂多变而导致商法适用中存在不少具体规则模糊不清、裁判标准不统一等法律漏洞问题。如何通过解释法律规则,弥补法律漏洞成为法官在审判中亟需解决的难题。判例在法律适用中具有解释、补充法律规则的功能,通过司法审判总结经验,明确法律适用原则,统一裁判标准。

例如,《公司法》规定,公司转让主要财产时,异议股东可以要求公司回购股权。但是,法律并未明确"主要财产"的判断标准,从而导致现实中法律适用标准不统一,法官自由裁量范围过大,出现"同案不同判"的现象。因此,许多法院并不满足于简单地判决是否允许回购股权,而是在裁判理由中不断总结归纳,统一"主要财产"的认定标准。例如,有的法院认为,公司转让的财产是否为主要财产,取决于公司转让该财产是否影响了公司的正常经营和盈利,是否导致公司发生了根本性变化。⑧ 又如,有的法院在解释裁判理由中提到,《公司法》第 75 条⑨的立法本意是防止不慎重转让的公司财产足以威胁公司的存在基础,对公司运营前景产生重大不利影响,并从根本上动摇股东对公司的投资预期。转让财产的行为是否属于公司常规经营活动,转让财产所占公司资产的比例等通常是考量公司转让其财产行为是否实质性影响了公司设立目的及公司存续,是否损害公司和股东利益的标准。⑩

在我国,受法官的理论素质、司法技能、运用自由裁量权的尺度,甚至个人经验和价值观念等因素的影响,司法实践中常常出现"同案不同判"的现象。法律适用的不统一,使人们对司法公正产生强烈的质疑,司法的权威性与公信力也大打折扣。公平是社会公众对于法律最基本的价值追求,而"同案同判"则是人们对于实现公平正义最基本的目标。判例在司法实践中能够发挥示范和指引功能,强化判例指导是防止自由裁量权滥用的有效措施。判例制度自身的运作规律保证了法官裁量有一定自由度,但不是恣意妄为,通过具体的判例,为法官处理类似案件提供了较之司法解释更具体的裁判标准。法官在审理类似案件时,可以参考判例,

⑦ 上海九环华鑫油气销售有限公司等与上海申苑贸易有限公司联营合同纠纷上诉案,参见(2002)沪二中民三(商)终字第 314 号。

⑧ 参见薛峰与京卫医药科技集团有限公司请求公司收购股份纠纷上诉案,(2012)京二中民终字第 02333 号。

⑨ 2013 年《公司法》后,原第 75 条变为第 74 条,原第 143 条变为第 142 条,下同。

⑩ 参见郭新华诉北京华商置业有限公司股权回购请求权案,(2008)京一中民初字第 2959 号。

特别是借鉴裁判理由中总结的一般性规则，努力实现“同案同判”，实现法律的公平正义。

自正式实施案例指导制度后，最高人民法院至今发布了十批共52个指导性案例。[11] 这些指导性案例在总结司法经验、指导审判工作、统一司法尺度和裁判标准、规范自由裁量权等方面发挥了积极的作用。据最早试行案例指导制度的郑州市中原区人民法院介绍，在实施之前的2001年，该院审判委员会共召开36次会议，讨论案件135件。案例指导制度实施后，审判委员会召开的次数大幅度下降，讨论的案件数量也有很大幅度的减少，案件再审的数量也大幅度下降。[12] 沈阳市中级人民法院从2003年开始探索运用典型案例指导审判工作，在审判质量、审判效率等各个方面都取得了明显的成果。因同案异判而导致发回重审或改判的案件，2006年较之2002年下降了1.7%，结案率逐年提高，再审率不断下降。[13]

（三）市场法律改革的效率：判例是一种诱致性制度变迁

经济制度变迁理论将经济制度变迁模式分为两类：一类是诱致性制度变迁，指的是现行制度安排的变更或替代，它是由个人或一群（个）人，在响应获利机会时自发倡导、组织和实行，具有“自下而上”制度变迁的特点，优点是制度实施的成本较低；另一类是强制性制度变迁，指的是制度安排的变更或创造是由政府命令和法律引入和实行，具有“自上而下”制度变迁的特点，优点是制度制定的成本较低。[14] 通过一个又一个案例的积累，不断总结审判经验，归纳形成一般性规则，由各级法院通过法官的具体审判活动倡导、组织和实行，类似于“自下而上”的诱致性制度变迁。由国家立法机关直接制定或修改法律的模式，则类似于“自上而下”，国家立法机关主导的强制性制度变迁。

按照“先立法，后改革”的改革新常态，市场化改革的制度安排应当从市场化立法开始。但是，由于立法需在“草案——征询意见——修改草案”的过程中循环往复，从而导致立法周期长，加之市场法律较之市场改革具有明显的滞后性，以及成文法规则的广义性导致市场法律的不确定性并不亚于市场的不确定性，从而提高了市场改革的立法成本。

与市场化改革立法相比，反映市场化改革内容的判例（如商事审判判例）无须经过漫长而复杂的立法程序，它在遵守法律基本原则的前提下，根据商事审判中个案的实际情况直接进行裁判，具有开放性和灵活性，更能反映与平衡市场主体的利益，更容易创设新的市场制度与规则安排，从而节省市场经济立法成本。而且，判例将法律适用限定在特定情形下，其适用范围更加狭窄，适用主体和适用情形更加明确，从而减少了商事法律规则的不确定性，有利于降低商事法律适用的司法代理成本。同时，通过限定司法审查的范围，也降低了法官搜索法律适用的信息成本，更容易实现局部利益最大化。最后，经过实践检验的一般性规则上升为法律，具有扎实的实践基础，更容易得到市场主体的遵守和执行，从而节省了法的实施成本。正如哈耶克所指出的，“如果需要对法律实施施行真正的变革，那么只有当新的法律在它被适用

[11] 截至2015年4月23日。

[12] 参见李广湖：《谈先例判决制度》，载《人民法院报》2002年9月20日。

[13] 参见张东波：《建立案例指导制度的实证报告》，载沈德咏主编：《中国特色案例指导制度研究》，人民法院出版社2009年版，第134～135页。

[14] 参见林毅夫：《关于制度变迁的经济学理论：诱致性变迁与强制性变迁》，载《财产权利与制度变迁》，上海三联书店1994年版，第384页。

之前就广为人知的时候，它才可能确当地履行所有法律应予履行的适当功能，亦即指导人们预期的功能”。[15]

例如，资本维持原则禁止公司抽逃出资。但是，何谓“抽逃出资”，抽逃出资具体表现形式包括哪些情况，法律并未予以明确。因此，在司法实践中，各地法院在法律基本原则的指导下，纷纷总结归纳抽逃出资的法律适用规则。

跨日公司由高某某和严某共同出资设立，但其缴纳的资本均由恒南公司垫资。公司注册登记后，跨日公司将资本返还给恒南公司。后来，跨日公司要求法院判令高某某补缴注册资本。法院认为，高某某作为公司股东之一，在公司设立时通过借款用于验资，几天后即将上述全部注册资本归还，此显属未按期足额缴纳所认缴的出资额和抽逃出资的行为，判决高某某向跨日公司补足注册资本。[16]

事实上，股东抽逃出资的手段多种多样，通过判例经验的不断总结，最高人民法院最终以司法解释的形式，将判例认定的“抽逃出资”情形上升为一般性法律规则。[17] 由此可见，通过判例修正资本维持原则，与烦琐的立法程序相比，更能够迅速地解决司法疑难问题，增强法律的确定性，节省交易成本，提高立法效率。因此，在法律改革，尤其是市场经济法律制度（如民商法）的改革与完善中，更应当鼓励“先判例，后立法”的诱致性制度变迁路径。

二、通过判例修正公司资本维持原则的例证

随着现代公司的不断发展，市场的力量越来越突出，建立在管制基础之上的资本维持原则已不能成为维护交易安全的可靠信赖和唯一标准。相反，资本的经营价值及公司的交易自由越来越得到重视，社会更加强调资本的利用效率和财富最大化。如果固守僵化的、机械的资本维持原则，严格禁止公司将资产返还给股东，就像给公司施加了一把枷锁，容易造成公司资产的闲置浪费。因此，各国公司法相继修正资本维持原则，从“严格禁止”向“有条件地放开”转变。如前所述，我国司法实践中早已存在通过判例修正资本维持原则的做法，并且判例确立的法律规则最终也被立法所确认。[18] 虽然2013年修改的《公司法》并未动摇资本维持的原则，但司法实践中已出现通过判例修正资本维持原则的例证，这有利于节省公司法改革成本，是目前修正资本维持原则有效的路径选择。

（一）放宽出资形式的例证

根据《公司法》有关出资形式的规定，股东出资必须符合“可估价、可转让”的要求。[19] 随

---

[15] ［英］哈耶克：《法律、立法与自由》（第1卷），邓正来、张守东、李静冰译，中国大百科全书出版社2000年版，第136页。

[16] 高某某与上海跨日化工有限公司股东出资纠纷上诉案，（2010）沪二中民四（商）终字第617号。

[17] 《公司法司法解释（三）》第12条规定，抽逃出资的表现形式包括：（1）将出资款项转入公司账户验资后又转出；（2）通过虚构债权债务关系将其出资转出；（3）制作虚假财务会计报表虚增利润进行分配；（4）利用关联交易将出资转出；（5）其他未经法定程序将出资抽回的行为。

[18] 例如，前述上海九环华鑫油气销售有限公司等与上海申苑贸易有限公司联营合同纠纷上诉案，在公司对外投资比例限制未取消前，法院认为超过公司资产50%的对外投资行为有效。2005年修改的《公司法》确认了这一规则。

[19] 《公司法》第27条第1款规定：“股东可以用货币出资，也可以用实物、知识产权、土地使用权等可以用货币估价并可以依法转让的非货币财产作价出资；但是，法律、行政法规规定不得作为出资的财产除外。”

着经济的发展，公司出资形式越来越多样化，债权能否成为出资形式成为理论界和实务界广泛讨论的问题之一。最高人民法院在审理一起再审案件中，对“债转股”[20]行为的效力予以了认定。

任同生将中智公司欠其的先期工程款1500万元转为向中智公司的自身投资款借款，从而取得中智公司25%的股权，任同生将该股权转让给赵长勋。其后赵长勋要求退股，并获得公司返还1500万元投资款及1000万元分红。中智公司起诉赵长勋抽逃出资，要求返还该2500万元。赵长勋主张其获得的并非股权返还款，而是原来公司所欠工程款及其收益，不实抽逃出资。法院认为“当事人由先期工程款转为自身投资款借款，形成的是以‘股权转让’为外观、实质为‘债转股’，判决认定当事人通过债转股方式取得公司股权”，从而认可了“债转股”行为的效力。[21]

事实上，“债转股”行为在20世纪90年代中后期政策性债转股以及上市公司可转换债券的相关管理规定中已经出现，虽然当时的《公司法》及相关法规对于债权作为出资并无明确规定，但在实践中已经有限展开。2011年11月23日，国家工商行政管理总局颁布《公司债权转股权登记管理办法》，允许公司通过“债转股”的方式增加注册资本，从而承认债权作为股东出资的形式。

进一步来说，在缓和资本管制的国际趋势下，资本维持原则从最初被理解为“公司应当维持与其资本额相当的资产”，向“禁止公司不当地向股东返还财产”转变，[22]它主要约束的是股东出资后及公司成立后的行为，并非公司成立前股东的出资行为。随着社会的发展，人力资本、商誉、信用等无形资产的经营价值却越来越受到人们的重视，甚至对某些公司来说是至关重要的。《合伙企业法》早已允许合伙人以人力资本、商誉、信用等非货币资产向合伙企业出资。[23] 作为企业的另一种组织形式，出于制度竞争的需要，《公司法》也应当向《合伙企业法》看齐，扩大非货币出资的范围。另外，《公司法》还确立了非货币资产评估作价制度以及出资人的差额填补责任，债权人完全可以通过事后救济的途径得到保护，法律无须通过事前管制的方式对出资形式予以限制。因此，法院可以通过判例扩大出资形式的范围，明确“可出资、可转让”的标准，确认劳务、商誉、信用等非货币出资形式的效力。按照“先判例，后立法”的改革思路，未来在修改《公司法》时，还可以考虑取消“可估价、可转让”的出资形式要求，只要股东同意，任何具有经营价值的东西都可以成为出资的形式。

（二）放宽股权回购[24]的例证

由于民商事案件的私法性质，以及“法官不能以无明文规定拒绝裁判”的现代民商事审判原则，在法无明文规定条件下的民商事案件审理中，法官的自由裁量权范围较之法官审理其

---

[20] 债转股，是指投资人（即债权人）以其对公司或者第三人的债权向公司投资入股，又称“以债作股”。

[21] 见赵长勋与辽宁中智房屋开发有限公司股权确认纠纷再审案，(2013)民申字第286号。

[22] 例如，英国的David Wishart教授就解释道，资本维持原则应当理解为防止股东不适当地从公司取得利益。韩国李哲松教授认为，资本维持原则应当理解为“禁止通过资本交易使公司财产不当流出”。

[23] 《合伙企业法》第16条规定，合伙人可以用货币、实物、知识产权、土地使用权或者其他财产权利出资，也可以用劳务出资。合伙人以实物、知识产权、土地使用权或者其他财产权利出资，需要评估作价的，可以由全体合伙人协商确定，也可以由全体合伙人委托法定评估机构评估。合伙人以劳务出资的，其评估办法由全体合伙人协商确定，并在合伙协议中载明。

[24] 基于我国的公司分类标准，这里的“股权”既包括有限责任公司的股权，也包括股份有限公司的“股份”。

他公法性质案件(刑事、行政案件)的自由裁量权范围要大得多,而且相对于民事案件,公司纠纷案件日新月异,赋予法官公司纠纷案件自由裁量权又是体现公司法灵活性特点所必需。

例如,严格限制公司回购股权是资本维持原则的又一要求,因为当公司持有本公司股权时,公司即成为自己的股东,这相当于减少了公司的注册资本,违反了资本维持原则。然而,公司法实践中,法院并没有严格拘泥于成文法的限制,而是根据"法无明文规定即为可行"的原则,允许公司在法定情形之外回购股权。

叶宇文原是舜天公司股东,其与公司签订股份转让协议,约定将其持有的公司股份转让给公司。由于公司没有及时付款,叶宇文起诉要求公司支付余款及利息。[25] 法官在裁判理由中解释到,《公司法》第75条规定赋予股东于特定情况下请求公司收购股权的权利,但并未为公司和股东在规定情形外设定不作为义务,即没有禁止公司与股东之间在其他情况下达成收购股权的合同行为。有关司法解释也曾对公司回购股份的例外情况作出解释。[26] 因此,法律并不禁止《公司法》第75条规定的情形以外以协议方式收购股权。且股权收购协议并非以损害债权人利益为目的,客观上也未损害债权人利益。因此,判决股权收购协议有效。

事实上,司法实践中允许法定情形以外事由的股权回购并不少见。根据北大法宝数据库搜集到的39个有限责任公司回购股权的案例中,23.07%的案例法院认为除第75条规定的事由外,股东也可以要求公司回购股权,另外76.92%的坚持只能在第75条规定的事由范围内回购股权。(见表1)[27]

表1 有限责任股权回购判例事由统计

	数量	比例
法院认为除《公司法》第75条规定的事由以外的事项也可以回购	9	23.07%
法院认为只能在《公司法》第75条规定的事由范围内进行股权回购	30	76.92%

股权回购既可以用来作为公司反收购的手段,也可以作为公司分红的方式,还可以作为职工股权激励的途径。对股权回购的严格限制束缚了股权回购的利用方式,降低了公司资产的利用效率。因此,我国应当进一步放开股权回购的限制。我国个别部门为适应形势发展,已经先行先试,对股权回购规则进行修正。例如,为引导和规范上市公司以集中竞价交易方式回购股份行为,上海证券交易所于2014年4月1日对《上海证券交易所上市公司以集中竞价交易方式回购股份业务指引》进行了修订并向社会公开征求意见。根据征求意见稿,上海证券交易所鼓励上市公司在回购不影响其持续经营能力的前提下,在发生股价持续低于每股

[25] 参见叶宇文诉沛县舜天房地产开发有限公司股权转让案,(2008)苏民二终字第0048号。

[26] 根据《公司法司法解释(二)》第5条规定:"人民法院审理解散公司诉讼案件,应当注重调解。当事人协商同意由公司或者股东收购股份,或者以减资等方式使公司存续,且不违反法律、行政法规强制性规定的,人民法院应予支持。当事人不能协商一致使公司存续的,人民法院应当及时判决。经人民法院调解公司收购原告股份的,公司应当自调解书生效之日起六个月内将股份转让或者注销。股份转让或者注销之前,原告不得以公司收购其股份为由对抗公司债权人。"该司法解释的意旨在于:一方面,法律允许公司与其股东之间以协议方式收购股权;另一方面,在收购的股份转让或注销之前,股东不得以公司收购其股份为由对抗公司债权人。

[27] 参见周林彬、余斌:《我国"减法"改革中的公司减资制度的完善》,载《清华大学主办21世纪商法论坛第十四届国际学术研讨会论文集》2014年10月,第174页。

净资产等七种情形时回购公司股份。[28] 作为成文法的一种形式，这就进一步放宽了上市公司股份回购的情形，突破了《公司法》第143条有关股份回购的限制。

我国司法审判活动受制于成文法的局限，很难作出突破性的判决，实现创新法律规则的目的，而借助判例制度，赋予裁判先例以一定拘束力，则法官裁判不仅有审级复核的压力，还会有遵循先例的行为自觉，在权力擅用上会有所顾忌。这对易于产生“同案不同判”的商事审判中解决法官任意裁判的问题具有重要意义。[29] 因此，除上述放宽出资形式和股权回购限制外，法院应当进一步发挥司法能动性，充分行使“剩余司法权”，放松公司资本的事前管制，通过判例修正折价发行、盈余分配、减资等有关资本维持的具体法律规则。

三、未来的展望与思考

法律原则的确立或废除，是立法的问题，而法律原则的修正，更多的是司法的问题。立法关心的是“书本上的法”，而判例更关心的是“行动中的法”，它有利于克服成文法的局限性，摆脱成文法的固定模式，避免成文法的僵化，保持法律的开放性和灵活性，使法律真正成为“活的法律”。通过判例的积累，不断“试错”，不断地总结与调整，让审判者通过公司法适用中的“找法”与说理，不断地建立起有说服力的判例，就可以有效地克服公司法适用中法条主义的僵硬和空洞，弥补公司法立法的不足，降低公司法立法的成本，保持公司法的发展性，保持公司法与市场改革与时俱进。

（一）重新回到“先有商事判例规则，后有商事成文法规则”的路径

此次公司注册资本制度改革的特点是“行政倒逼立法，立法倒逼司法”，那么，司法该往何处去？从“立法到司法”的改革路径虽然降低了立法成本，激发了人们的创业热情，促进了公司数量的增长，然而，仓促立法却带来不少法律适用的问题。例如，在取消最低注册资本制度后，最高人民法院修改了《公司法司法解释（三）》中有关抽逃出资的规定，删除了“公司股东将出资款项转入公司账户验资后又转出”这个抽逃出资的主要情形。那么，实行注册资本完全认缴制后，对抽逃出资的认定是否发生变化？还有可能出现哪些新的抽逃出资情形？又如，在盈余分配规则方面，如果公司资本未实缴完毕或者未按时缴纳注册资本的情况下，公司利润是否可以分配，还是需要先用来缴纳资本？这些问题均需要法院在司法实践中，通过判例补充、解释法律规则，弥补成文法的“法律漏洞”。另外，作为法律适用的重要载体，审判机关更应当发挥能动性，遵循“先判例，后立法”的思路，不断总结审判经验，并上升为一般法律规则，积极推动立法的改革与进步，重新回到“先有商事判例规则，后有商事成文法规则”的路径，实现“自下而上”诱致性制度变迁的效率。

---

[28] 这七种情况包括：(1)股价持续低于每股净资产；(2)经营活动产生的现金流量持续为正，或有大量闲置资金的；(3)资产负债率大幅低于行业平均水平的；(4)因实施重大资产重组后存在未弥补亏损，而长期无法向股东进行现金分红的；(5)具有分红能力但现金分红水平较低的；(6)发行的A股、B股或H股股票市场定价存在较大差异，其中某类股票股价偏低，未能合理反映公司价值的；(7)为适应证券市场发展变化和保护投资者合法权益的需要而认定的其他情形。

[29] 参见陈旗：《关于加强典型案例作用的慎思——判例制度的比较研究与实证解析》，载 http://hubeigy.chinacourt.org/public/detail.php? id=1664，2014年9月17日访问。

(二)防止法律“向一般条款逃避”

商法的价值在于适用,而法律适用中常见的问题是“向一般条款逃避”。[30] 资本维持原则是公司资本制度的基本原则,也是公司资本制度的“一般条款”。一般条款的抽象性特点导致在具体的司法实践中存在法律适用问题,需要通过具体的规则,特别是司法判例中所确定的更具体的裁判标准反映出来。现实中有关资本维持的具体法律规则存在规定过于抽象或模糊不清等现象。例如,在股份发行规则方面,股份的票面价值如何确定?又如,在减资规则方面,在公司资本未认缴完毕前,公司能否减资?法院应当通过判例明确更具体的裁判标准,规范法官自由裁量权,不断修正资本维持原则,防止法律“向一般条款逃避”,努力实现“同案同判”的公平。

(三)完善案例指导制度

重视判例在公司法律改革与完善中的作用,并非意味着对立法的僭越,判例也不可能完全取代成文法的地位。我国现行的案例指导制度,从法律功能主义的角度来看,可纳入广义判例的范围内。但是,它又不同于西方的判例法,它不具有直接法律效力,也不能直接在判决书中引用。现阶段,要充分发挥判例在我国审判中的指导作用,还必须完善案例指导制度。

首先,发布的案例必须是疑难案件,即那些现行法律没有规定,或者规定模糊不清、过于抽象,容易产生误解,或者规定已经过时,个案又非常特殊,从而导致法律适用标准不统一,或根本没有法律规则的情况。在上述情况下,可以通过判例解释法律规定,补充立法的不足,甚至创设新的法律规则。也就是说,各级法院参照判例的前提是现行法律没有规定,或者规定模糊不清、过于抽象。如果法律规定已经很明确了,也就没有通过判例完善立法的必要了。

其次,判例需要具有一定的代表性。目前,各地法院都建立了自己的案例指导制度,经常定期发布指导性案例,内容涵盖民事、刑事、行政等方面,务求在本地区内统一裁判标准,努力实现“同案同判”。然而,法院在追求判例数量最大化的同时,却不能保证判例的“质量”,各地法院发布的判例“质量”参差不齐,这也造成了全国范围内裁判标准的不统一。因此,应当严格按照《规定》的要求,由最高人民法院负责选择具有代表性的案例并发布。只有最高人民法院发布的判例,才具有指导性作用,才具有全国范围内参照适用的效力。各地人民法院可以按照《规定》的要求,向最高人民法院推荐指导性案例。当然,在条件成熟时,最高人民法院也可以授权高级人民法院发布指导性案例,且该授权发布的指导性案例在全国范围内也具有指导性作用。

最后,裁判理由是法院参照适用的标准。下级法院在参照判例进行裁判时,要更加重视借鉴裁判理由,尤其是裁判理由中总结归纳得出的一般性规则,而非简单地引用相关法条。这也是判例发挥指导作用的“依据”所在。这就要求法官在判决时,必须更注重裁判理由的说

[30] 所谓“向一般条款逃避”,是指在法律存在具体规定时,不适用具体的法律条款,而是援引法律的原则规定。

理，重视法条背后法理、法律文化、法律价值的解释，使裁判能够“以理服人”。

从“法制”到“法治”的跨越，说明我国在依法治国的进程中，更重视法的运行，重视公平、效率等法的价值。司法界应当借全面推进依法治国及司法体制改革之良机，充分发挥判例的制度优势，遵循判例的拘束力，补充、解释、修正公司法法律规则，不断推动公司法的完善与发展。

最高人民法院第8号指导案例与公司解散制度

姜一春*

立法法规定了以宪法作为最高法律,以法律、行政法规、地方性法规、自治条例为序的法源的序列和抵触处理的优先适用顺序。从立法法的精神来看,人民法院的判例一般不具有法律约束力和事实约束力。从1983年开始,最高人民法院将一些案例以内部文件的形式,对基层法院的司法活动给予参考。自1985年以后,开始对外在《最高人民法院公报》上,定期公布一些典型案例。2010年7月,最高人民法院、最高人民检察院联合发布了《关于案例指导工作的规定》,明确指导性案例具有解释法律、指导裁判、司法参照的性质和作用。关于指导案例与司法解释的关系,学术界有不同的观点:一种观点认为,[①]案例指导是对司法解释的欠缺、不明确部分的补充。由于司法解释自身的抽象性、迟延性,不能及时对应和及时解决新发案例问题,而指导性案例能够及时跟踪和对应现时新发案件,并具有一定的启示性、规范性效果,因此指导性案例是一种补充性作用。另一种观点认为,[②]根据"关于案例指导工作的规定",指导性案例具有条文化、适用方法固定化的倾向,是以司法解释的细化、约束司法裁量权为目的出台的规定,且许多地方基层法院主张指导性案例的强制效力作用。究竟制导案例对于法律制度的生成有何影响和作用,本文结合最高人民法院第8号指导案例,对公司解散制度的影响变化进行个案分析,以期对这一问题的研究有所裨益。

一、最高人民法院第8号指导案例和法院判决[③]

(一)基本案情

原告林方清是常熟市凯莱实业有限公司(以下简称凯莱公司)股东,任公司总经理兼公司

* 烟台大学法学院教授、烟台大学亚太法律研究中心主任。

① 参见王利民:《我国案例指导制度若干问题研究》,载《法学》2012年第1期。

② 参见秦宗文:《案例指导制度的特色、难题与前景》,载《法制与社会发展》2012年第11期。

③ 最高人民法院关于发布第二批指导性案例的通知(法〔2012〕172号效力级别为司法解释性质文件)(最高人民法院审判委员会讨论通过 2012年4月9日发布),载《人民法院报》2012年4月9日。

监事。

被告为常熟市凯莱实业有限公司及法人代表戴小明。

林方清诉称：常熟市凯莱实业有限公司经营管理发生严重困难，陷入公司僵局且无法通过其他方法解决，其权益遭受重大损害，请求解散凯莱公司。被告凯莱公司及戴小明辩称：凯莱公司及其下属分公司运营状态良好，不符合公司解散的条件，戴小明与林方清的矛盾有其他解决途径，不应通过司法程序强制解散公司。

法院经审理查明：凯莱公司成立于 2002 年 1 月，林方清与戴小明系该公司股东，各占 50% 的股份，戴小明任公司法定代表人及执行董事，林方清任公司总经理兼公司监事。凯莱公司章程明确规定：股东会的决议须经代表 1/2 以上表决权的股东通过，但对公司增加或减少注册资本、合并、解散、变更公司形式、修改公司章程作出决议时，必须经代表 2/3 以上表决权的股东通过。股东会会议由股东按照出资比例行使表决权。自 2006 年起，林方清与戴小明两人之间的矛盾逐渐显现。同年 5 月 9 日，林方清提议并通知召开股东会，由于戴小明认为林方清没有召集会议的权利，会议未能召开。同年 6 月 6 日、8 月 8 日、9 月 16 日、10 月 10 日、10 月 17 日，林方清委托律师向凯莱公司和戴小明发函称，因股东权益受到严重侵害，林方清作为享有公司股东会 1/2 表决权的股东，已按公司章程规定的程序表决并通过了解散凯莱公司的决议，要求戴小明提供凯莱公司的财务账册等资料，并对凯莱公司进行清算。同年 6 月 17 日、9 月 7 日、10 月 13 日，戴小明回函称，林方清作出的股东会决议没有合法依据，戴小明不同意解散公司，并要求林方清交出公司财务资料。同年 11 月 15 日、25 日，林方清再次向凯莱公司和戴小明发函，要求凯莱公司和戴小明提供公司财务账册等供其查阅、分配公司收入、解散公司。

江苏常熟服装城管理委员会（以下简称服装城管委会）证明凯莱公司目前经营尚正常，且愿意组织林方清和戴小明进行调解。

另查明，凯莱公司章程载明监事行使下列权利：（1）检查公司财务；（2）对执行董事、经理执行公司职务时违反法律、法规或者公司章程的行为进行监督；（3）当董事和经理的行为损害公司的利益时，要求董事和经理予以纠正；（4）提议召开临时股东会。从 2006 年 6 月 1 日至今，凯莱公司未召开过股东会。服装城管委会调解委员会于 2009 年 12 月 15 日、16 日两次组织双方进行调解，但均未成功。

（二）裁判结果

江苏省苏州市中级人民法院于 2009 年 12 月 8 日以（2006）苏中民二初字第 0277 号民事判决，驳回林方清的诉讼请求。宣判后，林方清提起上诉。江苏省高级人民法院于 2010 年 10 月 19 日以（2010）苏商终字第 0043 号民事判决，撤销一审判决，依法改判解散凯莱公司。

（三）裁判理由

法院生效裁判认为：首先，凯莱公司的经营管理已发生严重困难。根据原《公司法》第 183 条和最高人民法院《关于适用〈中华人民共和国公司法〉若干问题的规定（二）》（以下简称《公司法解释（二）》）第 1 条的规定，判断公司的经营管理是否出现严重困难，应当从公司的股东会、董事会或执行董事及监事会或监事的运行现状进行综合分析。“公司经营管理发生严重困难”的侧重点在于公司管理方面存有严重内部障碍,如股东会机制失灵、无法就公司的经营管理进行决策等,不应片面理解为公司资金缺乏、严重亏损等经营性困难。本案中,凯莱公司仅有戴小明与林方清两名股东,两人各占50%的股份,凯莱公司章程规定“股东会的决议须经代表1/2以上表决权的股东通过”,且各方当事人一致认可该“1/2以上”不包括本数。因此,只要两名股东的意见存有分歧、互不配合,就无法形成有效表决,显然影响公司的运营。凯莱公司已持续4年未召开股东会,无法形成有效股东会决议,也就无法通过股东会决议的方式管理公司,股东会机制已经失灵。执行董事戴小明作为互有矛盾的两名股东之一,其管理公司的行为,已无法贯彻股东会的决议。林方清作为公司监事不能正常行使监事职权,无法发挥监督作用。由于凯莱公司的内部机制已无法正常运行,无法对公司的经营作出决策,即使尚未处于亏损状况,也不能改变该公司的经营管理已发生严重困难的事实。

其次,由于凯莱公司的内部运营机制早已失灵,林方清的股东权、监事权长期处于无法行使的状态,其投资凯莱公司的目的无法实现,利益受到重大损失,且凯莱公司的僵局通过其他途径长期无法解决。《公司法解释(二)》第5条明确规定了“当事人不能协商一致使公司存续的,人民法院应当及时判决”。本案中,林方清在提起公司解散诉讼之前,已通过其他途径试图化解与戴小明之间的矛盾,服装城管委会也曾组织双方当事人调解,但双方仍不能达成一致意见。两审法院也基于慎用司法手段强制解散公司的考虑,积极进行调解,但均未成功。

此外,林方清持有凯莱公司50%的股份,也符合公司法关于提起公司解散诉讼的股东须持有公司10%以上股份的条件。

综上所述,凯莱公司已符合公司法及《公司法解释(二)》所规定的股东提起解散公司之诉的条件。二审法院从充分保护股东合法权益,合理规范公司治理结构,促进市场经济健康有序发展的角度出发,依法作出了上述判决。

(四)裁判要点

《公司法》第182条将“公司经营管理发生严重困难”作为股东提起解散公司之诉的条件之一。判断“公司经营管理是否发生严重困难”,应从公司组织机构的运行状态进行综合分析。公司虽处于盈利状态,但其股东会机制长期失灵,内部管理有严重障碍,已陷入僵局状态,可以认定为公司经营管理发生严重困难。对于符合公司法及相关司法解释规定的其他条件的,人民法院可以依法判决公司解散。

二、本案判决对公司解散制度的影响

(一)关于本案涉及的公司法及司法解释要件梳理

对于公司解散,我国公司法大体上分为两种类型,即自主解散和强制解散。自主解散是按照公司章程、合并、分立等协议解散;强制解散是政府工商有关部门吊销营业许可证,或经由股东诉讼,人民法院判决解散的情形。本案涉及的是《公司法》第182条强制解散的情形。

由于第182条的公司解散要件的“过高的概括性、原则性”,从而导致司法审判过程中对该条争议过多,适用困惑。因此,将本案当作指导性案例,对第182条的适用和司法解释给予参照补充或启示性指导,也是事出有因。关于《公司法》第182条的适用要件有以下几个部分:一是“公司经营管理发生严重困难,继续存续会使股东利益受到重大损失”;二是权利用尽途径,即“通过其他途径又不能解决”;三是必须经过持有公司全部表决权10%以上的股东提诉。

1. 关于“公司经营管理发生严重困难”,来源于英美判例法的“corporate deadlock”,即封闭形公司决议时出现胶着情形、公司内部出现极端对立、公司自身陷于休眠死亡境地等状态,我们称为“公司僵局”。对于《公司法》第182条的“经营管理”,学术和实务界存在不同看法:一个是“经营”和“管理”是公司经营和内部管理的两个范畴,也即必须满足这两个范畴才构成要件。仅仅是公司内部组织机制、高管体制等“管理”体系出现困局,而经营没有出现会使股东利益受到重大损失的情况,充其量会对股东的共益权的行使造成障碍,很难构成对股东利益受损,因此按照公司“僵局”的对应办法处理缺乏法律依据。另一种看法是“经营”和“管理”是一体的,“管理”是“经营”,“经营”也是“管理”,两者是互即互入的关系,硬要将两者分开是偏离了《公司法》第182条的本意。从本案的法院判决来看,“公司经营管理发生严重困难”,并不是单指局限于“公司资本严重亏损、资金严重不足等经营困难”的片面状态,对公司经营利益良好的情况下,公司的内部管理出现困局的问题也在受理范围,事实上是对《公司法》第182条和最高人民法院《关于适用〈中华人民共和国公司法〉若干问题的规定(二)》的补充和解释的精细化倾向。

2. 关于“继续存续会使股东利益受到重大损失”,按照法条本意理解,也就是说,公司继续存续下去,股东利益将会受到重大损失。究竟是指公司的什么状况和事实继续存续?比如是财产管理的体制状态的存续,还是经营组织运作行为状态,会对股东利益构成损失危险,第182条没有明确。学说[④]上认为该要件属于将来时态,不属于现在时态。不论对公司财产管理不当、处分不当,还是组织机制不灵,只要导致公司处于危险的存续状态,都要受第182条的约束。从本案的法院判决来看,事实上也是对第182条进行了细化。也就是说,即使公司现在财务体制健全、股价没有减少,但是公司内部管理出现问题,组织行为不当,导致投资目的未能实现或投资未达到相应的效果,会使股东利益受到重大损失的情形,也属于第182条规制的范围。也就是说,因果关系链条都要看,主要是看结果,不论什么样的不正当原因,只要造成股东权利和利益受损,都属于第182条规制的范围。

3. 适用第182条的前提——自行救济优先原则。自行救济也就是适用第182条之前,先应该履行法律规定的提案和诉讼程序。例如,《公司法》第39条规定,代表1/10以上表决权的股东的召开临时会议的权利。第40条规定,董事会或者执行董事不能履行或者不履行召集股东会会议职责的,由监事会或者不设监事会的公司的监事召集和主持;监事会或者监事不召集和主持的,代表1/10以上表决权的股东可以自行召集和主持。第102条规定的单独或者合计持有公司3%股份的股东的提出临时提案的权利。特别是第151条规定的有限责任公司的股东、股份有限公司连续180天以上单独或合计持有公司1%以上股份的股东可以书面

④ 参见叶林:《公司法研究》,中国人民大学出版社2008年版,第367页。

请求监事会或者不设监事会的有限责任公司的监事向人民法院提起诉讼。还有最高人民法院《关于适用〈中华人民共和国公司法〉若干问题的规定(二)》之第5条,当事人不能协商一致使公司存续的,人民法院应当及时判决。即原告股东在提起诉讼前应该证明履行了上述自行救济程序以及证明上述程序无法达到解散公司的目的的事实情形。对于股东大会未能通过解散公司决议的股东向法院提起诉讼,法院也不能够拒绝其请求。

从本案的判决来看,并没有触及上述前置自行救济的程序问题,而是提及城管委员会数次仲裁进行调解,但均未成功的情况,直接适用《关于适用〈中华人民共和国公司法〉若干问题的规定(二)》之第5条,进行及时判决。也就是说并没有将自行救济当作必要的程序,是对该司法解释规定第5条的补充解释或扩张性解释。

(二)最高人民法院第8号指导案例涉及的几个问题

最高人民法院第8号指导案例涉及的几个问题如下:

1. 最高人民法院《关于案例指导工作的规定》高调提出各级法院在审理“类似案件”时,“应当参照”指导性案例。法官对于参照指导性案例究竟是一种可选择性的义务,还是必要的环节?如果是前者,既然是可选择性义务,那就意味着既可以参照,也可以背离指导性案例所提示的规范和要旨,而选择行政化途径,即进一步向上级法院请示或审判委员会决定,对不参照者、同案不同判者无须追责。如果是后者,法官不参照,是否应该提示更确切、站住脚的理由?对不参照者如何处理,尚未明确。从最高人民法院第8号指导案例来看,按照审理“类似案件”“应当参照”指导性案例的要求,是否意味着鉴于“公司僵局”的事实,所有股东请求解散公司的案件都属于“类似案件”?但是从公司实务和法官接触的类似案件来看,“公司僵局”不是一个单纯的僵局结构,有股东僵局、董事僵局、高管与董事介于股东的僵局以及公司资合要素和人合要素发生冲突时的僵局和章程性僵局等。法官对于公司的僵局,除了解散公司,尚有多项选择途径,如仲裁、公司人合性恢复、强制股份收买、任命监管人等手段。有的学者指出,[⑤]“应当参照”就是必须参照。所谓参照“就是适用指导性案例所运用的裁判方法、裁判规则、法律思维、司法理念和法治精神。处理与指导性案例相类似案件时,要遵照、遵循指导性案例的裁判尺度和裁判标准”。这个说法只能是理论层面的学究语言,在实际案件审理环节中很难兑现,如最高人民法院第8号指导案例的裁判尺度和裁判标准是什么?往往会人云亦云。股东会、董事会形骸化是裁判标准?只开网络电子会议,不开物理性会场会议是否属于触犯底线?还是公司经营管理结构发生运行性严重困境是解散公司的界限尺度?各方利益俱损的情况下如何处理?

2. 实行案例指导制度与法官自由裁量权行使的关系问题。有人说,规范自由裁量权,实现司法统一是实行案例指导制度最直接的目的。司法权的核心是自由裁量权,但是法官的自由裁量权造成同案不同判现象,导致一些司法纠纷出现。对此,案例指导制度弥补了法官既往绩效管理制度对其规范不力的缺憾,因此,出台案例指导制度是在法律技术上规范法官的自由裁量权的一种举措。例如,有的法官认为:“实行案例指导制度契合人民法院审判执行工

⑤ 参见胡云腾:《关于最高人民法院〈关于案例指导工作的规定〉的深层次解读》,载《最高人民法院研究室》2011年5月。

作管理程式化、精细化、体系化的内在要求，也为人民法院规范法官自由裁量权行使、压缩法官酌定权的弹性空间、减少同案不同判现象创造了技术条件。”⑥结合最高人民法院第 8 号指导案例分析，的确，第 8 号指导案例具有细化《公司法》第 182 条的作用，至少是在判断“公司经营管理是否发生严重困难”得到了事实认定的标准化答案，如综合分析公司组织机构的运行状态，即使公司处于经营盈利稳定状态，但其股东大会的结构机制长期失灵和不作为，导致内部管理出现严重障碍，并陷入僵局状态，则法官可以认定为公司经营管理发生严重困难。上述这种细化仅仅是对《公司法》第 182 条和最高人民法院《关于适用〈中华人民共和国公司法〉若干问题的规定(二)》的补充和解释强化。如果说第 8 号案例对法官在公司解散上的自由裁量权的压缩和司法统一具有相应的推动作用，笔者不能苟同。即使指导案例和司法解释大量发挥其审判定案的作用，自由裁量权仍然存在相应的空间，特别是同案不同判，并不能完全嫁祸于法官的自由自由裁量权，而是证据采信和事实判断认定情况千差万别所导致。

此外，至于第 8 号指导案例对司法统一的作用，笔者更不能够认同。司法统一是程序展开方式、事实认定、法律适用以及自由裁量权行使规则四个方面的内容的统一。由于最高人民法院、最高人民检察院的《关于案例指导工作的规定》中没有明确指导性案例的运用方法，谈何推进司法统一？究竟如何运用，是根据指导性案例所提示的事实判断和证据采信方法重点处理案件，还是从宏观角度把握其价值取向去处理案件，法律界也没有一个统一认识。因此，既然没有明确指导性案例的运用方法，则无从落实司法统一。另外，退一步来说我们能够落实司法统一，但是又与政策上的鼓励司法改革管理创新逆向而行。例如，从最高人民法院和最高人民检察院《关于案例指导工作的规定》来看，该规定是个多元目标的体系，既要求以实现统一司法为目标，又强调注重政策、社会稳定、民意等因素，要“取得较好社会效果”。明白人都知道，要取得好的社会效果，必须突破现行制度，大胆改革创新，而指导案例的出现，必然会倾向程序规则、事实认定、法律适用上的固定化、格式化和守旧化，这又是一个矛盾问题。

3. 第 8 号案例指导与最高人民法院《关于适用〈中华人民共和国公司法〉若干问题的规定(二)》的关系问题。最高人民法院《关于适用〈中华人民共和国公司法〉若干问题的规定(二)》事实上是针对一些案例，归纳整理出具有一定适用意义的“司法解释”。那么，第 8 号案例指导与该司法解释有什么内在关系？从该司法解释的第 1 条第 1 款来看，即以“公司持续两年以上无法召开股东会或者股东大会，公司经营管理发生严重困难的”之事由，提起解散公司诉讼，并符合《公司法》第 182 条规定的，人民法院应予受理。该条款已经囊括了第 8 号案例所涉及的事实关系及如何处理的依据。如此看来，第 8 号指导案例纯属多此一举，与司法解释没有多大区别，两者界限也不明显。况且两者在案例选择上都属于行政化方式，对于司法解释，法院在案件审理过程中，对于现时一些没有涉及法律和相关法规的问题，以及规定模糊、笼统，又无法对应的问题，会向最高人民法院报告，由最高人民法院进行调研，调研后征求相关部门、学界和社会相关人士等各方意见，并进行起草制定司法解释，一部司法解释的制定过程需要 1 年到 2 年的时间。最高人民法院的指导性案例的生成，是指“中级人民法院、基层人民法院对本院已经发生法律效力的裁判，认为符合规定第 2 条规定的，经本院审判委员

⑥ 广东省高级人民法院院长郑鄂：《“诸葛酿”与“诸葛亮之争”点评》，载《法制日报》2011 年 5 月 5 日第 5 版。

会讨论决定，层报高级人民法院，建议向最高人民法院案例指导工作办公室推荐。人大代表、政协委员、专家学者、律师，以及其他关心人民法院审判、执行工作的社会各界人士对人民法院已经发生法律效力的裁判，认为符合规定第2条规定的，可以向作出生效裁判的原审人民法院推荐”。[⑦] 案例指导工作办公室对案例初步审查后，征求有关业务部门意见，然后集体讨论，对认为应当作为指导性案例的，提请委员会审议决定。对审议通过的案例，由最高人民法院公开发布。也就是说，司法解释是对未审判的案件或疑难问题的处理办法的解释和说明，具有法律同等效力，缺点是耗时费工，而指导案例是对已经判决生效的案件作为参照系进行公布，优点是及时、具有弹性空间。从长远来看，案例指导可以从“应当参照”向“应当比照”过渡，最后走向刚性强制化，即最终形成指导案例与司法解释一体化，能够起到互相补充，使指导案例与司法解释的实际效力统一。对于法官来说，既可以标准化、省时省力地处理案件，又可以面对大量堆积案件数量的压力，减低办案压力，最主要是可以避免被发回重审或改判减少上诉、闹访概率，降低职业风险。

⑦ 2010年7月，最高人民法院、最高人民检察院联合发布了《关于案例指导工作的规定》第4条、第5条。

董事注意义务的学说与现实

刘文科*

一、引言

无论是在大陆法系国家还是在普通法系国家,公司都是作为一个重要的现代经济组织出现的。公司的出现并没有由于法系的不同而受到阻碍。这是由公司本身的经济功能所决定的:公司集合了更多的资本,从规模上来讲,能够获取更多的利润。在管理上,公司采取董事会集中管理的体制,使管理更加专业。

有学者指出,假设不存在公司法,股东作为出资者将其资产直接委托给管理者来管理,其间的安排可以通过合同法中的“委托合同”来完成。通过委托合同,股东可以设定出资范围、更换和约束管理者的权限,同管理者约定资产管理的具体方法、管理者承担的忠实义务和注意义务以及管理者违背时需要承担的法律责任。这样看来,公司法为股东和管理者之间的权利义务提供了一套标准的格式合同。[①] 对于股东较多的公众公司(或是公开发行股票的公司)来说,采取单独签订委托合同的方式显然违背经济效率。因而,公司法在解决股东与管理者之间的权利义务问题上起着至关重要的作用。

公司法所直接面对的是如何解决公司的董事和公司之间的代理问题。此处的“代理”,不同于法律上的代理——为他人为意思表示,而是指一方(委托人)利益的实现依赖另一方(代理人)的行为的各种状况。由代理所产生的问题在于如何激励代理人为了委托人的利益形式,而非进行各种机会主义行为,将委托人的利益据为己有。由于委托人将自己的财产和对财产的经营委托给了代理人,代理人实际上拥有了相当大的控制权。在这种情况下,加之委托人对信息掌握的缺乏,代理人就不是没有可能从事机会主义行为:要么降低其履行义务的质量,要么将其承诺交给被代理人的利益据为己有。从另一个方面讲,代理问题带来的另一层困境就是,要么代理人更加肆无忌惮地侵占委托人的利益,要么委托人要付出更大的监督成本来解决这一问题。代理人的控制权越大、管理的事务越复杂,委托人要付出的监督成本就越大。

---

* 法学博士,法律出版社副编审。

① 参见李清池:《商事组织的法律结构》,法律出版社 2008 年版,第 74 页。

在公司法上，注意义务的相关规定，便是为了解决代理问题。注意义务属于事前的约束机制，规定董事在作出判断时所需遵守的最低限度要求，并且通过司法裁判来追究董事承担赔偿的责任。通过对董事义务的细致规定，再加上损害赔偿责任的威慑，实现了注意义务的阻吓与激励的功能。注意义务还阻断了董事对外来风险（如自然风险、经济危机）的责任。[②]各种股权、期权的激励机制，是一种事后的奖励措施。解决代理问题，并不是某一项制度就可以完成的，需要有许多相关的制度共同完成。

本文不关注各国关于董事注意义务的细节，而是着眼于该制度发挥的功能和实施情况，在此基础上，反思我国的相关规定、学说和司法实践。

二、不同法律体系中的公司董事义务

（一）公司与董事之间不同的法律关系背景

1. 大陆法系

在更广泛的民商法理论上考察，在大陆法系传统上，注意义务与过失程度相对应，分为三类，即抽象轻过失、具体轻过失、重大过失。在大陆法系国家和地区，公司与董事之间的关系被定位为有偿的委任。委任又被区分为有偿的与无偿的。无偿的委任，受任人负普通人的注意义务；有偿的委任，受任人负善良管理人的注意义务。善良管理人的注意义务与抽象轻过失相对应。

例如，日本《公司法》第330条规定："股份公司与公司负责人及会计监查人之间的关系从有关委任的规定。"日本《民法典》第644条规定："受托人负有按照委托的本意，以善良管理人的注意处理委托事务的义务。"再如，我国台湾地区"公司法"将董事与公司之间的关系定性为委任，并依"民法"第528条以下之相关规定（关于委任契约）要求董事执行业务。此时，董事须尽"善良管理人"的注意义务。在台湾学说上，一般认为，善良管理人之注意义务乃指社会一般诚实、勤勉而有相当经验之人，所应具备之注意。[③]

2. 英美法系

在英美法系，公司与董事之间的关系被定位为信托。长期以来，英美法系一直用信托关系来解释、调整公司与董事之间的关系，并且将公司董事的义务定位为"受信义务"（fiduciary duty）。在英美法上，注意义务与忠实义务共同构成董事的受信义务。忠实义务与注意义务的基本区别是，违反忠实义务时，董事与公司存在利益冲突（conflict of interest），而在违反注意义务时，董事与公司并不存在利益冲突。违反注意义务，往往被贴上"管理不善""浪费""过失""缺乏商业判断""缺乏合理的勤勉"或者其他类似的词汇。这些行为造成了公司的损失，但是董事从中并没有直接或间接的受益。[④] 但是也有学者指出，忠实义务与注意义务本质

---

② C. A. Riley, The Company Director's Duty of Care and Skill: The Case for an Onerous but Subjective Standard, *The Modern Law Review*, Vol. 62, No. 5 (Sep., 1999), pp. 697–724.

③ 参见王文宇：《公司法论》，中国政法大学出版社2004年版，第109页。

④ See Jesse H. Choper, John C. Coffee, Jr., Ronald J. Gilson, *Cases and Materials on Corporations*, 5th edition, Aspen Publisher, pp. 74–75.

上并没有区别，从经济学的角度来讲，两者在本质上都是由于存在代理成本和利益冲突因而降低了投资者的福利。[⑤]

此外，公司与董事之间的信托关系与纯粹的信托关系仍然存在一定的差别。在纯粹的信托关系中，受托人对信托财产有法定的所有权，受托人必须为了信托受益人的利益，而不是为了委托人的利益而行事。公司的董事必须为了公司的利益，不是为了他们自身的利益而行事，但是，董事对公司的财产没有所有权，这些财产只属于公司。因而，董事不是受托人，但他们负有类似于受托人的责任。[⑥]

3. 由于法律体系背景不同所导致的实证法的差异

在大陆法系下，公司与董事之间的关系被理解为委任关系，因而，关于委任的基本规则被适用在"公司—董事"之间。在普通法系下，公司与董事之间的关系被理解为信托关系，于是，关于信托的基本规则被适用在"公司—董事"之间。由于"公司—董事"之间关系在两大法系国家中都有不同的法律体系为背景，因而，二者之间存在差异也就不足为奇。大陆法系国家关于委任关系的法律制度中，要求受任人承担"善良管理人的注意义务"，与普通人的注意义务、本人的注意义务相比较，"善良管理人的注意义务"属于比较重的义务，轻过失即可违反。在英美法的信托制度体系中，受托人被要求"普通人的注意义务"，相对来讲是较轻的。

（二）注意义务的比较法考察：实证法与学说

1. 德国

德国《股份法》第 93 条第 1 款、第 2 款规定，在董事履行其职责时，对公司负有一个正常的、有良知的经理那样的谨慎义务。董事违反这一义务，必须赔偿公司由此所遭受的损失。德国法上的注意义务标准不是一个普通商人的标准，而是一个处在特定企业中负责任的人的标准。此种衡量一般来说是客观的标准，董事个人的能力并不被考虑。[⑦] 董事会成员必须对其将要进行的决定进行必要的准备，并且利用一切可以利用的手段了解决定的相关前提条件。董事必须采用一切公认的技术手段、财务手段和管理手段，保证公司簿记符合各种规则。[⑧] 此外，董事必须掌握履行其职责所需的知识，并且在工作过程中及时更新这些知识。相关的董事必须正确执行董事会决议；在执行过程中，必须注意其在经济、财务或者其他方面所产生的影响。谨慎管理义务不仅包括制订一个短期的生产计划、财务计划和人事计划，而且包括为企业设计一个企业高层管理机构及其下属的管理和执行机构。这些机构的设置纪要符合法律有关职责分工的规定，又必须符合企业经营的需要，并且保证它们的正常运作。尤其是董事会不得放弃其自身的管理权。[⑨]

---

⑤ 参见［美］弗兰克·伊斯特布鲁克、丹尼尔·费希尔：《公司法的经济分析》，张建伟、罗培新译，北京大学出版社 2005 年版，第 116 页。

⑥ Mayson, Stephen W, French, Derek and Ryan, Christopher, *Mayson, French & Rayon on Company Law* (21st ed.), Oxford University Press, p. 515.

⑦ Mads Andenas, Frank Wooldridge, *European Comparative Company Law*, Cambridge University Press, 2009, p. 310.

⑧ BGB WM 1995, 1665; OLG Bremen GmbHR 1998, 538.

⑨ 参见［德］托马斯·莱塞尔、吕迪格·法伊尔：《德国资合公司法》（第 3 版），高旭军等译，法律出版社 2005 年版，第 161 ~ 162 页。

2. 台湾地区

我国台湾地区"公司法"在2001年修改之前,并没有关于公司董事义务的规定。此前,虽然有规定竞业禁止义务、归入权之行使、表决权行使之回避,可以认定原"公司法"认定公司董事应负忠实义务。2001年修改"公司法"后,参考英美立法例,于"公司法"第23条明确规定公司负责人对于公司应践行忠实义务与注意义务。台湾地区修改"公司法"后,对于何者为注意义务,学说观点并不一致。例如,有认为系指公司负责人在处理公司事务时,必须要善尽之注意标准,即公司负责人在作决策或管理时,以一般在相同职位之人,处在相似情况下亦会认为适当之注意为之,如要求董事在开会讨论、表决前必须对所讨论、表决之事项,有清楚的认识与了解,并索取、阅读相关资料,对于疑问之处,则需要求公司之相关认识做成详细的解释。[10] 此解释将"注意义务"的标准基本上等同于美国法上董事的注意义务。亦有人认为"公司法"上的注意义务相当于"民法"上的善良管理人之注意义务,但不等于善良管理人的注意义务,二者仍有差异。[11] 王文宇先生认为,英美法之"注意义务",系从董事应主动配合商业状况、公司情形而为经营策略之调整观之,赋予董事有更大之经营权限,强调主动之行为,而台湾法上的善良管理人之注意义务,系从董事被动依股东之指示而执行公司业务之角度观之,强调被动之行为。[12]

3. 英国

英国公司法上董事的注意义务包含两个方面的内容:一是善意地以公司的利益行事的义务;二是谨慎和熟练义务。[13] 善意地以公司的利益行事的义务是指诚实、适当地行使权力和履行义务。董事不能为公司以外的第三方或者自身的利益行事。对于是否为了公司的利益,英国法院采取主观的标准。在Re Smith and Fawcett Ltd. 一案中,[14]法官指出,董事必须善意地认为他们为了公司的利益而在行使权力,而不是法院认为他们为了公司的利益而在行使权力。在Brady v. Brady一案中,[15]法官认为董事必须真诚地相信他们正在按照符合公司利益的方式行事。谨慎和熟练义务是指董事在履职过程中,必须具备合理的谨慎以及掌握一定程度的熟练技能。在Re City Equitable Fire Insurance Co. 一案中,[16]法官指出,董事履行义务时,不需要具备比他自身已经拥有的更多的谨慎和熟练。这是个主观性的检验,也就是根据董事自身的知识和经验来检验。不管他具有多高水平,董事必须在公司事务中尽到谨慎和熟练义务。这个义务是以普通人可能被期待的水平来衡量的。

在英国普通法上关于董事的谨慎和熟练义务中包含董事必须尽责的要求。19世纪,虽然对怠于管理公司事务的董事意见不太明朗,但是一些案例表明,如果董事未能尽责,应当承担责任。例如,董事没有及时审阅其他董事为其准备的招股说明书,该董事被判决对招股说明书中的虚假陈述承担责任;董事不能把所有的事情都交给其他人去处理而逃脱其个人责任;董事可以不参加董事会议,但是如果他参加了,他必须尽职,因此如果他在会议上睡觉,那么

---

[10] 参见王泰铨、王志诚:《公司法新论》(增订第4版),三民书局2006年版,第192页。

[11] 参见罗怡德:《美国公司法中董事所负之"忠实义务"之研究》,载《辅仁法学》第9期。

[12] 参见王文宇:《从公司治理论董监事法制之改革》,载《台湾本土法学》第34期。

[13] 参见葛伟军:《英国公司法:原理与判例》,中国法制出版社2007年版,第194~206页。

[14] Ch 304(1942).

[15] AC 755, HL(1989).

[16] Ch 407, CA(1925).

他应该承担相应的责任，等等。[17]

4. 美国

美国法律研究院《公司治理准则》第4.01节[董事和高级主管道德注意义务；商业判断规则]的完整表述是：

(a)一名高级主管或董事在履行其高级主管或董事的职能时对公司负有诚信义务。其方式是他或她合理地相信是为了公司的最佳利益，并且是以一个普通的审慎的人在相同的地位、相似的情况下，合理相信所应当给予的。在(c)款(即商业判断规则)的规定可以适用的情况下，本(a)款的内容从其规定。

(1)(a)款中所规定的职责包括且仅包括在一定情况的出现，迫使一个理性的高级主管或董事产生警觉，认为有必要对该情况进行调查或使之受到调查。做出这样调查的限度可以是，比方说高级主管或董事有合理理由认为该类调查是必要的。

(2)高级主管或董事有权依据在第4.02、4.03节(信赖董事、高级主管、职员、专家、其他个人以及董事会的专门委员会)中所规定的材料和人员来履行任何一项职权(包括监督职责)。

(b)除非法律或公司的标准(第1.36节)另有规定，并且在其监管义务的最大限度内，董事会在履行职能(包括监督职能)时可以通过正当的手续正式或非正式地将任何一项职能(包括确认某些问题是否应当提交董事会的注意)委派给董事会下属的专门委员会或者董事、高级主管、职员、专家及其他人员。董事在履行本节所述的委派职能时，也可以信赖这些委员会和个人，只要该种信赖是基于第4.02、4.03节发生的。

(c)高级主管或董事在做出一项商业判断时符合下述条件的，即履行了本节规定中的诚信义务：

(1)与该商业判断的有关事项没有利益关系[第1.23节]；

(2)所知悉的有关商业判断的事项的范围是高级主管或董事在当时情况下合理相信是正当的；

(3)理性地相信该商业判断是为公司最佳利益做出的。

(d)本节中，对高级主管或董事的行为提出质疑的人应当承担证明其违反注意义务的举证责任。此类举证包括：在履行(b)或(c)款所规定的义务时，上述条款的不适用性；在损害赔偿诉讼中，则需举证该违反义务的行为是公司所受损害的法律原因。

三、实证法的趋同与实施的差异

(一)趋同的方面

注意义务在法律上的趋同表现为英美法系将注意义务的规则成文化，作为更加明确的公司法规则；其次也表现为大陆法系国家在司法中引入商业判断规则。

---

[17] 参见葛伟军：《英国公司法：原理与判例》，中国法制出版社2007年版，第204页。

1. 成文化

成文化是针对英美法系而言的。在英美法系国家中,关于董事注意义务的规则进行法典化(即成文化)是一个明显的趋势。

英国公司成文法对董事的一般义务也作出了详细的规定。例如,《2006 年公司法》第 174 条规定:"(1)公司董事必须行使合理的谨慎、技能和勤勉。(2)这指具备以下内容的合理勤勉的人将行使的谨慎、技能和勤勉——(a)从一个履行与公司相关之董事所履行的职责的人处可以合理期望的一般知识、技能和经验,并且(b)董事具有的一般知识、技能和经验。"

在关于成文法对一般义务规定的效力问题上,《2006 年公司法》第 170 条第 3 款规定:"一般义务建立在适用于的董事的某些普通法规则和衡平法原则之基础上,就董事对公司所负的义务而言,代替那些规则和原则而生效。"同时,第 4 款规定:"一般义务应当按照与普通法规则和衡平法原则相同的方式进行解释和适用,在解释和适用一般义务时应当考虑相应的普通法规则和衡平法原则。"

上述《公司治理准则》中关于董事和高级主管注意义务的一般性表述(第 4.01 节 a 款)是对各州法律中的表述形式进行的总结,其与模范商业公司法第 8.30 节 a 款的措辞比较接近,[18]该表述被认为与大多数州对注意义务标准的现行规定相一致。美国法律研究院(ALI)在《公司治理准则》第四部分"注意义务和商业判断规则"的导言中写道:"纵观历史,在形成有关公司董事和高级主管注意义务的相关法律过程中,是法院而非立法机构发挥了中坚作用。但是,在过去的 25 年中,美国有三分之二的州颁布了公司董事和高级主管有关注意义务的成文法。"在标准的适用上,《公司治理准则》强调:"许多现代化公司的规模和复杂性以及公司的董事和高级主管角色物法避免的不确定性和复杂性,都告诫我们在运用一般标准时切忌不现实地生搬硬套。"

《公司治理准则》中关于董事和高级主管注意义务的表述并非空穴来风,而是有大量的判例法作为依据。例如,该节规定的 c 款(1)中所表述的善意和利益不相关两个要素是运用商业判断规则的先决条件,支持的判例有 Treadway Companies, Inc. v. Care Corp. (2d Cir. 1980), Lewis v. S. L. &E., Inc. (2d Cir. 1980), Bayer v. Beran(Sup. Ct. 1944)等。再如,c 款(2)中表述的高级主管或董事必须在商业判断事项上得到充分的信息,以受到商业判断规则的保护,支持的判例有 Hanson Trust PLC v. ML SCM Acquisition, Inc. (2d Cir. 1986), Fitzpatrick v. FDIC(6th Cir. 1985), Treadway Companies, Inc. v. Care Corp. (2d Cir. 1980), Schein v. Caesar's World, Inc. (5th, Cir)等。

由此可见,在英美法系国家,虽然公司制度有成文化的趋势,但是,其背后都有坚实的判例基础。法典中关于注意义务的规定,都是在归纳判例的基础上形成的。这与大陆法系以演绎的方式,即从一般到特殊的方式制定法条有本质的区别。

2. 商业判断规则的引入

在大陆法系,公司法往往就董事承担责任的事由以及义务的内容作出详细的规定,法院

---

[18] 《模范商事公司法》第 8.30 节规定:"董事应当:诚信地以普通审慎的人在类似的职位和类似的情况下应尽到的注意;并且以一种合理地相信符合公司的最佳利益的方式,履行其作为董事的义务,包括作为委员会成员的义务。"

也会基于上述规定对董事是否应当承担责任作出判断。在日本,对于是否引入美国的经营判断原则持一定的争议。反对的学者指出理由有以下几个方面:(1)在大陆法系国家,经营判断原则不过是一种判断董事的经营决策是否违反义务的标准;对此,只要完善责任要件就没有必要再引入经营判断原则。(2)仅从日本商法中规定的董事承担责任的各种情形来考虑,如果引入经营判断原则,可能会导致实施违法行为的董事逃脱其应承担的责任。(3)经营判断原则是美国判例法上确立和发展起来的一个判例法理,有近两百年的历史。日本在法律制度/经济文化等各方面与美国有较大的差异,缺乏适用经营判断原则的空间。[19] 日本学者认为,美国法上的经营判断原则的结果导致追究董事违反注意义务之责任的情形变得越来越少,因此,经营判断原则使注意义务的标准产生缓和的趋向。[20] 但也有学者反对说,如果说经营判断原则作为一种减轻董事注意义务的措施而加以借鉴,倒不如说引入经营判断原则,可以在判断董事是否违反注意义务时,提供一项更为明确的标准。因为,日本商法对董事违反注意义务的行为如何审查、如何判断并没有一个明确的标准。[21]

但是,在日本,更多的学者赞成将经营判断原则引入,主要的依据是:第一,从企业经营的特征来看,公司想从残酷的市场竞环境中脱颖而出,取得成功,有时必须冒一定的风险,法律需要对这种勇于创新的精神提供一定的保护。第二,虽然董事会受股东大会的委任从事公司的经营活动,但可能没有一个董事可以向股东大会保证经营一定会取得成功。当董事尽了自己最大的努力,只是由于判断上的失误或者受国家经济政策等的影响,而导致公司蒙受损失时,严格追究董事的责任反而会事与愿违。因为,如果需要董事在其就任时就保证公司经营成功的话,相信包括许多企业经营管理人才在内的人都会选择放弃。第三,作为一名公司经营者,在实施某项经营决策的过程中,不仅需要根据当时的社会形势与经营状况,收集大量的信息和情报,经过详细地调查研究和实证分析,然后作出具体的决策,而且还应该具备较高的企业经营理论素养和丰富的实践经验。而在一般情况下,法官往往缺乏这方面的知识和能力,他们仅仅以事后董事的行为是否给公司带来了损失这一结果,来判断董事所作出的经营判断是否合理,董事是否应该对公司承担责任。显然,这对于董事而言有失公平。第四,对于否定观点的理由,学者们认为,一方面,应通过对经营判断原则的深入研究,改变一些错误的观念,明确该原则的机能;另一方面,积极寻求该原则在成文法体系下的适用模式,明确该原则的适用标准。[22]

德国法院贯彻公司法的要求,在认定董事违反谨慎义务时倾向于采取客观的标准。德国的判例表明,董事的谨慎义务应该根据其最典型的特征来确定:它既取决于正常企业管理对相关知识和精力投入的要求,又取决于在具体情况下对相关知识和精力投入的正常要求。[23] 董事个人的特殊情况不能减轻董事的责任,即使其他董事和监视对某事件负有责任,但是这也不能减轻主管董事所应负的责任。[24] 虽然采取客观的标准,但是同一行业中通常使用的标

---

[19] 参见蔡元庆:《董事的经营责任》,法律出版社2006年版,第164页。
[20] 同上书,第165页。
[21] 同上书,第165页。
[22] 同上书,第164~165页。
[23] BGH WM 1971, 1584 f; NJW 1983, 1856; h. M.
[24] BGH WM 1981, 440; 1983, 725.

准和一般性行为准则只能当作一个辅助性的评判标准，而且法院也必须灵活地采用这些标准。董事会应该拥有比较大的自由决策空间，在这一空间内董事会可以根据其知识和良知独立地负责企业的经营和管理。由于法院不管辖企业的经营决策，所以，董事会也不必担心受到法院的监督。[25]

有一种认识上误区，即经营判断原则降低了董事的义务标准。注意义务是为董事提供的一个行动基准，换句话来说是设定了一个董事应尽之注意义务的最低限度。经营判断原则不过是一项用来评价董事行为的审查标准，是对董事积极地作出有意义的经营决策所提供的一项保护措施。虽然在大多数情况下，行为应采取的行动标准和法院在判定其行为是否应该承担责任时所采用的审查标准常常联系在一起，但是两者在设置目的上存在明显的区别。因此，注意义务并不因作为审查标准的经营判断原则的存在而得以减轻。[26]

（二）实施上的差异

虽然在实体法上，德国与日本等国家公司法关于董事义务的规定与普通法系国家公司法上基本类似，但是实施上仍然存在差异。

如诉讼上的差异。在德国，关于董事责任的诉讼因为两重限制，会得到与美国相类似的后果。一是同样存在的"商业判断规则"；二是德国法的现有体制使公司对董事的诉讼比较困难。这主要是由于对董事商业错误和失败的惩罚主要是其丧失连任的机会。在德国，一个董事很少面对因违反注意义务而受到责任追究（除非是违反注意义务的同时违反了法律规定，如证券法、税法）。[27] 按照《股份法》第123条的规定，代表公司提起诉讼的是监事会。但是如果监事会提起了这样的诉讼，就暗示着它在监督上的失职。因而，监事会很少去这样做。[28] 为了应对这一问题，德国法上也有一些配套的规定。第一，公司股东大会可以决议公司必须对失职的董事或是监事提起诉讼。（《股份法》第147条第1款）此时，董事会有义务对失职监事提起诉讼；监事会有义务对失职董事提起诉讼。法院或是股东大会可以应小股东的要求建立特别独立代表提起诉讼。第二，拥有10%股份或是票面价值10万欧元以上的股东可以提起代表诉讼。这一措施仍然没有消除挫伤原告提起诉讼的基本问题。原告需要承担提起诉讼的所有成本和风险。对于成功进行诉讼的股东，也没有规定特别的薪酬；在判决后会存在因"搭便车"而受益的股东。但是德国法与美国法不同的是，律师费不是以风险费用为基础的。[29]

尽管主要工业国家的公司治理之间存在许多相似性，但是也存在许多重要的差异，包括投资者保护的基本水平。[30] 这就意味着，虽然在公司治理方面，各国公司法开始出现趋同的现象，但是"趋同"并非仅指实体法——以权利和义务表述为内容的法律的一个特征。而且，趋

---

[25] 参见[德]托马斯·莱塞尔、吕迪格·法伊尔著：《德国资合公司法》（第3版），高旭军等译，法律出版社2005年版，第162页。

[26] 参见蔡元庆：《董事的经营责任》，法律出版社2006年版，第168～169页。

[27] Theodor Baums and Kenneth E. Scott, Shareholder Protection Taking Seriously? Governance in the Corporate United States and Germany, in *The American Journal of Comparative Law*, Vol. 53, No. 1 (Winter, 2005), pp. 31 – 75.

[28] Theodor Baums and Kenneth E. Scott, Shareholder Protection Taking Seriously? Governance in the Corporate United States and Germany, in *The American Journal of Comparative Law*, Vol. 53, No. 1 (Winter, 2005), pp. 31 – 75.

[29] Theodor Baums and Kenneth E. Scott, Shareholder Protection Taking Seriously? Governance in the Corporate United States and Germany, in *The American Journal of Comparative Law*, Vol. 53, No. 1 (Winter, 2005), pp. 31 – 75.

[30] Mark J. Roe, Comparative Corporate Governance, in P. Newman, ed., *The New Palgrave Dictionary of Economics and the Law*, p. 342(1998).

同也依赖于法律所规定的权利和义务的实施是否能够产生同样的效果。[31] 也就是说，书面上的法律的趋同，并不必然导致相关实施的趋同——在它们之间还存在一种对抗性。[32]

在公司董事的义务方面，实体法的趋同与实施的趋同并不具有关联性。不可否认，判例法在美国要比在欧盟（特别是大陆法国家）或者日本丰富得多，即使考虑到在美国以外的地区所发生的诉讼和公共行动数量的增加。诉讼身份的不同，不可能导致差异。由于美国的派生诉讼方式在欧盟或者日本也是存在的，因此，股东代表公司起诉经理人的权利也是相同的。的确，尽管欧盟或者日本的股东将面临重大的程序障碍，但是对美国股东而言情况也是如此。有学者认为，导致实施方面的差异源自美国律师费的制度化。这种费用体制——将每件重整案件标的额的相当比例作为诉讼费，包括和解案件——使得诉讼，无论是派生诉讼，还是集体诉讼，都变得更加有利可图。[33]

（三）可能的因素

上述实证法的趋同与实施的差异的分析中，我们可以进一步思考为什么既会导致实证法的趋同，又会产生实施的差异。可以说，在成功的经济体中，法律甚至不是最主要的治理机制，任何有关法律与资本主义关系的深层认识，就不仅要关注正式法律的供给，而且要注意法律的需求，而后者因事易时而变动不居，而且随着市场活动参与群体的变化而多有差异。[34]

对于实证法的趋同来说，随着世界范围内更加紧密的经济联系，一国的制度优势对资本的吸引力越来越明显。因而，对于法律规则的趋同便是各国制度博弈的结果。此外，借助契约的形式导致的趋同也产生了很大的作用。例如，一家日本公司在美国上市，虽然不是按照美国公司法设立，但是它必须遵守美国的上市规则以及交易所关于公司治理的一些要求。在这个过程中，美国公司治理的一些规则通过“契约”的形式被引入日本。另一方面，从遵从的角度来看，人们不能不注意到，世界各国的董事日益对他们的信义义务基于相似程度的注意。这部分是由于美国的董事——最容易受到诉讼的困扰——现在能够通过确保公司的章程排除大多数违反注意义务的责任，从而减少他们的风险。但是，除了实施体制之外的其他因素，也正在影响董事的态度。特别是，大陆法系国家的董事似乎日益关注他们的信义义务，尽管对他们进行制裁的风险较低而且他们还可以获得责任保险。这就意味着，他们最关注的是能力和信任，而不是实施风险。[35]

对于法律实施的差异来讲，造成差异的因素则是多个方面的。上述杰勒德·赫蒂希认为的律师费用虽然可能是问题的关键，但绝非仅此而已，还有许多问题值得考察。

首先是德国与日本和美国的股权结构并不一致。德国和日本的股权相对集中，而美国的

---

[31] Raael La Porta, Florencio Lopez-de-Silanes, Andrei Shleifer, Robert W. Vishny, Investor Protection and Corporate Governance, 58 *J. Fin. Econ.* 3(2000).

[32] 参见[美]杰勒德·赫蒂希：《实体法的趋同与实施的趋同：一种比较》，载[美]杰弗里·N. 戈登、马克·J. 罗编：《公司治理：趋同与存续》，赵玲、刘凯译，北京大学出版社 2006 年版，第 350 页。

[33] 参见[美]杰勒德·赫蒂希：《实体法的趋同与实施的趋同：一种比较》，载[美]杰弗里·N. 戈登、马克·J. 罗编：《公司治理：趋同与存续》，赵玲、刘凯译，北京大学出版社 2006 年版，第 363 页。

[34] 参见[美]柯提斯·J. 米尔霍普、[德]卡塔琳娜·皮斯托：《法律与资本主义：全球金融危机揭示的法律制度与经济发展的关系》，罗培新译，北京大学出版社 2010 年版，第 9 页。

[35] 参见[美]杰勒德·赫蒂希：《实体法的趋同与实施的趋同：一种比较》，载[美]杰弗里·N. 戈登、马克·J. 罗编：《公司治理：趋同与存续》，赵玲、刘凯译，北京大学出版社 2006 年版，第 363 页。

股权相对分散。这一差异导致了公司治理方面的差异。在德国,公司治理中的重点问题是解决大股东滥用权力的问题,而在美国,公司治理的重点是公司管理层的机会主义行为。换句话说,在德国,股东对于公司股东的控制相对更加有力,因而,传统上法律将董事的责任要求得更加严格,而在美国,由于董事被管理层更加有力地控制,并且管理层有更强大的政治影响,导致了相对较低的义务标准。

在公司治理上的目标上,德国与美国也存在比较大的差异。在美国,现代公司法理论的目标集中在保护投资者地利益。法官在司法过程中也经常强调股东利益最大化的原则。[36] 在1909年的Dodge v. Ford Motor Co.一案中,可以找到法官关于这一原则的表述:"商业公司最主要地是为了股东利润而组建并运营。董事的权利要为此目的而使用。"股东福利最大化通常被认可为美国商业中的合适的目标。[37] 在德国,董事被认为与公司而非股东间建立了契约关系。无论是董事会还是监事会,都被认为是公司的一个"器官"。董事并不只为股东的利益行事,还包括雇员、债权人等其他的利益相关者。虽然没有一个法院按此原则裁判,但是它却加大了法院坚持反对股东利益至上的可能性。[38]

除此之外,诉讼制度也是非常重要的。美国除了关于追求董事责任的代表诉讼之外,其他类型的集体诉讼也非常发达,如证券欺诈诉讼、环境污染诉讼、产品质量诉讼。集体诉讼可以确保当事人双方处于平等的地位。在以公司及公司董事为被告的场合,被告的经济实力是单个的集体成员无法比拟的。只有通过集体诉讼,众多集体成员才有可能凝聚力量与被告对抗。特别是其中最重要的方式是律师费的支付方式,通过胜诉报酬制集体才有机会促使具有风险投资意识的律师垫费代理集体诉讼。[39] 因而,私人在法的实现过程中,起到了非常重要的作用,以至于出现了律师"挑唆"股东恶讼的情形。

判例制度也在追究董事责任方面起到了重要的作用。在判例法的主导作用下,许多规则逐渐建立起来。例如,在In Re Caremark International, Inc.[40]一案中,关于法官在关于举证责任时指出,原告必须证明:(1)董事知道或者(2)在这些事件中应当知道违法行为正在发生,(3)董事在出于善意地努力阻止或补救这一情势时毫无作为;(4)这些失误直接导致了被诉请的公司的损失。然而,大陆法系国家虽然判例也有着重要的作用,但是在建立规则方面的作用却是十分有限的。

---

[36] Theodor Baums and Kenneth E. Scott, Shareholder Protection Taking Seriously? Governance in the Corporate United States and Germany, in *The American Journal of Comparative Law*, Vol. 53, No. 1 (Winter, 2005), pp. 31 – 75.

[37] Mark J. Roe, The Shareholder Wealth Maximization Norm and Industrial Organization, 149 *U. PA. L. REV.* 2063, 2065 (2001).

[38] Theodor Baums and Kenneth E. Scott, Shareholder Protection Taking Seriously? Governance in the Corporate United States and Germany, in *The American Journal of Comparative Law*, Vol. 53, No. 1 (Winter, 2005), pp. 31 – 75.

[39] 参见王开定编著:《美国集体诉讼制度》,法律出版社2008年版,第58页。

[40] 698 A. 2rd 959 (Del. Ch. 1996).

四、对我国董事勤勉义务的反思

(一)我国的规定与学说

我国《公司法》第147条第1款规定:"董事、监事、高级管理人员应当遵守法律、行政法规和公司章程,对公司负有忠实义务和勤勉义务。"与之相配合的是第149条关于损害赔偿的规定和第151条关于股东代表诉讼和第152条关于股东直接诉讼的规定。此外,《企业国有资产管理法》第26条规定:"国家出资企业的董事、监事、高级管理人员,应当遵守法律、行政法规以及企业章程,对企业负有忠实义务和勤勉义务,不得利用职权收受贿赂或者取得其他非法收入和不当利益,不得侵占、挪用企业资产,不得超越职权或者违反程序决定企业重大事项,不得有其他侵害国有资产出资人权益的行为。"《企业破产法》第125条第1款条规定:"企业董事、监事或者高级管理人员违反忠实义务、勤勉义务,致使所在企业破产的,依法承担民事责任。"

对于上市公司来说,《上市公司章程指引》规定了董事的勤勉义务的最低要求:"(一)应谨慎、认真、勤勉地行使公司赋予的权利,以保证公司的商业行为符合国家法律、行政法规以及国家各项经济政策的要求,商业活动不超过营业执照规定的业务范围;(二)应公平对待所有股东;(三)及时了解公司业务经营管理状况;(四)应当对公司定期报告签署书面确认意见。保证公司所披露的信息真实、准确、完整;(五)应当如实向监事会提供有关情况和资料,不得妨碍监事会或者监事行使职权;(六)法律、行政法规、部门规章及本章程规定的其他勤勉义务。"

在法解释学上,我国学者在解释"勤勉义务"时指出,我国《公司法》中的勤勉义务可理解为注意义务或善管义务;要求董事等高级管理人员谨慎、认真、勤勉地行使公司所赋予的权利,在行使其权利或者履行其义务时,以一个合理的谨慎的人在相似情况下所应表现的谨慎、勤勉和技能为其所应为的行为。㊶ 对于我国《公司法》关于董事勤勉义务的适用,我国学者认为,如何衡量董事违反勤勉义务有赖于法官在遵守法定标准的前提下,对个案中的具体事实进行广泛斟酌和自由裁量,并提出,根据勤勉义务的要求,公司高管应当在法律、公司章程允许的公司目的范围之内和其拥有的权限内行事;应当出席公司的相关会议,应当熟悉公司会计提供的财务会计报表和律师提供的法律咨询;在发现公司聘任的雇员不胜任时,应当及时建议公司将其解聘;对公司董事会决议的事项有异议的董事应当将其异议记入公司董事会会议记录;当其不能履行勤勉义务时,应当及时辞任。㊷

(二)司法实践

在北京市门头沟区人民法院审理的"北京妙鼎矿泉水有限公司诉王东春公司高级管理人

㊶ 参见周友苏:《新公司法论》,法律出版社2006年版,第389页、第391页。
㊷ 参见刘俊海:《现代公司法》,法律出版社2008年版,第452页。

员损害公司利益赔偿纠纷案”[43]中，原告北京妙鼎矿泉水有限公司诉该公司总经理王东春。原告诉称，妙鼎公司聘任王东春担任公司总经理，双方签订《经营目标考核》，约定被告王东春为企业经营的产品质量事故、企业效益、企业员工工资下降负责并向股东负责。在王东春担任总经理期间，严重失职，营私舞弊，给公司造成了损失。原告要求法院判令被告赔偿损失。本案中法院认为，根据《公司法》第148条、第150条的规定，公司高级管理人员应当遵守法律、行政法规和公司章程，对公司负有忠实义务和勤勉义务，诚信地履行对公司的职责，尽到普通人在类似的情况和地位下谨慎的合理注意义务，为实现公司最大利益努力工作，不得侵占公司的财产；高级管理人员执行公司职务时违反法律、行政法规和公司章程，给公司造成损失的，应当承担赔偿责任。同时，损失不是由于高级管理人员的故意或过失造成，而是商业风险或其他外界因素所致，则不能认为高级管理人员违反勤勉义务。王东春担任妙鼎公司总经理，负有以上法定义务，同时亦应当遵守《目标责任考核》关于履行职责的特别约定。

在湖北省武汉市中级人民法院审理的“武汉科地光通信有限责任公司清算小组诉刘胜损害公司权益纠纷案”[44]中，法院认为：“公司高管人员应当对公司负有忠实义务和勤勉义务。忠实义务，要求董事应当忠实履行其职责，在其自身利益与公司利益发生冲突时，应当维护公司利益，不应利用高管人员的地位牺牲公司利益为自己或第三人牟利。勤勉义务，要求董事履行职责时，应当为公司的最佳利益着想，具有一个善良管理人员的细心，尽一个普通谨慎之人的合理注意。因此，考察高管人员是否在履行职责时危害了公司利益，是否应承担相应的民事责任，忠实义务和勤勉义务是两大标准。考察的依据则是法律、行政法规和公司章程的规定。应当说，对公司高管人员的行为进行严格约束，是非常必要的，但任何商业经营都有风险，如果不管发生什么情况，只要经营中出现失误就要求公司高管人员为此承担赔偿责任，高管人员在经营中就会变得谨小慎微，甚至缩手缩脚，从而错失良机。因此，判断公司高管人员是否存在对公司不忠实、不勤勉行为，应当两方面考虑，既不能放纵公司高管人员对公司的不忠、不勤勉行为，也不能将公司高管人员的行为扩大化，一切均应以有利于公司的发展为前提。当然，考察公司高管人员应否承担民事责任，还应究其行为与公司所受损失间是否存在因果关系。”

（三）反思

从上述屈指可数的我国法院关于公司董事勤勉义务的案例中，有一些问题值得反思。

如《公司法》第147条的规定相对抽象。相较于《公司法》上关于董事的忠实义务的列举性规定，勤勉义务的法典表述显然过于简单。由于我国《公司法》关于董事勤勉义务的规定完全来自法律的移植，所以先前也不可能有判例进行支撑。因而，在具体适用上，法官对勤勉义务的解释存在出入。在武汉市中级人民法院的判决中，法官所谓的“具有一个善良管理人员的细心，尽一个普通谨慎之人的合理注意”，显然是结合了两大法系的判断标准。但是，可以看出，其落脚点仍然是“普通谨慎之人的合理注意”。这与门头沟区人民法院的“尽到普通人

---

[43] （2009）门民初字第4号。

[44] （2006）武民商初字第125号。

在类似的情况和地位下谨慎的合理注意义务”的表述基本上是一致的。由此可知,我国法院在审判中,倾向于采取英美法系的“普通人标准”。再加上“但任何商业经营都有风险,如果不管发生什么情况,只要经营中出现失误就要求公司高管人员为此承担赔偿责任,高管人员在经营中就会变得谨小慎微,甚至缩手缩脚,从而错失良机”这样的表述,则表明我国法院在审判中,倾向于采取“商业判断规则”,避免司法的介入。这一现象与我国现行公司法对美国公司法的大量借鉴以及美国公司法学说在我国法学界的重要影响是分不开的。

但是,毕竟何为“普通人标准”,现行判决中的认识仍然是混乱的。武汉市中级人民法院判决中认为“考察的依据则是法律、行政法规和公司章程的规定”,这一看法可以说逻辑较为混乱。本文认为,依据我国的司法体制,只有在现行《公司法》的适用过程中,通过对现有案件的不断适用,最终通过司法解释来完成这一使命。以《合同法》的适用为例。《合同法》第39条第1款规定:“采用格式条款订立合同的,提供格式条款的一方应当遵循公平原则确定当事人之间的权利和义务,并采取合理的方式提请对方注意免除或者限制其责任的条款,按照对方的要求,对该条款予以说明。”但是,何谓“采取合理的方式”?这是一个比较抽象的判断标准。最高人民法院《关于适用〈中华人民共和国合同法〉若干问题的解释(二)》第6条规定:“提供格式条款的一方对格式条款中免除或者限制其责任的内容,在合同订立时采用足以引起对方注意的文字、符号、字体等特别标识,并按照对方的要求对该格式条款予以说明的,人民法院应当认定符合合同法第三十九条所称‘采取合理的方式’。”“提供格式条款一方对已尽合理提示及说明义务承担举证责任”这一规定,不仅明确了何为“采取合理的方式”,还对有关格式条款纠纷中的举证责任分配作出了明确的规定。

(四)日本的启示

任何制度的构造都有一个“路径依赖”的问题,公司治理结构受各国不同的经济、政治文化背景的决定,也应当是一种“路径依赖”型发展。[45] 日本曾经在1950年借鉴美国公司法引入了“董事的忠实义务”的一般条款,在其《商法典》第254条之三规定:“董事负有遵守法令或章程规定及股东全会决议,为公司忠实执行其职务的义务。”但是,日本并没有伴随一般义务条款引入美国的救济制度。在美国,对董事违反忠实义务的救济是“吐出”(disgorgement)所受的利益,而非对公司的赔偿。在日本,董事违反忠实义务,即对第254条之三的适用会牵连适用第266条第1款第5项,即由于“实施违反法令或章程的行为”(第254条之三所规定的“董事负有遵守法令或章程规定”……的义务)“对公司受到的损害,负连带清偿或赔偿责任”。此种做法被推而广之,成为了追究董事的赔偿责任的重要依据,但是它仍然比在美国的适用要狭窄。董事忠实义务的一般条款在1950年被引入日本后一直处于休眠的状态,而到了20世纪80年代,这个条款才被“唤醒”。这并不是由于此时的董事更加贪婪,而是,在20世纪80年代的晚期,许多法律的、经济的和制度上的变化逐渐促使忠实义务标准和法律基础在微观上的契合(micro-fit)以及忠实义务标准和政治经济制度在宏观上的契合(macro-fit)。从微观上来说,在1950年,作为一项标准适用的忠实义务一般条款(特别是它属于开放性的、

---

[45] 参见蒋大兴:《公司法的观念与解释Ⅰ:法律哲学&碎片思想》,法律出版社2009年版,第425页。

模糊性的表述)对法律基础(legal infrastructure)的要求非常高,至少是要求一个灵活的派生诉讼制度和律师的激励制度。此外,法官和律师需要熟悉宏大的法律标准(broad legal standards)而非详细制定的规则;同时法院还要在缺乏明示的制定法指引的情况下具备对自我交易的救济的能力。当时,这一法律基础在日本移植忠实义务一般条款时还相当不成熟。从宏观上来说,当时日本经济的高速发展也在一定程度上阻止了对董事"公司机会"侵占的可能,再加上日本"终身雇佣制"的情况下,董事也难以离开公司而实施竞业行为。[46]

后来,情况发生了变化。在微观上,法律职业人获得了更多的适用第254条之三的经验,变得更有能力适用一般条款。派生诉讼制度也得到了改革。逐渐发展起来的判例也强调了忠实义务与注意义务的区别,促使职业法律人将这个移植过来的条款更集中地适用于新的形势。在宏观上,经济高速发展后的衰退,改变了对经理人的激励,对公司法的需求也增加了。随着股东能动主义和公司收购的增多,忠实义务很有可能成为日本最重要和最活跃的公司治理原则。法律移植的成功与失败随时间的变化而不同。它在很大程度上决定于被移植的制度是否与作为其一部分的、先前的法律和非法律的基础相契合。[47]

对于我国而言,唐突的引进忠实义务和勤勉义务的一般条款在宏观和微观上都存在不契合的地方。传统上,我国的公司制度受大陆法系影响。在这个过程中,也不排除受前苏联的影响,建立了许多中国特色的制度。因而,在微观上,我国的法律基础与日本相较,与美国的制度更远。从我国现有的司法案例来看,各个基层法院在理解"注意义务"及其认定标准的问题上,并不一致。特别是在我国,对于一般条款的适用,在很大程度上还依赖于最高人民法院的司法解释。在宏观上的差异也导致了目前制度的不契合。例如,在追究公司董事责任的案例中,有限责任公司的比例占到多数,而且,基本上是以公司的名义起诉,而非股东代表诉讼。这是因为,在股权结构上,我国还无法避免股东"厌诉"的问题。在我国,即便是上市公司,股权也相对集中,多数公司都存在控股股东。因而,对董事的约束大多建立在选任这一替代性制度上。

---

[46] Hideki Kanda and Curtis J. Milhaupt, Re-Examining Legal Transplants: The Director's Fiduciary Duty in Japanese Corporate Law, in *The American Journal of Comparative Law*, Vol. 51, No. 4 (Autumn, 2003), pp. 887-901.

[47] Hideki Kanda and Curtis J. Milhaupt, Re-Examining Legal Transplants: The Director's Fiduciary Duty in Japanese Corporate Law, in *The American Journal of Comparative Law*, Vol. 51, No. 4 (Autumn, 2003), pp. 887-901.

滥用性公司分立的法律应对及其制度完善

崔文玉*

各国企业为了在国际社会的竞争中生存,将企业形态转型为集团化很有必要。因此,公司法中的重组制度成为重要的法律路径。公司分立制度作为企业重组的重要手段之一,可以通过分割独立优质部门的方式提高竞争力,也可以通过分割不盈利部门使其他公司吸收的方式将资源集中于其他部门或有前景的部门。另外,重整资不抵债公司时,通过新设分立的方法转移需要重整的公司优良业务部门与其相关的资产及债务,并将分立公司进行清算等破产整理,即公司分立的滥用。所谓滥用性公司分立,是指分立公司将优质事业部门、优良资产转移到新设立公司或继承公司,同时任意地将分立公司的债权人分为有权请求债权人和无权请求债权人(以下简称残余债权人),是不当损害残余债权人的公司分立。此时,分立公司是否继承债权而债权回收金额会有很大差别。在公司法放宽规制国际趋势下,潜在规则不能充分发挥。例如,从2004年的日本商法修改(可以个别省略公司分割中债权人异议程序)到2005年的公司法制定,其在公司分割制度的修改中已指出滥用性公司分立制度不能充分规制。① 公司法立法及公司指导理念的矛盾在于,应当是以本国公司竞争力向上为基本,还是以公司利益相关人的保护为基本来进行解释。

本文围绕欺诈性或滥用性公司分立、欺诈行为的撤销权、破产撤销权的不同法律,探讨合理确定债务承担规则之可能性,进而分析在日本修改公司法中,欺诈性公司分立的债权人保护制度对我国公司法的启示。通过多样化理论分析为实践提供一套清晰、合理、易于操作的债务承担规则。由于派生分立通常不会影响到原分立主体的责任承担,所以本文的探讨仅限于新设分立的相关法律适用。

一、滥用性公司分立的问题提出

商法是最能体现市场经济的一部法律,调整市场主体的公司法最受国际统一化法律规范的影响。各国公司法根据市场的需要有时为了培育和发展本国产业"放宽规制",有时为了保

* 上海大学法学院教授,日本中央大学法学博士。

① 田中亘:「会社法改正の視点から見た濫用的会社分割」土岐敦司・辺見紀男編『濫用的会社分割ーその態様と実務上の対応策ー』商事法務、2013年第42页。批判,专为方便分割公司股东的放宽规制,孕育被滥用的危险。

护公司利益相关者“强化规制”，经常在放宽规制和强化规制的矛盾中摇摆。因此，公司法的历史就是在反复放宽规制下产生泡沫经济，泡沫破灭强化规制的过程中循环。

日本在2006年的《公司法》修改中对有关公司重组制度进行放宽。[②] 第174条和第176条对合并和分立的程序进行规范。公司分立的程序和公司合并的程序基本相同。[③] 在对债权人保护的方式上与公司合并不同的是，公司合并时债权人享有异议权，可以要求公司清偿债务或者提供相应的担保，而公司分立时法律只是强调了公司的通知义务，并没有赋予债权人异议权，改为承担连带责任事后规则。[④] 同年，日本公司法修改同中国公司法一样进行了放宽规制。因此，最近在公司法“不足”而出进行滥用性公司分立事例繁多。[⑤] 日本最近债务人瞒着债权人进行重整，并且将金融机关大半债务留在分立公司而逃避偿还债务的欺诈性案例凸显。[⑥] 这些案例备受各界专家的争议及关注，金融机关及破产实务界人士们纷纷强调指出分割中债权人保护制度完善的必要性。对滥用性公司分立，过去依照民法的欺诈行为撤销权、破产法的否认权、法人格否认、《公司法》第22条第1款类推适用来保护残余债权人。例如，2012年10月日本最高法院判决，[⑦]行使新设分立残余债权人欺诈行为撤销权。但2014年6月20日，《公司法修改的法案》（以下简称修改公司法）的通过更令人期待今后的司法实践展望。修改公司法第2部，规定了公司分割中债权人保护制度，[⑧]即欺诈性公司分割的债权人保护。（1）分割公司明知有损于继承公司等残余债权人的分割的情形，残余债权人可以对继承公司等以继承财产的金额为限，请求履行该当债务。不过吸收分割时，吸收分割继承公司善意的情形可以成为免责事由。（2）关于债务履行责任，残余债权人知晓分割公司明知损害残余债权人而推行的分割，自知晓之日起2年内未对此请求或未进行请求预告，过该期限就消灭。公司分割的效力产生之日起经过20年也同样。[⑨] 根据规定，欺诈行为撤销权的行使并非在实物返还不可能或明显困难之时，残余债权人也可以直接对设立公司请求支付现金。[⑩] 修改公司法大约2015年4月开始实施，期待公司法实施后滥用性公司分立在司法实践中多样

---

② 2006年会社法下では，新設分割設立会社(「承継会社」。)に債権が承継されず，新設分割会社(会社法763条5号。「分割会社」)に残存する債権者に，債権者異議手続が認められていません(会社法810条1項2号)。

③ 本条还规定了公司债权人的异议权。公司合并会影响债权人的利益，如果是强强联合，会使得作为债权人债权总体担保的范围扩大，对债权人影响不大；如果是业绩一好一坏的公司合并，原业绩好的公司的债权人可能会受到负面影响。根据本条规定，公司合并应当向债权人进行通知和公告。债权人自接到通知书之日起30日内，未接到通知书的自公告之日起45日内，可以要求公司清偿债务或者提供相应的担保。如果公司债权人在法定的时间内不能提出异议，则可视为对公司合并的默认，对自己债务人更换的默认。

④ 修订前的公司法规定，债权人在得到通知后有权要求公司清偿债务或者提供相应的担保，不清偿债务或者不提供相应的担保的，公司不得分立（旧《公司法》第185条规定）。2006年修改删去了这一规定，但是根据下一条的，除公司在分立前与债权人就债务清偿达成书面协议外，公司分立前的债务由分立后的公司承担连带责任，对债权人的利益做了更切实际的保护。

⑤ 如资不抵债或与此相等遭遇困境的公司，新设分立时，金融机关等既存债权人的债务整理相关交涉中，隐匿金融机关，只有继承优良资产和继续运营所需的交易债务，使金融债务等其他债务留在空壳的分割公司。

⑥ 公司法经常在为了育成、发展本国产业的“放宽规制”与保护公司利益相关者的“强化规制”之间摇摆，公司法的历史也就是在反复放宽规制下产生泡沫经济，泡沫破灭强化规制的过程中循环。

⑦ 2012年10月12日金融、商事判例1402号16页。几乎同时2012年9月审议会公布的“公司法制修改纲要”中提案引进残余债权人的新救济制度。

⑧ 强化债权人保护制度的背景：最近日本在企业重整中，凸显欺诈性公司分割或滥用性公司分割的案例，并存在较大的争议，加上受金融机关及破产事务界人士们，强烈提出分割中债权人保护制度的完善。

⑨ 债务请求权，一旦决定开始分割公司破产程序，重整程序，更生程序就不能行使。

⑩ 未得到分割公司告知的债权人的保护。对公司分割可以提出异议的分割公司债权人，未收到个别催告者（日本公司法第789条第2款等）（分割公司的官报公告用日刊新闻报纸登载方法或电子公告的形式公告时，（日本公司法第789条第3款等）因侵权行为而产生债务的债权人为限）可以向分割公司及继承公司双方，请求履行债务。

化解决方式的新的转变。[11]

我国公司法非常笼统地概括了公司合并分立,以连带责任涵盖所有滥用性分立的债权人保护。虽然公司分立具有实现专业化、效率化的经营,限制承担风险,解决企业间的竞争关系,解决公司内部矛盾,敌意收购的防卫措施,节省资源等的经济动因,但是我国仅对兼并重组的政策性规定不断在完善,而对分立的相关制度远不如其他国家重视。[12] 实践中除扩大企业规模而增强体质的需求之外,还有缩减过分肥大的企业规模之必要性。关于公司法分立制度,因没有澄清债务承担规则的法理基础,[13]司法实践中很难实现具体情况承担不同的责任的判断。[14] 过去公司法合并和分立的程序是,不经债权人的同意不得分立。但2005年亚洲各国公司法,为了推进企业重组的迅速性简化了该程序,通过要求分立主体提供担保和事后承担连带责任的方式对债权人的同意权进行了修改。[15] 进而2013年12月我国公司资本制度的放宽,证明公司注册资本不能全面保护公司交易中债权人,要求债权人也提高自我保护意识和加强相关知识。因此,在追求简便、迅速的资本市场变革中,澄清公司分立中债权人保护制度实有必要。公司要发展,投资者及债权人的信赖是必不可少的,公司法不能合理保护公司利益相关人就会使公司失去国际竞争力。因此,一方面要明确合理保护公司相关人的平衡点,而确保对公司投资者及债权人的信赖,另一方面要大胆推进放松规制,以引资到本国,这也正是现代公司法学的课题。[16]

二、滥用性公司分立的民法应对——欺诈行为的撤销权

所谓欺诈行为的撤销权,系指对于损害残余债权人的新设分立行为,债权人可以依据民法上的民事行为撤销制度而消除其法律效力的制度,即通过否认公司分立行为的效力,从新设公司返还分立公司流失的优良资产(实物返还),支付残余债权人流出资产相当的金钱的制度(价格赔偿)。民法撤销权适用的主要缺陷在于,在实施欺诈行为撤销权情形下,即使确认了申请人欺诈行为的撤销权的请求,原则上也仅限于流失的优良资产的实物返还(实物返还)。作为其例外是,如果能够证明流失的优良资产的实物返还有明显困难时,可以以现金赔偿代替实物返还,但认定赔偿的现金额应与实物资产的价格相一致。

公司分立撤销权的实施必须具备一定的条件,主要包括行为的效果要件(客观要件)和当事人的意思要件(主观要件)两个方面。具体来说,必须存在公司分立减少债务人责任财产而

---

⑪ 2014年6月日本通过的"部分公司法修改"预定在2015年4月1日实施,是2012年9月法制审议会公司法制部会的"公司法制再探讨纲要"通过成立的。详见崔文玉:《日本公司法最新修改之简述》,载《河北法学》2013年第4期。

⑫ 参见李国文主编:《最高人民法院关于改制司法解释条文精释及案例分析》,人民出版社2003年版,第29页。

⑬ 分立时能否将子公司股份作为分红分配给母公司股东? 能否将子公司的股份作为减资对价分配给母公司股东? 非现金的情形残余财产如何分配? 美国、英国、法国、德国等诸多国家均有该制度。

⑭ 参见沙玲:《信托公司与证券公司分业经营权的债务应如何划分》,载《民商事审判指导》2004年第2辑,人民法院出版社2005年版,第212~226页。中国工商银行鸡西市煤炭公司、黑龙江田园煤炭股份有限公司借款合同纠纷上诉案,《民商事审判指导》2004年第2辑,第174~180页。中国建设银行山东省分行与山东禹城中农润田化工有限公司案、山东兴禹化工集团公司等借款合同纠纷上诉案,《民商事审判指导》2004年第2辑,第171~180页。中国进口银行与广州市华南橡胶轮胎有限公司、中国工商银行广东省分行营业部、广州万宝冰箱有限公司等借款等担保与委托代理纠纷案,载李国文主编:最高人民法院《关于改制司法解释条文精释及案例分析》,人民出版社2003年版,第121~136页。

⑮ 日本公司法债权人保护程序吸收合并分割,第789条,继承公司第799条。新设分割的分割公司第810条。韩国商法第530条之9第2号,韩国商法第530条之9第4号,韩国商法第530条之11第2号,(韩国商法第530条之9第1号)。

⑯ 崔文玉:《日本公司法最新修改之简述》,载《河北法学》2013年第4期。

损害债权人利益的行为(客观要件),债务人、受益人明知欺诈事实(主观要件)。并且,欺诈性不采用将欺诈行为与欺诈意思分离的独立要件(二元说),重视两者的要因的同时,掌握连续性行为综合判断相关关系。

欺诈行为的撤销权的要件比较明确,与滥用性公司分立的关系上争点如下:(1)欺诈行为撤销权的对象可否是作为组织行为的新设分立;(2)作为新设分立的对价交付继承公司的100%股份,是否不产生欺诈行为;(3)即使撤销新设分立,能否应该追回流失的实物资产。现在对新设分立适用欺诈行为撤销权应该说是很稳定,并没有发现否定价格赔偿的案例。[17]

三、滥用性公司分立的公司法应对——法人人格否认制度

(一)法人人格否认制度的适用条件

根据我国《公司法》第20条第3款的规定,"公司股东滥用公司法人独立地位和股东有限责任,逃避债务,严重损害公司债权人利益的,应当对公司债务承担连带责任"。公司法人人格否认适用的基本条件是存在股东滥用公司人格的事实和行为。在分割公司的影响下继承公司优良资产基本直接运营的情况下,残余债权人以新设分立是逃避债务为目的的公司法人格的滥用为由可以直接向继承的公司请求债权。

在适用法人人格否认的情形中,残余债权分立公司和新设公司承担不真正连带责任。并且,残余债权人可以对新设公司请求残余债权全额,分立公司的破产程序开始也不影响新设公司请求。

关于法人人格否认的适用,需要法人人格的滥用与形骸化的两种要件。公司法人人格否认适用的基本条件是存在股东滥用公司人格的事实和行为。适用法人人格滥用的支配要件为"实际同一性",以两个公司的实质同一为依据,判断是否适用法人人格否认。也就是要看法人人格背后的支配人任意支配的实际同一性(支配要件),支配人有"违法或不法目的"(目的要件),即适用法人人格否认制度,需要支配要件和目的要件。公司分立适用法人人格否认的仅限于新设分立,吸收分立原则上不适用。因为滥用性吸收分立的情形,法人人格否认时就有支配者集团以外的股东继承公司存在,尽管该股东毫无归责事由,因适用法人人格否认而继承分立公司的债务,以减少自身股价的形式受损。

(二)法人人格否认与欺诈行为的关系

为了保护欺诈性公司分立中的债权人,行使欺诈行为撤销权还是适用法人人格否认制度是应当考虑的问题。从主张适用欺诈行为撤销权的立场来看,适用法人人格否认制度的滥用事例需要支配要件和目的要件,如果能够认定欺诈目的,就可以依欺诈行为的撤销权实现保护债权人的目的,此时不需要适用法人人格否认制度。法人人格否认制度是同公司与幕后控制人而解决衡平为目的,与通过否认债务人减少责任财产的行为企图恢复财产的欺诈行为撤销

[17] 東京高判2010年27日金法1910号77页。

权，在制度宗旨和目的有所差异。

但欺诈行为撤销权的行使与法人人格否认制度适用的效果有差异。适用法人人格否认的情形，同分立公司与新设分立公司，从而诉讼债权人的债权额由新设公司承担分立公司的债务。承担债务时债权人不限于继承财产，分立后的通过营业取得的资产也可以追回。法人人格否认制度是公司法或交易法中不发达状态为起因的调整小规模公司、母子公司衡平性的一般性条款。因此，专门探索滥用性公司分立的适用要件没有意义。

欺诈行为撤销权的宗旨，是为了恢复原状原则上将目的物偿还债权人的效果。因为分割公司的债权人能够请求的金额仅限于转移资产，所以这会减轻继承公司的负担。以滥用性分立的情形为例，一般继承公司成为全资子公司，关联人担任法人代表的情形较多，并且分立公司的优良资产继续营业。因此控制要件容易得到满足，争点在于目的要件。

将滥用性公司分立套在法人人格否认较容易满足目的要件，如"违法或不当的目的""新设分立是为了逃避分立公司残余债权人的债务"（分立公司，未对残余债权人说明、提示新设分立后的债务返还计划等，没有实行偿还就容易认定债务逃脱目的，相反提示、说明、偿还的情形不属于滥用性分立）。

然而，很多限制性的解释目的要件而适用案例。[18] 例如，（1）将非破产状态的公司伪装进行破产；（2）公司分立的内容明显违背债权人平等原则；（3）公司分立内容明显减少对分立公司债权人分配预期；（4）公司分立程序中，明显虚假说明财产状况等特殊事由。此外还有适用滥用性公司分立事例。[19]

四、滥用性公司分立的破产法应对——否认权制度

在分立公司破产的情形下，个别的残余债权人不能行使欺诈行为撤销权，而是根据情形，由破产管理人行使否认权。

分立公司破产程序开始的主要情形包括以下两个：（1）诉讼中分立公司破产的情形，中断好不容易起诉的欺诈行为撤销诉讼；（2）欺诈行为撤销诉讼胜诉后进入破产程序使回收行为有被禁止抵销的可能。

（一）否认权适用与公司组织行为的关系

公司分立分为新设分立与吸收分立，本文主要针对的是新设分立。公司设立程序与吸收分立程序，亦即继承全部或部分分立公司的资产及负债的一体化的组织法上的行为。因此，组织法上的欺诈行为可否作为欺诈行为的撤销权或否认权的对象是本文的重点问题。

讨论该问题的原因如下：欺诈行为的撤销权和破产否认权的目的在于恢复责任财产，并非将组织法上的行为作为对象。结果的相对效果并不与组织法上的行为协调，也没有规定恢

[18] 大阪地判2010年10月14日案例。

[19] 福冈地判平成2010年1月14日金法1910号88页も，控訴審（福冈高判平成2011年10月27日金法1936号74页）。被排诉法人格否认的主张的案例。福冈地判平成2011年2月17日金法1923号95页や大阪地判平成2013年1月27日是适用法人格否认的公司分立。

复原状的内容。第一,与否认权的目的的关系。否认权的目的是希望通过破产财产、重整公司财产的增值、减轻债务负担,提高破产债权人分配率,充实重整的基础。如果将与财产基础的增值、负担减轻不相关的行为作为否认权的对象,就不符合制度的目的,组织法上的行为就成为否认权的对象。破产管理人的权限不涉及组织法上的事项的原由也是,否认权的对象中不包含组织法上的事项。[20] 第二,与否认相对效力的关系。认定否认就否定对象行为的效力,其结果仅在与对方的关系或仅在该程序关系中产生。[21] 与此相对,组织法上的行为认为,从公司等法人活动为基础的性质出发,仅在特定对方和特定程序关系中才能左右其效力是不合理的,即要求对外效力。[22]

综上所述,在否认权目的的关系上,尽管破产管理人的权限仅限于履行职务必要时才涉及组织法上的事项,如果是组织法上的行为伴随其资产、负债的转移等的财产法效果,绝对不会从否认对象行为除外,[23]反而在否认相对效力与关系中,探讨否认对象的前提条件,是否产生不合理的效果。

如何认定否认对象行为的问题上,日本下级审判和学说认为,新设分立行为作为否认对象,否认对象的前提一般从分立公司转移到新设公司的资产、负债或资产为限。这应该是否认目的恢复公司财产基础或增值,但向新设公司的设立与新公司转移一定的资产及负债,但前者和后者的分离还是不明确。

(二)否认权适用中的欺诈行为及其认定

欺诈性,是有关维持责任财产的法律概念,无偿或廉价转移全部或一部分责任财产给第三人的具体化,此外在现行法上定立“否认获取相当对价处分的财产行为”的新类型的欺诈性的规范。当然以适当的价格处分全部或部分责任财产的行为本身并不减少责任财产,但若发现破产人隐藏其对价的情形,对债权人来说实质上减少了责任财产,在此意义上违反了责任财产维持义务,并认为是欺诈性。

从这个意义上说,在现行破产法上的欺诈性包括,由于责任财产绝对减少债权人权利陷入危险状态的行为(以下简称责任财产绝对性减少造成欺诈性)和改变责任财产形态造成债权人的权利难以实现的行为(以下简称责任财产变更造成的欺诈性)的两种。区分两者的标准取决于,转移外部全部或部分责任财产的情形,其价值是否变少,是否并入责任财产。

1. 欺诈性公司分立的构成要件

欺诈性分为责任财产的绝对减少的欺诈性和责任财产形态变更的欺诈性。如果两者的区别以是否并入转移外部的责任财产的全部或部分对价为准,那么滥用性分立的欺诈性也应

---

[20] 具体而言,公司解散之诉、无效之诉、合并无效之诉、股东大会决议撤销、无效之诉等(日本公司法第 828 条以下),只要破产程序开始就发生中断,是否成为破产管理人的继承对象是有争议的。

[21] 破产法程序上相对性和各利他害相关人的关系效果相对性有区别。

[22] 日本公司法第 838 条规定“认可与公司组织的诉讼的请求的确定判决,对第三人有效”。承认对外效力应该出于该理由。

[23] 内田博久《破产状态下进行公司分割的问题点》金法 1902 号(2010)第 58 ~ 59 页认为,否认权,并非将法律关系全面溯及以往,为了追回财产所必要的范围内,否认当事人间的法律行为效果为限的制度。因此,没有理由推翻所谓法人人格的创设,组织法上的效果。“维持因公司分割而产生的组织法上的效果的同时,否认所谓财产法上的资产的转移”,并且,将组织法上的行为和财产法上的行为分开,后者为否认对象。此外,日本破产法第 47 条第 1 款,即使组织法上的行为也属于“公司分割……等伴随财产归属的变动的行为,‘属于破产财产的法律行为’,财产归属的变动与破产财产的关系相对的,当然无效”。

以此为标准。但是考虑破产管理人行使撤销权与对方对此的防御形态,这两个欺诈性非异质反而应认为其具有连续性。

如公司分立中破产管理人资产转移而责任财产绝对减少为欺诈性内容,主张偿付资不抵债状态的分立公司资产转移相当的对价。此时,适当的资产对价是在责任财产的意义上,并非资产的账面价,以清算价值为准。如为了重整企业典型的公司分立的案例。

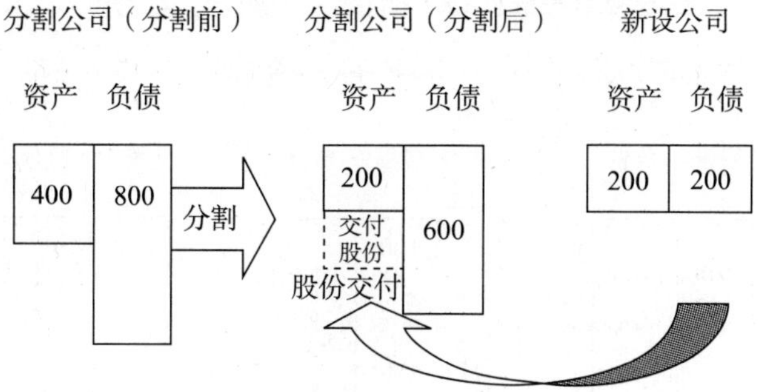

图1 账簿价值评价上,资产 > 负债

假设(图1)某股份公司的清算价格为基础借贷对照表上,分立前公司资产400万元,负债800万元,其中将优良资产200万元转移到新设公司,同时由新设公司继承200万元的债务之后,分立公司进入破产程序,破产管理人根据破产法(第31~33条)的规定,否认对200万元优良资产转移。

主张的内容是,200万元优良资产根据清算价值评估也是200万元,相对负债也是200万元,账簿上好像有净资产,以清算价值为基础的借贷对照表上净资产为零,交付的股份对于分立公司责任财产没有任何价值,应该认定因责任财产的减少的欺诈性。[24]

与此相反,新设公司主张,从净资产的意义上交付股份没有价值,但股份的价值是现在评价将来的事业收益。从这一标准来看交付的股份作为清算价值有100万元的价值,因此,分割公司的资产转移是基于相应的对价而进行的,不存在欺诈性。

否认欺诈行为的核心行为,在减少责任财产的意义上是事实概念。在综合评价复数的事实之后,才开始判断责任财产减少的场合,也有作为评价概念的性质。这种情形,如果以净资产为标准,交付股份无价值或与此相近的事实可以视为欺诈性为基础的评价依据事实。相反,如果以将来事业价值为标准,交付股份具有相应价值的事实,成为否认欺诈性评价障碍事实。即交付股份具有相应的价值,不是单纯反证[25]受益者,作为评价障碍事实的本证。[26]

不过,如果证明受益者评价障碍事实奏效,而以股份的事业价值作为基础的话,交付相当

[24] 日本东京高判2011年1月26日,金判1363号第30页,对分立无效的诉讼否认非继承债权人原告适格的判旨理由中指出:"分割公司从新设公司得到分配的股份,如不等于分割公司交付新设分割公司的净资产金额的情形,分割公司债权人蒙受损失的可能,但是这种情形分割公司无效之诉之外的方法之外有个别救济余地,所以不发生不当状态",第22页。

[25] 本证是指对待证事实负有证明责任的一方当事人提出的、用于证明待证事实的证据。反证则是指对待证事实不负证明责任的一方当事人,为证明该事实不存在或不真实而提供的证据。

[26] 譬如说,作为转移100万元价值资产的代价交付了100万元邮票的情形,主张无偿或欺诈的破产管理人能够证明因为是一张邮票其行为的话构成欺诈性行为。对此,受益人能够证明100日元的邮票在集邮爱好者之间交易100日元的事实的话,可以主张交付相当的代价而阻却诈害性。

于继承资产的清算价值的代价为前提，即使责任财产形态变化破产管理人也可以主张欺诈性，即可以主张根据破产法第33条行使撤销权。

滥用性公司分割中有责任财产的绝对减少和责任财产的形态变化两个问题视角。破产法第31条和第33条的可撤销是，根据如何评价作为分割对价交付的股份价值，产生连续性的关系。

2. 绝对减少责任财产为理由的欺诈行为否认——破产法第31条

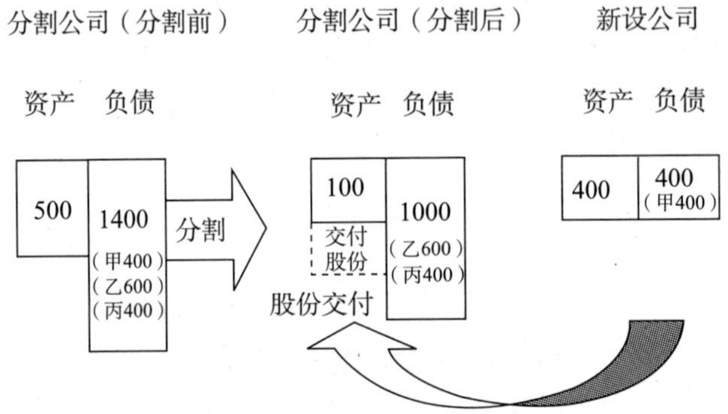

图2

（1）欺诈行为

滥用性公司分立与一般欺诈行为相比，资产转移的同时具有继承债务的特征，判断有无绝对减少责任财产时，需要探讨作为分割对价交付的股份和由新设公司承继全部或一部分分立公司的债务价值。因为，债务的继承可看作新设公司对分立公司给予经济利益，所以，有以此作为资产转移对价的余地。[27]

假设（图2）分割前的公司清算价值在借贷对照表上处于资产500万元，负债1400万元（债权人甲400万元，债权人乙600万元，债权人丙400万元）的资不抵债的状态。根据分割计划资产中400万元和负债中400万元（甲债权人的部分）转移到分割公司。形式上相当于资产400万元的债务400万元由新设公司继承，免了分割公司该部分的债务，可以认为支付了相当于转移资产的对价。但是，分割前债权人甲把握的责任财产是500万元中的400万元/1400万元是142万元左右，债权人甲的400万元债务继承作为对价的资产额应限142万元，不过实际转移财产是400万元，等于258万元作为不正当价格从分割公司转移。

将偿还行为等消灭债务行为，从否认欺诈行为的对象排除，仅对超过债务额的给付额作为否认欺诈性的法制考虑，与判断对价性时以债务的实价为基准是相互矛盾的。也就是说，既然继承与资产400万元相对应的债务400万元，应认为新设公司以通过继承相对价债务的形式取得资产。

但是，欺诈性需要明确行为人（破产人）的保证与无偿否认的关系。如果受益者代替保证提供第三人的融资等时，对受益者来说并不成为无偿保证利益，但不能阻碍破产人保证行为

[27] 很多事例是，承继公司只承继公司所需的资产和客户的债务，将金融机构的借贷留在分立公司。

的否认无偿成立。无偿性可以说是欺诈性的极致,适用于欺诈性一般妥当。并且,对破产人的分割公司来讲,既然将资产转移到新公司,作为代价逃避的债务金额也应与实际资产金额均衡,如果比资产少的情形等于减少债权人乙和债权人丙的担保财产,那么在此种意义上构成欺诈性。

这样一来,从债务超过公司受让资产或负债的情形来看,只要债务金额不超过接受资产金额,之后在转移公司进入破产程序之际,受让人将难以避免否认的风险,难免受到对很难成交正常的债务承担(debt assumption)交易的批判。另外,是否认可很难成交正常交易的资产转移与继承负债的公司分割的问题有意见分歧。

如何判断滥用性公司分割的偏僻性欺诈行为或责任财产的比例减少的问题,资产转移使特定债权人(上述甲)获利的反面,其他债权人因责任财产比例减少而蒙受不利的情形,本应在偏僻行为的判断框架中把握。但将滥用性公司分割作为偏僻行为法律上有所困难。那么,将继承债务实价以上的资产转移以偏僻性欺诈行为或责任财产的比例减少对待,作为欺诈行为否认对象如何呢?[28]

而且,分割的对价不能只是债务的继承。仅在债务继承上不能看出转移资产相当对价时,交付的股份十分有价值的情形应该否定欺诈性。如上所述,交付分割公司的新设公司股份价值高于继承债务价值,即如果超过258万元就否定资产转移的欺诈性。如上所述,交付股份价值,第一次应基于清算借贷对照表净资产为标准,以此为标准资产额与负债额同额的新设公司借贷对照表上,对应股份的净资产额是零,上述的欺诈性不受交付股份价值影响。但是,作为受益者的新设公司能够证明将来收益交付股份价值,[29]其相当于258万元或超过258万元时,可以否定欺诈性。

(2)分割公司的欺诈意思及新设公司的恶意

接着作为欺诈行为可撤销要件需要探讨的是,行为人分割公司的欺诈意思及受益人新设公司的恶意。一般欺诈意思的内容为破产原因的事实即有债务超过或资不抵债事实及责任财产减少的行为结果。这里主要探讨后者。

滥用性公司分割的情形,分割公司的经营人编制新设分割计划,转移新设公司的资产与继承负债的内容,应该清楚资产清算价值、股价等。如果认定公司分割的欺诈性,除有特殊事由之外,被肯定存在欺诈意思,即只要认定分割公司的欺诈意思,新设公司并不需要证明善意。因为,新设公司的设立是根据分立公司的行为实施受动性的成立,只要认定分立公司恶意,新设公司恶意和善意就没有任何意义。

最后,事前信息披露程度、内容及对方的范围只能委托分割公司,但这并不能直接左右撤销欺诈行为的成立与否。极端地说,没有披露信息,秘密地进行分立,只要对价适当,就不能成立破产法下的欺诈行为。判定欺诈行为时,欺诈意思的内容限于责任财产减少,其余的信

---

[28] 与之相反,对100日元债权偿还100日元的典型的偏僻行为的案例中所有破产人在资不抵债的状态,如果100日元的实价降价就构成欺诈行为,结果批判偏僻行为与欺诈行为的区分很模糊。但是,偏僻性欺诈行为经济实质上具有类似性,但公司分割的法律形式上,作为资产转移的对价有继承债务所以对价的适当性成为问题。换言之,偿还的偏僻行为的情形,债权人有受领的法律上的权能,破产人的行为是为了满足其而进行,只要债权额与偿还额对等不会构成欺诈行为。与此相比较,公司分割的情形,债务的继承终归资产转移的对价,其价值并不是账目上的金额,而以实价为标准的拙见的宗旨。

[29] 交付股份的价值证明的依据是被资助人等第三人取得或取得价格而决定。因此,认定滥用性公司分割时,如果廉价转让给第三人就等于交付股份的价值也低廉,并成为肯定欺诈性的依据。福冈地方裁判2010年9月30日金法1911号第94页。

息披露、受益者恶意等不受影响。

不过，信息披露事由影响隐匿等处分意思的判断。隐匿等的处分意思，[30]是有关对价的处分，秘密地实施并不能直接导致隐匿等处分意思，附加作为对价的股份处分的样态，才只是追认隐匿等的处分意思的间接事实之一。

3. 责任财产的样态变更为理由的欺诈行为的撤销——破产法的视角第 33 条

这里仅限于，受益者新设公司能够证明，在资产转移的关系上，继承债务及股份交付对价合理的情形。

责任财产变化的欺诈行为撤销要件主要有以下几个：第一，因为责任财产全部或一部分的样态变更，可能处于隐匿等的处分。认定隐匿的处分，在处分前后的事情和财产的种类的变更等进行隐匿追认，更具体一些，在财产状态恶化的情况下，应从变更前后的财产形状和所在的信息，认定可能发生隐匿等的处分。对滥用性公司分立来看，继承债务，继承资产变更为股份交付，可以认定发生隐匿的处分。[31] 第二，隐匿等的处分意思，是指债务人将处分隐匿对价，有妨碍债权人的权利实现意图。作为滥用性公司分割的特征，未对债权人进行信息披露，秘密地进行和分割之后交付的股份低廉价格转让给第三人之事，可以成为追认隐匿的处分意思存在的材料。第三，受益人对隐匿的处分意思的恶意。新设分割，根据分割公司编制的分割计划而进行，破产管理人只能实施举证责任，不过几乎不会被否定恶意。[32]

（三）欺诈性合并行为否认的法律效果

1. 新设公司返还分割公司的财产

基于破产法第 31 条和第 33 条成立欺诈行为的否认权，适用在公司分立的效果资产转移上，新设公司对分割公司承担利益返还义务。为了使破产管理人行使管理处分权，新设公司承担将否认目的物恢复原状，否认登记，债权转让的意思表示等义务。但问题是，返还资产在新设公司作为营业活动的基础使用，尽管如此也命令返还资产的话，有可能破坏新设公司的经营基础，并等于推翻公司分立的组织法上效果的结果。因此有必要考虑替代资产返还其对价的可行性。行使偿还价格请求权，需要说明偿还目的困难的理由。[33]

但是，否认公司分立的依据是，破产法理论作为媒介，要求分离作为组织法上的行为的新设公司的设立和作为财产法上的行为的资产或负债的概括转移和继承。尽管如此，还是命令返还资产的话，新设公司的营业活动不可能继续进行，在此意义上等于推翻组织法上公司分立行为的效果。

为此，资产返还本身不可能或困难，所以恢复原状应以其价额（清算价值）偿还为限度。即以图 1 为例，破产管理人有权追回转移新设公司的资产价格 400 万元。

---

[30] 破产人在取得对价时有隐匿或转移财产（无偿让与对价的意思）的主观意思。

[31] 最高人民法院《关于审理企业破产案件若干问题的规定》第 12 条规定中，之所以有债务人隐匿、转移财产的，法院不应受理该破产申请同时已受理的也要驳回的规定，原因在于《关于审理企业破产案件若干问题的规定》中，自始至终没有清算组有权追回债务人隐匿、转移财产的明确规定。在此情形下，债务人有隐匿、转移财产的，法院只能是不受理破产申请，以及已受理的也要驳回。

[32] 名古屋地方裁判所 2011 年 7 月 22 日判例，《金融商事判例》1375 号第 48 页。关于欺诈行为撤销案例的判旨指出，如果考虑到分割公司和新设公司的法人代表同一人的事实而认定分割公司有诈害意思，就应该拟制被害者新设公司也有欺诈意思。这种思考的话受益人新设公司的恶意完全可以存在。

[33] 通常包括目的物消失而返还不可能或困难的状况或转移第三人法律上不可能的状况。

2. 分割公司返还新设公司的对价

破产法第 33 条规定，为逃避债务而隐匿、转移财产的，虚构债务或者承认不真实的债务的行为无效。债务人有隐匿、转移财产等行为的，管理人有权同时也是应当尽责追回该隐匿、转移的财产。分立时继承的有债务和股份，但债务继承的情形性质上不成为取回权对象。所以仅对破产债权的行使进行分析。

(1) 作为对价的债务继承

原来债务继承是指资产转移对价，但分割公司处于资不抵债的情形，其对价性是分割前的继承债权人掌握的分割公司责任财产范围为限，超过部分成为撤销欺诈行为的对象。图 2 的情形，可以命令返还转移到新设公司的资产对价 400 万元，但新设公司因为作为资产的对价承继 400 万元债务，也有权主张分割公司再次接受，这时可以以破产债权行使。

一般受益人向破产人给付财产，所以对破产管理人要求偿还之事就成为破产债权的内容，但债务承继为对价的情形，性质上新设公司向破产管理人要求免负担的权利，成为破产债权的内容。

结果，分割公司的破产管理人对新设公司要求支付相当于资产价格全额，难免成为破产法超过合理范围干涉公司的分割。实质上，从破产管理人的角度来看，新设公司继受债务 400 万元的同时，追回实质性欺诈部分 258 万元资产。[34]

(2) 作为对价交付的股份

作为分割公司对价交付新设公司的股份的情形也有否认余地。①分割公司保有交付股份的情形。撤销成立的情形，分割公司保有新设公司作为对价交付的股份就被请求偿还。但公司法上有取得自我股份的一定规制。从作为撤销权的行使效果来看，承认偿还请求权的平衡性，可以请求受益人方相当于交付股份价值的金钱的支付。②分割公司处分交付股份的情形。如果分割公司处分了交付股份的情形，新设公司作为反对给付非现存物，要求偿还其金额。总之，偿还请求权的内容相当于交付股份价格。

五、中国滥用性公司分立的制度构建与司法解决途径

(一) 破产法伦理重构——欺诈行为否认权

我国公司法对公司分立中债权人保护制度基本满足事前事后的措施要求。但对资不抵债的公司，无视残余债权人能够进行分立还是有必要健全。考虑到公司在交易活动中大部分财产已设有担保，而资不抵债公司的分立及重整，几乎没有能力提供担保，为此，实践中欺诈性公司分立问题凸显，企图利用“技术性分立”规避债务，进而达到企业重生。

我国破产法对破产撤销权的行使与当事人主观态度的关联性没有进行详细规定。但是，

---

[34] 事实上，企业破产法明确由管理人追回债务人隐匿、转移的财产，有利于保护债权人利益。理由是：纠正债务人隐匿、转移财产的最有效措施，就是债务人进入破产程序，并由管理人去追回；如果债务人不进入破产程序，就没有管理人，更没有管理人依法追回债务人隐匿、转移财产的可能；如果债务人不进入破产程序，债权人将难以适用企业破产法以外的其他法律来纠正债务人隐匿、转移财产的行为；债务人隐匿、转移财产行为发生的时间愈久，财产被追回的可能性就愈小。

在司法实践中，由于破产撤销权的行使涉及其他利益相关人，因此应考虑当事人的主观恶意。此外，由于缺乏构成要件等相关解释，也影响了司法实践中的操作性。为了保护公司分立中债权人利益，我国的破产撤销权相关制度有待完善，以便在司法实践中进一步扩张破产撤销权的适用范围与行使主体。

对此，日本破产法学界提倡“破产法再构成”的法伦理。所谓“破产法再构成”的法伦理是，为了实现破产法秩序的目的在必要的范围内，允许转化为实体法上的行为效果。[35] 如果将此应用在滥用性公司分立上，尽管在实体法上作为整体行为进行的新公司的设立与资产、负债转移，为了达到否认的目的在必要限度内，可以将资产、负债的转移行为与公司的设立行为两者分离，作为否认对象考虑。

从这种视角分析公司分立，首先根据否认推翻组织法上的行为新设公司的设立效力，并不能对恢复公司分立财产基础带来利益。[36] 考虑到对新设公司的股东、债权人及交易对方带来的混乱和不利，可以说在实现破产法的秩序上，无益并无用。[37]

并且，破产法规定的否认权行使要件，并不一定与公司分立的无效原因一致，其结果仅仅相对否认当事人之间因行为对象的财产权的转移，不影响公司组织法。[38]

撤销新设分立欺诈行为的效果仅在相对效力，并非对外撤销组织法上的新设分立的效力。因公司法上存在新设分立的无效制度，并不成为阻碍适用股份公司的新设分立欺诈行为的撤销权规定。[39]

即使新设分立是基于公司法的组织法上的法律行为，新设分立是继承新设分立公司对事业所享有的全部或部分权利义务的法律行为，是以财产权为目的的法律行为。但新设分立的公司设立是以取得法人格的身份为目的的行为，新设分立并非以财产权为目的的法律行为。[40]

因此，作为破产法的新理论构成，将实体法上一体行为的新公司设立与向新公司的转移资产及继承债务分离开来，仅对后者考虑否认成否的问题。并且，债务的继承应看作资产转移的代价，以金钱作为资产转移对价的买卖一样，否认对象应该是公司分立中债务继承及股份交付为代价的资产转移。

（二）欺诈性、滥用性分立的适用

虽然，作为分立公司的对价需要交付新设公司的股份，但我们已确认在这种情形下，也有依据破产法第 31 条和第 33 条而否认的余地。

第一，分立公司资产 500 万元，负债 400 万元，新设公司继承资产 400 万元和负债 400 万元。这对新设公司继承债权人，满足偏僻性的行为。偏僻行为能否成为破产法否认对象？对此，我们的看法是，实质上承认偏僻行为性，但法律上不承认对继承债权人的债务消灭行为和

---

[35] 如果某一法律行为的法律效果，违背了债权人等利益相关人的合理预期，允许转化基于法律行为的效果。

[36] 赫高规：《关于公司分割欺诈行为的撤销权及否认权的形式》957 号（2011），第 47 页。（即使否认组织法上的效果，财产的回复上无益，因此不受否认的影响）

[37] 福冈地判 2009 年 11 月 27 日，金法 1902 号第 14 页。判旨破产法规定的否认权形式要件，与公司分割无效原因并不一致的，并且其效果，对象行为所造成的财产权的转移仅是当事人间相对的否定，并不影响公司组织法律问题。

[38] 福冈地判 2009 年 11 月 27 日，金法 1902 号第 14 页。

[39] 东京地判 2010 年 5 月 27 日，金法 1902 号第 144 页。

[40] 东京高判 2010 年 10 月 27 日，金法 1910 号第 77 页。

提供担保行为的存在。因此,将承继债权人作为受益人的偏僻行行为的否认不能成立。

第二,新设公司继承资产400万元和负债400万元的行为,是否欺诈行为否认对象?资产转移可否视为资产转移的合理代价?假设认定合理代价的情形,应以债务额面价基准还是实价为基准?我们以为,否认公司分立,应以分立公司的资产转移为对象,与组织法上的效果分别考虑;资产转移对价分为承继债务和交付股份;判断债务对价性时,在分立公司资产中相当于承继债务的对价部分的金额为限,非票面价。

第三,新设公司全部股份交付给分立公司时,交付股份可否成为资产转移对价?如果看作资产转移对价,其标准依据是什么?对此,我们认为,交付股份可以成为承继债务及资产转移的对价。至于标准依据,其对价第一次应根据新设公司的净资产价值来判断,第二次应根据新设公司的事业价值来判断。前者是,破产管理人对欺诈性评价依据为事实;后者是,新设公司对欺诈性的评价障碍事实负举证责任。

第四,分立时新设公司发行的全部股份交付分立公司,但分立后因为大规模第三者增资而公司股价大幅度下跌,该结果如何影响否认成否?我们认为,破产管理人基于破产法第33条主张否认公司分割的场合,仅以间接事实的形式影响追认分割公司的隐匿等的处分意思。

第五,新设公司继承的分立公司的债权人,应以商事交易的债权人为主体。但是,包括很多与分立公司经营者有交情或家属关系的债权人,这种情形可否否认?我们以为,偏僻行为虽然有可能损害债权人平等,但这并不影响否认欺诈行为的成立。如果认为偏僻行为会造成新设公司评价低落,进而影响交付股份的价值,这样就会产生是否将交付股份看作资产转移对价的问题。

第六,分立公司计划上述分立,实行之际对债权人没有披露任何信息,秘密地进行分立的情形,对否认成否的影响?对此,我们以为,根据继承债务和交付股份的价值,确认分割资产转移对价合理,也有依据破产法第33条否认的余地。此时,追认分割公司的隐匿等处分意思,仅以间接事实的形式产生影响。

(三)公司法对欺诈性分立中债权人保护对策

2014年6月,日本公司法对欺诈性公司分割中债权人保护作出修改,在分割公司明知公司分立有损于新设公司残余债权人继续进行分立的情形下,残余债权人可以向新设公司要求以承继财产为限履行债务。但在吸收合并的情形下,承继公司在吸收合并效力发生时不知损害残余债权人的事实情形除外。残余债权人,在知晓分立公司的欺诈性公司分立之日起2年内未请求"承继财产为限"债务或未进行预告的情形,该请求权作为其请求权无效。在不知情的情况下的公司分立,自发生效力起经过20年也作为其请求权无效。

这与欺诈行为的可撤销权的要件大致相同,作为法律效果承认对承继公司的直接请求权的同时,与欺诈行为撤销权中赔偿金额一样"承继财产金额为限"具有支付义务。因为分立公司进入破产程序也对承继公司的直接请求不受"承继财产价格为限"的影响之外,作为欺诈行为的撤销权及法人资格否认的法理的"取好"的制度,确实进步了不少。[41]

---

[41] 園尾隆司・多比羅誠編「倒産法の判例・実務・改正提言」(弘文堂、2014)491頁以下に当職らの論稿が掲載されています。

公司法上的直接请求履行的制度，是为了确保债权人的个别回收制度，而欺诈行为的撤销权是，充当全体债权人利益的责任财产的保全制度。因此，二者角度完全不同。

我国公司法有关分立的债权人保护制度过于单一、笼统，未对滥用性公司分立无效请求权进行规定，使残余债权人追回债权难。对此，我们认为，可以借鉴日本修改公司法中公司分立无效期限的相关规定。

对危害性大的损害行为，如无偿行为、隐匿、私分、毁损财产行为的临界期间等可作相应调整。在审判实践中，对利用滥用性分立损害债权人利益的行为，法官可以运用公司法、破产法相关规定，根据具体事例，有弹性地交叉适用，尽量予以撤销，最大程度地维护残余债权人的合法利益。

我国公司瑕疵设立法律制度建构

汪世虎[*] 蒙瑞华[**]

引言

公司瑕疵设立指已经获得登记注册的公司,有违反公司设立条件(实体或者程序条件)的情形。公司瑕疵设立制度则是指包括公司瑕疵的界定、瑕疵类型、瑕疵设立登记及公示的效力、设立瑕疵能否补正及如何补正、瑕疵应否宣告无效或者撤销,以及以什么方式、由谁宣告无效或者撤销等一切关乎公司设立瑕疵问题的制度体系。作为商组织法定原则下的制度产物,不问公司设立条件宽严程度,也不问设立审查是实质审查还是形式审查,瑕疵设立在世界各国均不可幸免。为了使"公司"组织扬善抑恶、适得其所,生死运行皆符合缔造"公司"的制度宗旨,各国无不对公司一生予以指引或者规制。公司的设立条件及条件违反的救济措施无疑也在法律的视野之中。

我国虽从正面较为详备地规定了公司设立条件,但对瑕疵设立的反面回应却几近空白。大量瑕疵争议求诉无门,司法与行政职责难分,行政法学界与公司法学界虽均有论述,但视角多在各自的领域内。为此,梳理各国公司瑕疵设立的救济线索,明晰我国现行制度的不足,回答在公司设立条件日渐宽松的今天,我国还有无必要构建瑕疵设立制度;若构建,构建什么样的救济制度:司法与行政该如何分工、司法救济又该选择何种模式(判决无效、判决撤销或者区别并用?)以及公司设立行为瑕疵与普通民事行为瑕疵有无不同等问题则成为当务之急。基于以上思路,笔者试图对上述问题作一尝试,以期能为这一重大制度空白的构建有所助益,并为纷乱的法律实践提供一定参考。

一、公司瑕疵设立的制度价值

综观目前世界立法趋势,尽管公司设立条件日益宽松,但是为保证公司宗旨的"纯洁性",扬其长,避其短,各国都从实体及程序方面正面规定了公司的设立条件,实体方面诸如公司的

* 西南政法大学民商法学院教授、博士生导师。
** 西南政法大学民商法学院教师,博士研究生。

资本条件、股东条件、章程条件及经营目的条件，程序方面如公司章程的签字、章程签字的见证、[①]公司名称的字样、资本的募集程序以及申请登记程序。违反上述正面条件的瑕疵设立行为则相应体现为出资瑕疵、股东瑕疵、章程瑕疵、组织机构瑕疵、设立目的瑕疵及程序瑕疵等。对这些设立瑕疵，大陆法系和英美法系主要国家几乎均从反面规定了救济途径与救济方式。

（一）瑕疵设立制度是商组织法定原则的逻辑延伸

为了商事关系的稳定与统一，在促进交易效率同时保障交易安全，各国多以强行法方式对商主体予以严格规制，包括商主体的存在类型、生死存亡、运行变更及上述内容的公示等。公司组织如何设立存在、瑕疵设立时公司人格是否依然有效、瑕疵公司登记的公示效力是否因此受影响以及瑕疵公司可否不经公权力机关宣告公示而直接丧失人格（或者设立无效）等问题则是商主体法定原则的逻辑延伸。在法定原则的框架下，我们不可能撇开法律规范，以个体的"意思自治"方式回答上述问题。正是因为如此，法律传统迥异的大陆法系与英美法系，虽路径不同，但却殊途同归地对瑕疵设立予以了法律规制，最终是使瑕疵设立公司需要面对的几乎所有问题有章可循，脉络清晰。那些认为在公司注册资本最低限额日渐放宽（甚至取消）的今天对设立瑕疵已无必要理会的观点，忽略了公司的本质属性要求，会最终沦入公司虚无主义的境地。其后果必然是公司出入市场如入无人之境，股东无节制享受有限责任豁免，利害关系人期待利益漂浮不定甚至利益受损。我们应该纠结的不应是"要不要构建瑕疵设立制度"，而应是"如何认识不同设立瑕疵"以及"构建怎样的瑕疵设立制度"。

（二）瑕疵设立制度是保障公司利害关系人的现实需要

统一明确地识别公司设立瑕疵、可预见地知悉瑕疵设立的效力及相关后果，追究瑕疵过错人的个人责任或者通过其他制度矫正的方式实现没有瑕疵的状态，也是保障公司利害关系人的现实需要。公司利害关系人无不以公司的诚实设立及运营为期待利益的依托：认股人以公司发起人规范设立为期许；公司债权人以公司所示外观真实可信为交易基础；公司雇员希望公司根基稳健、健康长效运作；社会则期许公司目的正当、合规运作，为社会增益。[②] 但是如果一个设立存在瑕疵的公司则使这一切期许都变得漂浮不定甚至使利害关系人实际受损，若不对设立瑕疵予以适当否定性评价或者以责任制度予以强制，公司正面规定的系列设立条件则可能形同虚设，并诱发道德风险。例如，认股人出资后发现公司发起人设立行为存在严重瑕疵，此瑕疵并非为公法之违反，不能经由行政纠错或者行政处罚方式予以救济；商组织法定原则又决定了当事人不能直接以民事法律行为意思自治原理诉请撤销公司登记或者请求确认公司设立无效。[③] 此时若公司法无明确指引，认股人则可能陷于救济不能的漩涡。同样，在公司设立旨在损害特定债权人的场合，该债权人能否以民法原理诉请撤销公司（但会害及其他信赖公司已登记成立的利害关系人）同样需要立法明确。[④] 总结各国对公司设立瑕疵的各

---

① 例如，英国1985年《公司法》第2条还规定，公司股份认购人在公司章程上的签名还应当有至少一名证人加以证明。

② 参见张民安：《公司法上的利益平衡》，北京大学出版社2003年版，第31页。

③ 下文将分析公司设立无效与撤销不能照搬民法行为无效或者撤销的原理，此处先不叙述。

④ 例如，某普通合伙企业合伙人为了逃避企业债务，遂用合伙企业财产以个人名义共同出资设立一有限责任公司，股权比例为其在合伙企业中的财产比例。此时若合伙企业债权人不能从合伙人个人财产中得到清偿，能否诉请撤销该有限责任公司？

种规定，无不渗透着对利害关系人的深刻关切，甚至可以说，瑕疵设立制度就是为保障利害关系人而生。

（三）仅对公司设立予以事前规制明显不足

各国对公司设立的正当性都进行了规制，规制方式主要有事前规制与事后规制。所谓事前规制是通过严格的设立条件与实质审查程序，期许把公司设立瑕疵扼杀在摇篮中。事后规制则是对瑕疵设立公司建立系统的补正与救济制度。公司设立的事前规制以严格的公司设立条件制度与实质审查制度相结合为背景，但是纵高墙电网、壁垒森严也不能让胆大妄为之徒望而止步，事后规制的意义正是在此。甚至从某种意义上说，减弱对公司设立条件的事前规制，建立高效适宜的瑕疵设立事后规制体系恰恰更能在鼓励投资、促进效率的同时，敦促责任人谨守诚信与公平，回到公司制度诞生的初旨。[⑤] 鉴于我国市场及法治发展程度相对较低、诚信理念缺失及权力寻租常态化等原因，公司设立事前规制常常更是显得捉襟见肘，加强事后规制在我国尤显必要，并且林林总总的瑕疵设立实践也清楚地告诉了我们仅仅事先规制难实现规范目的。从国际来看，各国或地区公司法和证券法的发展逐渐呈现出一种放松管制、鼓励投资的态势，事前规制方式也日益失去了其赖以存在的基础，逐渐被各国或地区公司法所摒弃，目前各国或地区的公司法对瑕疵设立的处理主要采用事后规制的方式。[⑥]

二、国外及港澳台地区公司瑕疵设立制度探析

如前所述，世界各国多以不同形式建立了公司设立瑕疵制度，这些看似纷繁复杂、各不相同的制度实则包含着共同的规制理念与调整线索。具体而言，有下列脉络可循：

（一）维持公司设立登记的公信力，对设立瑕疵首先予以补正

基于对公司登记及公示信赖的保护，现代各国立法的首要理念殊途同归地体现在：通过补正公司设立瑕疵，尽量维护公司登记公信力，稳定既有法律关系。至于瑕疵补正方式大陆法系与英美法系则各不相同。在英美法系，公司一旦获得注册登记，则视为对公司设立瑕疵的自动矫正，公司的瑕疵被修复，公司设立证书作为公司合法有效成立的结论性证据，具有绝对的公信力（因此该模式又称为“结论性证书规则”模式）。英国、美国、澳大利亚、加拿大及我国香港地区，均有类似明确的规定。英国 1862 年的《公司法》便确立了结论性证书规则（该规则随后一直得以贯彻）。该法规定：“由公司注册登记机关所颁发的任何公司设立证书都具有这样的确定性的证明作用，即该法就有关注册登记方面所规定的要件均得到满足。”作为示范法，美国《修正标准商事公司法》第 2.03 条也规定：“公司设立证书确定性地证明，公司发起人在公司设立之前已经符合公司法所规定的所有条件和程序要件。”[⑦]

---

⑤ 目前英美法系基本上正是这一思路，瑕疵设立的公司依然合法有效，但是严厉追究过错人的民事乃至刑事责任。只有在极个别情形下，由公权力机构起诉，由法院以司法命令方式解散瑕疵公司。

⑥ 参见翁孙哲：《公司瑕疵设立事前规制失效的经济分析与展开》，载《重庆工商大学学报》（社会科学版）2007 年第 8 期。

⑦ 参见张民安：《公司瑕疵设立效力研究》，载《比较法研究》2004 年第 4 期。

在大陆法系，则是通过诉前或者诉中矫正的方式对设立瑕疵予以救济。所谓诉前矫正指立法广泛赋予瑕疵公司自行矫正的权利，若瑕疵被自行矫正，则公司不得被宣告设立无效或者被撤销。例如，《德国股份公司法》第276条规定："有关企业经营范围方面的规定的缺陷，可以遵守法律和章程的有关规定的情况下，通过修改章程予以弥补。"《意大利民法典》第2332条第3款也规定："在通过变更设立文件消除无效原因的情况下，不得作出（公司设立）无效宣告。"此外，就设立瑕疵有诉权的当事人也有权在起诉前要求公司消除瑕疵，只有限期未消除的，当事人才能提起诉讼。例如，《德国股份公司法》第275条第2款规定："如果可以根据第276条之规定对缺陷加以弥补，那么只有公司在3个月内未能满足此项要求时，才能被提起诉讼。"所谓诉中矫正方式则是指法院受理瑕疵设立之诉后，在判决宣告设立无效或者撤销公司登记之前可要求公司更正瑕疵，瑕疵被更正者，无效（或者撤销理由）丧失，公司人格复原到完善状态，公司登记效力继续维持。例如，《法国商事公司法》第362条也规定："当（公司）无效的原因在一审法庭进行实质审理之日不存在时，无效之诉终止，但无效是由于公司宗旨不合法的除外。"《法国商事公司法》第386条规定，法院在受理撤销公司之诉或无效之诉时，可依职权确定一个期限为公司纠正无效原因之用，法庭不得在起诉书送达之日起2个月内作出撤销公司的判决或宣告公司无效。⑧

（二）强调瑕疵责任人的个人责任

维护瑕疵公司的登记公信力，允许对瑕疵予以补正旨在保护交易安全。但公司设立证书或者瑕疵补正并不能使事先的违法行为合法化，对公司瑕疵有过错的行为人仍必须对其过错埋单。这在英美法系上体现得尤为鲜明。如前所述，英美法系多采"结论性证据"规则，瑕疵设立公司原则有效，对公司设立瑕疵的预防与救济主要是通过对行为人课以严格的民事责任乃至刑事责任来实现的。因此公司设立并不会因为结论性证据规则的适用而变得恣意妄为，无所约束。例如，美国《统一有限责任公司法》第209条规定："如果本法授权或要求申报的记录所载内容失实，因为信赖该失实记录而遭受损失的人可以从签署该申报记录者或被指使代表其签署记录，且在签署时明知该记录失实的人获得赔偿。"而美国《示范商业公司法》则进一步规定："一个人如果有意在一个文件上签署而他明知该文件的某些实质性方面是有错误的并且明知这一文件是用来送交州务长官的，则该人便构成犯罪"。类似地，我国香港地区《公司条例》第349条规定："任何人如在本条例的任何条文所规定提交或为施行本条例的任何条文而必须提交的申请表、报告书、证明书、资产负债表或其他文件内，故意作出一项在要项上属虚假的陈述而又明知该项陈述是虚假的，该人即属犯罪，一经定罪，可处罚款及监禁。"⑨

与英美法系维护公司设立效力同时以强化过错人个人责任方式来规制瑕疵设立不同，大陆法系原则上对设立瑕疵不予认同，设立瑕疵必须以实质补正的方式予以救济，不能补正者或者到期不补正者则以司法或者行政方式予以否定设立效力，同时根据瑕疵类型不同及程度深浅追究行为人相应责任，因此鲜有如英美法系直接以"一刀切"方式规定行为人过错赔偿乃

---

⑧ 参见卞耀武：《当代外国公司法》，法律出版社1995年版，第318页。
⑨ 卞耀武：《当代外国公司法》，法律出版社1995年版，第31页、第227页。

至刑事责任者。行为人的个人责任散落在不同瑕疵场合,或者承担补充出资责任,或者被取消认股资格,或者从公司中除名等。以我国台湾地区现行“公司法”第9条规定为例,[⑩]该条规定了出资瑕疵及公司设立文书伪造变造瑕疵,但是却仅出资瑕疵可以补正并且也仅在此种情形,可追究公司负责人与股东对公司或者第三人的连带民事赔偿责任以及公司负责人的刑事责任,公司文书的伪造变造瑕疵过错人则不担责。

(三)对法定严重瑕疵,则以司法或者行政模式否认设立效力

所谓“对法定严重瑕疵,则以司法或者行政模式予以否认”包含两层含义:一是指尽管维持登记是各国初衷,但对严重瑕疵者也并不姑息,公司设立效力可能因此被否定。二是指否定瑕疵设立效力的途径有且只有两种:司法判决方式与行政否定(含司法命令)方式。在法定原则的框架下,已经登记的公司非经公权力机构确定,任何人不得否定公司设立(即便瑕疵设立)效力。司法否认模式是指对不能补正(或者不补正)之法定严重瑕疵,由利害关系人诉请法院判决公司设立无效或者撤销公司登记。司法否认模式主要存在于大陆法系国家及地区中,但有的国家(或地区)只规定了设立无效之诉,如德国、法国、意大利以及欧盟等;有的国家(或地区)则区别公司及瑕疵类型在立法中规定了设立无效与撤销两种诉,如韩国、日本及我国澳门地区。设立无效与撤销之诉并存的国家(地区)对资合公司的法定瑕疵多规定只能诉请设立无效;对人合公司的法定瑕疵,则视瑕疵为客观性瑕疵还是主观性瑕疵,选择提起无效之诉或者设立撤销之诉。所谓行政否认模式,则是指对不能补正或者不补正的法定严重瑕疵(多是违反公法的设立瑕疵),由登记行政机关依职权予以行政撤销,或者由法院以司法命令方式强制解散公司。司法命令方式解散公司不同于司法判决方式解散公司,前者属于违反公法的行政解散范畴,后者属于私权救济范畴,如公司僵局时的司法判决解散。将司法命令方式解散公司纳入行政否认模式范畴并非笔者首创,[⑪]其合理性在登记机构即为注册法院时尤为明显,故本文统一以行政方式囊括瑕疵设立的司法命令解散情形。

1. 英美法系多以“司法命令”方式强制解散瑕疵严重公司

英美法系之设立证书视为对瑕疵的自动补正,除了判决行为人承担个人责任,鲜有司法判决公司设立无效或者判决公司设立撤销的案例。所以研究者常常认为在英美法系,设立瑕疵除了导致个人责任外,对公司人格的存续概无影响。论者常常忽略在瑕疵严重的场合,应公权力机构或者任何利害关系人的请求,法院可以司法命令方式强制解散公司。这些严重瑕疵,包括但不限于公司设立目的违法(如卖淫赌博或者作为其他违法工具)、工会组织被注册为公司以及公司对于其要遵照执行的组织章程系通过虚假手段取得,等等。[⑫] 加拿大在此问

---

⑩ 我国台湾地区“公司法“第9条规定,Ⅰ公司应收之股款,股东并未实际缴纳,而以申请文件表明收足,或股东虽已缴纳而于登记后将股款发还股东,或任由股东收回者,公司负责人各处五年以下有期徒刑、拘役或科或併科新台币五十万元以上二百五十万元以下罚金。Ⅱ有前项情事时,公司负责人应由各该股东连带赔偿公司或第三人因此所受之损害。Ⅲ第一项裁判确定后,由“检察机关”通知“中央主管机关”撤销或废止其登记。但裁判确定前,已为补正或经“主管机关”限期补正已补正者,不在此限。Ⅳ公司之设立或其他登记事项有伪造、变造文书,经裁判确定后,由“检察机关”通知“中央主管机关”撤销或废止其登记。

⑪ 参见金玄武:《公司行政解散和司法解散制度研究———以对公司解散的法理思考为基础》,载《法学论坛》2009年第1期,第87~93页。

⑫ 《澳大利亚公司法》、《英国公司法》及《1986年破产法》、美国《示范商业商业公司法》及我国香港地区《公司条例》均有相关规定。

题上的规定最为直观。根据其《商业公司法》第19条规定，公司设立证书的结论性证据规则有两种例外情况：(1)如署长签发给公司的证书存在错误，根据署长的要求，公司董事或者股东应当通过相关决议并向署长送报依本法所需的文件，以及采取署长合理要求的其他措施。署长还可以要求将证书交回，并签发一份业已更正的证书。(2)如设立人通过不实陈述骗取本法中的任何证书(含设立证书)，署长或其他任何利害关系人可向法院提出解散公司的申请，若法院下达解散命令，则署长应颁发解散证书。⑬

2. 大陆法系多区别瑕疵类型予以司法否定或者行政否定

在大陆法系，因为贯彻严格的公司设立准则主义，公司设立瑕疵严重者可能会被法院判决设立无效或者设立撤销。同时，行政撤销(或者司法命令解散)在这些国家或地区也并不因为司法否定模式的存在而被废止。相反，二者并行不悖，各司其职，根据对二者适用情形的比较，笔者认为，二者并行的正当性依据与分工基础在于公司设立行为的复合性。公司设立系一系列行为的综合，其中既有平等主体间的诸如签订发起人协议、共同出资、制定章程及组建公司组织机构等民事行为，也有纵向主体之间的公司设立申请及登记等行为。其中设立行为若属私法之违反，平等主体之间发生争讼者，则经由法院以民商法法理及规定判决公司设立无效(或者公司设立撤销)。反之，若瑕疵系违反行政法等公法之规定，损害公司登记的权威性及社会公共利益，则可由行政机关依职权直接撤销公司登记，或者经由法院以司法命令方式解散，或者以司法决定，行政配合撤销登记的方式取消公司登记效力。

德国是以"司法判决"瑕疵公司设立无效与以"司法命令"解散瑕疵公司并用的典型国家。依照德国《联邦德国股份公司法》的规定，股份公司如果公司章程中没有包含有关基本资本的数额或企业经营对象的规定，或章程中有关经营对象的规定无效，那么任何股东、董事会、监事会及其成员都可以就公司被宣告无效而向法院提起诉讼。《德国有限责任公司》也规定，有限责任公司的公司合同若不包含关于股本数额或关于经营对象的规定，或公司合同关于经营对象的规定无效的，任何一名股东、董事、监事也均可以诉之途径申请法院宣告公司设立无效。在允许利害关系人提出民事诉讼，诉请判决公司设立无效的同时，德国法院也可以根据《有关自愿管辖权事项的法律》的相关规定，依职权注销登记，如注册法官发现已登记公司的公司合同存在设立瑕疵情形，注册法官必须要求公司予以更正。如果没有更正，就必须依法解散公司。⑭

这种司法判决与行政命令并处的方式在大陆法系的韩国、日本及我国澳门地区也有充分体现。他们在允许利害关系人为私权救济区别公司及瑕疵类型提起设立无效之诉或者撤销之诉同时，若公司是基于非法目的设立或者其他有违公共利益的情况，无法允许公司存在时，法院可依公权力机构、股东、债权人及其他利害关系人的申请或者依职权，命令解散瑕疵设立公司。

3. 我国台湾地区设立瑕疵单一行政否认模式

与英美法系与大陆法系均不同，我国台湾地区设置了独特的设立瑕疵单一行政撤销模

---

⑬ 范健、蒋大兴：《公司法论》(上卷)，南京大学出版社1997年版，第169页。

⑭ 参见[德]托马斯·莱赛尔、吕迪格·法伊尔：《德国资合公司法》(第3版)，高旭军、单晓光、刘晓海、方晓敏等译，法律出版社2005年版，第443~447页。

式。在我国台湾地区，公司瑕疵设立是通过“中央主管机关”进行行政处理的，且瑕疵范围较窄。根据前述“公司法”第9条的规定可知我国台湾地区“公司法”只规定了两大类设立瑕疵：一是出资瑕疵；二是公司设立或者其他登记事项文书有伪造、变造瑕疵。对这两类瑕疵，均未规定利害关系人可据此直接提起无效之诉或撤销之诉。仅在瑕疵经裁判确定后，由代表公益的“检察机关”通知“中央主管机关”予以行政撤销。我国台湾地区的公司瑕疵制度可谓独树一帜，其系统性与科学性有待进一步研究。笔者在此作简单介绍在于尽量全面展示不同瑕疵设立制度概貌，为构建我国公司瑕疵设立制度提供参考，同时证明行政否定模式基本是大陆法系与英美法系国家的共识，并未如有的学者所言除了我国台湾地区，并无公司设立瑕疵行政否认模式。

（四）司法否认模式下设立无效判决皆属形成判决，而非确认判决

纵览允许提起瑕疵设立无效之诉的大陆法系国家或者地区，瑕疵无效之诉均表现出与民事行为无效之诉迥异的特征，即公司设立无效之诉是形成之诉而非确认之诉。与民事行为无效即自始、当然、确定无效的法理一致，民事行为无效之诉可由任何人、在任何时间向法院提起，由法院对无效状态予以确认，同时民事行为的无效不因时间经过或者事后补救而改变性质。而公司设立无效却必须经由法定利害关系人（而非任何人）、在确定的时间范围内（除斥期间）经由法院裁判方自此向后无效，甚至法院判决前还可通过补正瑕疵使公司人格完备。以德国为例，其《股份公司法》第275条明确规定，只有公司股东、董事、监事，在公司登记注册后三年内提起无效之诉。[15] 韩国《商法典》第552条第1款则规定：“关于公司设立的无效，限于社员、董事、及监事；关于设立的取消，限于有其取消权者（如债权人），自公司成立之日起两年内，只能以诉讼来主张之。”[16]此外立法还多明确规定无效判决不具有溯及力，判决无效前公司的法律行为不因此受影响。如《欧盟公司法指令（第一号）》规定：“公司设立无效本身并不影响公司所作的承诺，或者他人向公司所作承诺的效力，且不影响公司被解散的效果”。意大利《民法典》也规定：“（公司）无效宣告不影响在公司登记以后以公司名义完成的行为的效力。”[17]我国澳门地区《商法典》也体现了同样的理念，该法典第191条第2款规定：“如公司已登记或已开始营业，宣告设立无效或撤销设立将导致公司清算，但不影响与善意第三人所订立之行为。”[18]

公司设立无效之诉之所以表现出与民事行为无效迥异的特征，笔者认为主要基于两个原因：一是商组织的法定性决定了已成立公司的消亡必须由公权力机构决定，不能“当然”无效。二是基于维护公司设立的稳定性，维护工商登记的公信力，故限制只能由特定利害关系人在除斥期间内提出，且允许无效理由可以通过补正消除，以敦促利害关系人尽早稳定法律关系，防范公司因不特定之人滥诉而陷入动荡与疲于应诉的状态。而允许瑕疵补正则基本作为立法共识，用于维护登记公信力，避免业已存在的商主体因“生”之瑕疵而被消灭人格。

---

⑮ 参见[德]托马斯·莱赛尔、吕迪格·法伊尔：《德国资合公司法》（第3版），高旭军、单晓光、刘晓海、方晓敏等译，法律出版社2005年版，第444页。

⑯ [韩]李哲松：《韩国公司法》，吴日焕译，中国政法大学出版社2000年版，第78页。

⑰ 陈国柱译：《意大利民法典》，中国人民大学出版社2010年版，第402页。

⑱ 赵秉志：《澳门五大法典·澳门商法典》，中国人民大学出版社1999年版，第62页。

(五)司法否认模式的设立无效与撤销,与行政撤销迥异

如前所述,对严重瑕疵设立效力的否定,主要有司法模式与行政模式,其中最容易让人产生不解的则是司法撤销与行政撤销的并用。我国也规定了行政撤销模式,并且这一模式多为人所诟病。认识我国相关制度及改进,有必要先明确二者的区别。

司法否认模式由利害关系人因私权纷争而提起,法院按照民商事规范审理当事人之间的诉求及抗辩,行政否认则多是因公司设立行为违反公法规定,由登记行政机关或者登记法院依职权或者依申请撤消。违反公法的瑕疵可能是因为登记机关错误登记或者徇私舞弊,可能是因为登记申请人违反公法骗取登记。司法判决作为形成判决,向后发生无效后果,不具有溯及力。行政撤销作为对错误登记的纠错行为或者行政处罚行为,根据行政法原理,撤销登记具有溯及力,公司设立视为自始无效。公司设立的行政撤销可由登记机关直接作出,或者由行政机关的上级机关作出,或者由登记机关执行法院的相关判决作出。在登记机关即为法院的情况,则多由登记法院司法命令解散。行政机关主动作出的撤销登记之具体行政行为具有可诉性,相对人不服的可以提起行政诉讼。世界各国多在其公法规范中规定了以行政撤销或者司法命令方式解散设立瑕疵较严重之公司,如本文前述之英美法系的“司法命令”解散制度、德国及台湾地区的解散及行政撤销制度。

三、我国公司瑕疵设立制度探析

(一)《公司法》相关规定述评

2013 年 12 月 28 日最新修订的《公司法》第 6 条规定了公司设立必须经登记,且必须符合法定条件;第 23 条、第 76 条则分别从正面规定了有限责任公司与股份公司设立的具体条件,包括成员、资本、章程、组织机构及名称住所条件;股份公司股份发行、筹办的还必须符合相关法律规定。但是,对违反上述条件的反面规定公司法却仅限于出资瑕疵,其第 28 条、第 30 条、第 83 条及第 93 条规定了有限责任公司与股份公司发起股东未按照章程规定出资须承担的民事责任,包括违约责任、出资补缴责任及出资连带责任。第 199 条与第 200 条进一步规定了瑕疵出资责任人的行政责任,即可由公司登记机关责令发起人或者股东改正,并对后者处以“罚款”。此外,针对实践中较多的欺诈登记机关的设立瑕疵(即虚报注册资本、提交虚假材料或者采取其他欺诈手段,隐瞒重要事实骗取公司登记的),《公司法》第 198 条规定首先由公司登记机关责令改正,并对公司处以罚款;情节严重的,撤销公司登记或者吊销营业执照。该条是我国对设立瑕疵予以行政撤销的公司法依据,也是公司法规定的唯一瑕疵否认方式。

综上所述,我国公司法对出资之外的瑕疵如股东瑕疵、章程瑕疵、组织机构瑕疵、程序瑕疵、目的瑕疵及设立人意思表示方面的瑕疵均未涉及,既未规定系统的瑕疵补正制度,也未规定诉请设立无效或者设立撤销的司法否认制度。在单一行政撤销否认模式下,撤销原因局限于欺诈设立,而对国外常见的行政否认原因如登记机关违法或者错误登记却没有规定,对申

请人欺诈设立之外的其他不正当申请行为如贿赂申请等也缺乏关注。同时,与出资瑕疵时追究过错人个人责任思路不一致,欺诈设立时处理对象仅仅是瑕疵公司(责令改正、罚款或者撤销),对欺诈过错人却无未课加任何民事或者行政责任。上述规定及缺失无疑与前述国外相关制度大相径庭。

(二)《行政许可法》及相关司法解释述评

《行政许可法》第 12 条明确将"企业或者其他组织的设立等,需要确定主体资格的事项"纳入行政许可的范畴,同时该法于第 34 条、第 56 条明确了对企业或者组织设立登记的折中审查原则,即"申请人提交的申请材料齐全、符合法定形式的,行政机关应当当场予以登记","需要对申请材料的实质内容进行核实的,行政机关应当指派两名以上工作人员进行核查"。区别"核准"制下严格实质审查的行政许可,准则主义下以形式审查为主的公司登记"许可"被论者认为是广义的"行政许可"。笔者无意在此深究公司登记的性质,但根据现行立法可知,公司登记的"许可"性质已被现行立法所认同,撤销行政许可的相关规定同样适用于撤销公司登记。根据《行政许可法》第 20 条、第 60 条及第 61 条的规定,许可机关及其上级机关有义务对其设定的行政许可予以评价及监督检查,并作出相应的处理。因循该思路,该法第 69 条分别规定了"可以"及"应当"撤销许可的情形。该条第 1 款规定:"有下列情形之一的,作出行政许可决定的行政机关或者其上级行政机关,根据利害关系人的请求或者依据职权,可以撤销行政许可:(一)行政机关工作人员滥用职权、玩忽职守作出准予行政许可决定的;(二)超越法定职权作出准予行政许可决定的;(三)违反法定程序作出准予行政许可决定的;(四)对不具备申请资格或者不符合法定条件的申请人准予行政许可的;(五)依法可以撤销行政许可的其他情形。"对"被许可人以欺骗、贿赂等不正当手段取得行政许可的",该条第 2 款规定,"应当予以撤销"。与《公司法》第 198 条规定的行政撤销相较,《行政许可法》除了规定对欺诈性设立登记"应当予以撤销"之外,对"贿赂等不正当手段取得"的登记也应予以撤销。除此之外,《行政许可法》还关注因为登记机关违法或者错误登记的原因造成的设立瑕疵公司,"可以撤销"登记,但"撤销行政许可,可能对公共利益造成重大损害的,不予撤销"。据此,《行政许可法》较为全面地对违反公法性质的严重设立瑕疵作出了行政撤销的回应,既包括因为申请人主观恶意导致的瑕疵,即欺诈设立、贿赂等不当手段的设立申请,也包括登记机关工作人员渎职或者错误登记行为,并区别原因规定前者"应当"撤销,后者"可以"撤销以维护登记权威和公共利益。

除了前述《行政许可法》的直接规定外,最高人民法院《关于审理行政许可案件若干问题的规定》(法释〔2009〕20 号)对包括公司设立登记的许可及撤销登记行为的可诉性作了进一步规定。该解释第 1 条规定:"公民、法人或者其他组织认为行政机关作出的行政许可决定以及相应的不作为,或者行政机关就行政许可的变更、延续、撤回、注销、撤销等事项作出的有关具体行政行为及其相应的不作为侵犯其合法权益,提起行政诉讼的,人民法院应当依法受理。"由此,以行政方式撤销公司登记的正当性进一步得到强化,行政撤销公司登记的途径及方式得到完善。既然公司登记行为及撤销公司登记行为作为具体行政行为,均可提起诉讼要求法院判决撤销具体行为,则焉有禁止行政机关自诊自查,主动撤销不当行政行为或者由其上级机关撤销之理？这应是依法行政的逻辑延伸。因此，《行政许可法》及该司法解释除了明确瑕疵公司行政撤销的具体原因之外，还进一步明确了行政撤销的方式，即登记机关主动撤销、上级行政机关监督撤销以及执行人民法院的撤销具体行政行为生效判决的撤销。可以说，与我国几无设立瑕疵的司法救济制度不同，我国行政立法率先体系性地建立了与国外相关制度息息相通的公法违法之严重瑕疵的行政撤销制度，且不失科学合理，逻辑周延。

（三）国家工商行政管理总局相关规定述评

除了总局令〔2004〕第9号之《企业登记程序规定》第17条规定了与《行政许可法》第69条规定的基本一致的撤销原因之外，工商总局涉及公司瑕疵登记的重要文件有两份：一是1998年2月1日颁布的《公司登记管理若干问题的规定》。该规定第34条规定："……被撤销登记、吊销营业执照的，该公司自始即无法人资格。"二是《对公司登记违法行为行政处罚追责时效问题的答复》（工商企业〔2000〕第176号）。该文件规定"依据《中华人民共和国公司法》第206条的规定，属于违反本规定的违法行为，即应依法处理。如违法的公司自行纠正其违法行为，并达到了《公司法》规定的条件，且自该纠正行为之日起超过2年的，则不应再追究其违法行为"。上述规章充分体现了首先必须维护公司登记公信力的理念，支持补正设立瑕疵，强调追责时效以稳定法律关系，并明晰了行政撤销的追溯效力。这与前述《行政许可法》的相关规定呼应，也较好体现了世界各国关于设立瑕疵的立法趋势及共同理念，笔者深以为应维护并在公司法中整合之。

（四）我国现行瑕疵设立立法及实践综述

总结我国上述公司瑕疵设立制度可知，目前我国除了行政法对严重违反公法的设立瑕疵予以了救济之外，大量的私法违反之设立瑕疵几无任何调整，司法救济途径严重地系统缺位，大量的设立瑕疵救济无门，众多形似公司而无公司之实的"公司"在市场上游走，股东则躲在"公司"的躯壳中享受着有限责任的实惠。诸恶以"公司"之名进行，但奈何公司瑕疵设立利害关系人缺乏制度指引与保护，难有所作为。同时由于缺乏明确的司法处理模式，司法及行政执法实践中各种怪象林立，如行政审判审查私权纷争，行政处理代替司法审判；也因为司法救济途径的缺位，司法救济与行政救济如何衔接也相应缺失。如实践中若有股东以自己受发起人欺诈而投资为由要求工商机关撤销设立登记或者向法院提起行政诉讼要求撤销公司登记的，笔者认为对前一请求，工商机关只要审查设立申请人提交的文件齐备、形式健全，且申请人无欺诈贿赂，登记机关无渎职错误等公法违反之情形，则应维护登记效力，告知当事人另行提起民事诉讼处理其纠纷（此时判决生效后可否径由法院通知登记机关变更或者撤销登记，则属二者如何衔接问题）。对后一请求，鉴于登记机关仅有形式审查之义务，故法院仅应审查其是否已尽形式审查之责，对募股之民事行为真实有效性工商机关既无义务，法院自不应苛求且不应在行政诉讼案中审理，所以法院此时断不能就私法募股行为予以评判，并以此为由判决撤销设立登记之具体行政行为。然而实践中，上述情况则时有发生。如何构建我国瑕疵设立制度，明确司法与行政的具体分工实为当务之急。

四、构建我国公司瑕疵设立制度框架

(一)以维护登记公信力为理念,首先确定瑕疵补正制度

前文已述,无论是大陆法系还是英美法系,均以维护登记及稳定法律关系,保护交易安全为要务,二者均不轻易否定公司设立登记的效力。笔者认为这符合当今公司法发展的趋势,也充分体现了经济学的成本控制理念,否定登记无疑必须比肯定登记更必需、更成本时才适宜,否则因些许可弥补的瑕疵而将已经投入的设立成本、运行成本及未来预期打倒显然不符合效益原则。为此,笔者认为,对公司一般性瑕疵应首先允许诉前或者诉中予以限期补正,只有限期不补正或者瑕疵严重不能补正者,方可否定公司设立登记瑕疵。为此,我国应在明确瑕疵类型的基础上,构建系统的瑕疵补正制度,包括明确哪些瑕疵是可补正的瑕疵、补正义务人、补正期限、补正程序及限期未补正的法律后果等。

(二)对严重瑕疵,建立司法否定与行政否认并行的二元模式

与很多论者认为我国应取消行政撤销,建立单一司法否认模式相反,笔者认为不但应对行政撤销予以保留,并且还应在公司法中就现行行政法体系所规定的行政撤销内容,包括撤销原因及方式予以系统吸收。行政撤销存在的正当性在于:首先,它是依法行政的法理延伸,是行政机关自查行政行为的必然后果。其次,如果立法只允许司法否定模式提起救济,则在瑕疵仅在于公法之违法,无私权争讼场合,瑕疵设立则会失去规制。司法与行政的分工在于设立瑕疵之法律属性,公法违反自应受行政监管,而私权诉争则交由司法处理。现行行政法体系所规定的行政撤销内容的科学合理性前已论及,此处不再赘述。

(三)司法否认模式仅实行无效之诉的一元模式

纵观既有设立无效之诉,又有撤销之诉的国家或者地区,其撤销之诉多集中在人合性公司的主观瑕疵,即人合性公司股东可以其意思表示有瑕疵诉请撤销公司登记;[19]或者股东明知设立公司对债权人不利的,债权人可以诉请撤销公司登记。[20] 鉴于我们并无人合公司类型,在以侵害债权人利益而设立公司的场合可直接依照民法之理予以救济,笔者认为我国并无必要建立设立撤销之诉。同时,作为形成之诉,公司设立无效之诉已可发挥撤销之诉的形成效力功能,并无须像民事行为之诉那样必须二者并存,各司其职,想必这也正是在允许司法否认模式的大陆法系大多国家也只规定无效之诉,而瑕疵制度依然运转良好的原因。在确定单一无效之诉的司法模式同时,须明确可提起无效之诉的除斥期间,借鉴国外的规定,可以两年内提起为宜。至于严重可纳入司法否认范畴的瑕疵则可以是设立目的违法或者违反公序良俗、章程无经营范围等绝对必要记载事项、设立人全体不适格以及公司无认缴资本或者认缴资本与

---

[19] 例如,《日本公司法典》第 832 条规定:"对于份额公司,包括无限公司、两合公司和合作公司,在以下两种情形下,可以撤销公司设立:如果社员可以依据民法及其他法律规定撤销其公司设立意思表示,则该社员可以提起公司设立撤销之诉。"

[20] 例如,《日本商法典》第 141 条规定:"若股东明知设立公司对债权人有害却仍坚持设立公司,则后者可请求撤销公司。"

其经营规模严重不相当,等等。

(四)注重建立瑕疵设立过错人的责任体系

立法之有限性与现实生活的无限性一直都是一对矛盾,而能抑制这种无限性的最有效方式无疑是建立宏观的责任制度。我国现有瑕疵责任方式主要是以罚款为主的行政责任方式,民事责任则仅限于出资瑕疵时的违约责任、补充责任及连带出资责任。为尽量减少瑕疵设立的情况,有必要建立系统的瑕疵设立过错人的责任体系,明确责任人之民事、行政乃至刑事责任。责任体系尤其是民事责任的构建,笔者认为可借鉴英美法系的相关规定。可以说,英美法系除了司法命令解散设立瑕疵之公司外,并无公司设立无效或者撤销之诉,即便公司设立有瑕疵,公司人格及其行为并不受影响。但瑕疵设立并非因此恣意妄为,利害关系人也并未因此而失去救济,个中重要原因在于其严格明确瑕疵过错人的责任体系。为此,我国以后在构建公司瑕疵设立制度时要改现在重行政责任而轻民事责任的格局,建立统一的瑕疵责任人必须就受有损害的利害关系人的民事赔偿责任,以从根本上保障公司设立条件落到实处,有效防范瑕疵设立现象。

(五)明确公司设立无效和行政撤销的法律效力

应回归设立无效与行政撤销的法理本位,明确承认行政撤销否定具有溯及力,公司视为从未成功设立,公司发起人股东不得享受有限责任的庇护,对公司债务承担连带责任,无过错的非发起人股东对外在出资范围内承担责任。[21] 承认行政撤销的溯及力,并不伤害公司债权人利益,一来民事行为的有效多不以当事人必须是公司法人为要件,合伙、个人均得成为民事行为主体,公司法人资格被否定并不意味着其缔结的民事行为效力即受影响,民事行为仅得因为违反法律及行政法规的强制性规范而无效。二来公司被撤销之后,其主体资格准用于合伙,由发起人股东对外承担无限连带责任反而更有利于加强对债权人的保护。至于公司设立无效之诉,鉴于其本身作为形成判决,仅对之后产生无效效力,之前所为民事行为自不受影响,债权人利益并不因此受冲击。

结语

综上,尽管公司设立条件越发宽松,但是这并不意味着公司与其他商事主体之间没有界限,公司设立制度及瑕疵设立制度依然有重大制度价值。与国外经济及法制发达国家或者地区相较,我国公司设立瑕疵制度基本处于尚未起步阶段,全局性、整体性思路缺乏。为避免司法行政不分以及相关利害关系人对自己权益难有预期等因为立法缺位带来的种种问题,构建我国公司瑕疵设立制度实属必要。在众多构建模式中,笔者认为原则上应承认公司工商登记的效力,对一般轻微瑕疵允许补正,对不容补正的严重瑕疵则区分瑕疵

---

[21] 笔者在此之所以强调发起人股东方对外承担连带责任,而无过错非发起人股东则承担有限责任,原因在于非发起人股东没有参与公司设立,对设立瑕疵本身并无过错,甚至其可能是瑕疵设立的受害人。让其对不知情不可控的设立瑕疵承担责任有失公允。但公司登记成立后加入的股东明知公司设立瑕疵害及他人仍加入,且不修正瑕疵者,不受有限责任之保护。

原因由法院或者行政机构否定登记效力。但是无论是哪一种瑕疵,鉴于均是对立法的违反,可能害及他人或者公益,瑕疵过错人都应当承担个人责任,从而让各行为主体有章可循,有法可依。

商业银行制度受判例影响的内在机理及理论基础

李丽萍*

一、×银行保证金优先权判例及其应对措施

(一)×银行保证金优先权案情

2011年4月21日,×银行与×公司签订一份《合作协议书》,约定就合作开展授信担保业务事宜达成协议。该协议书第4条约定:×公司为所有主债务人提供连带责任保证担保。第5条约定:×公司除为主债务人提供连带责任保证担保外,还应在×银行处开立保证金账户,存入一定金额的资金作为保证金,为主债务提供质押担保,并确认该保证金构成最高人民法院《关于适用〈中华人民共和国担保法〉若干问题的解释》第85条所规定的保证金。保证金担保存续期间,×银行不得对保证金账户内资金进行支用、划转或做其他任何处分;×公司承诺,如保证金账户内全部或部分款项被司法机关或其他有权机关冻结或扣划的,×公司将按×银行要求提供该行认可的其他担保。在×公司与×银行开展授信合作业务期间,双方分别签订了《额度授信合同》《最高额保证合同》《流动资金贷款额度使用合同》《承兑额度使用合同》。后来,×公司与另案当事人存在债权债务纠纷,×银行的上述保证金账户被人民法院冻结、款额被扣划,×银行遂起诉要求对×公司缴存在该行保证金账户中的保证金享有质权,依法享有优先受偿权,并请求停止对该保证金的执行处分,若已被执行处分应执行回转,待×银行债权优先受偿后如有剩余再依法处分。一审人民法院认为:(1)根据《中华人民共和国担保法》和《中华人民共和国物权法》的规定,质押合同属于担保合同之一种,是主债权债务合同的从合同。×银行与×公司签订的《合作协议书》是对双方如何合作开展授信担保业务事宜达成的合意,非针对具体主债权债务合同提供担保的从合同性质的担保合同。《最高额保证合同》仅约定保证方式为连带责任保证,双方从未签订任何质押合同。故×银行与×公司之间并没有成立具体质押合同关系。(2)优先受偿权效力来源于物权的对世性、排他性,约定

* 北京大成(福州)律师事务所律师。

本身不产生物权效力，不能对抗第三人。（3）双方设立的保证金账户在×公司名下，对外既不体现保证金账户的名称，也无其他排他性特征，不符合金钱质物的法律特征，不构成金钱质物。一审判决宣判后，×银行不服，向福建省福州市中级人民法院提起上诉，二审人民法院受理后，判决维持原判。[①]

（二）×银行就保证金优先权判例的应对措施

上述判决生效后，×银行多次召开行务会议，就保证金管理制度进行讨论，并向全行下发《关于加强担保公司保证金管理有关事项的通知》，要求各分支机构全面梳理授信担保公司保证金质押担保情况，拟定存量保证金分配方案上报总行。后又依据上述《民事判决书》的内容，就担保公司保证金分配方案、保证金账户名称调整、存量保证金账户拆分、保证金质押合同的签署问题，向全行下发《关于进一步加强担保公司保证金管理的通知》，就保证金管理制度予以全面调整和修正。

二、商业银行制度受判例影响的内在机理

上揭案例虽涉及物权行为与债权行为的区分，物权公示公信原则在实践中的应用以及保证金质押在实践中的认定等问题，但本文无意就前述问题进行探讨，仅试图就商业银行制度受判例影响的内在机理及理论基础予以分析。

商业银行制度受判例影响分为正面影响和负面影响。所谓正面影响，即商业银行制度运行的合法性得到生效司法判决的肯定。在这种情况下，商业银行无须就其制度依据判决进行调适，故无太多探讨必要。负面影响指商业银行制度的合法性受到生效司法判决的否定性评价。在这种情况下，由于判例本身的法律正当性基础，商业银行大多会根据生效司法判决对其公司制度予以调整完善。本文仅就商业银行受判例的负面影响进行探讨。另外，我国长期受大陆法系国家法律体系的影响，并未生成判例法律制度，但司法判决在实践中依然有较为深远的影响。本文所述判例，系指各级人民法院生效判决而言。

（一）商业银行的特殊性质决定了其制度受判例影响

商业银行作为吸收和发放公众存贷款、办理货币结算和金融服务的企业法人，在我国金融体系中占据重要地位。根据《商业银行法》的规定，商业银行是依据《商业银行法》[②]和《公司法》设立的，以营利为目的的企业法人。商业银行的这一性质，决定了商业银行在以金融资产和金融服务为经营业务对象的过程中，需要自担风险、自负盈亏。[③] 商业银行通过拓展传统存、贷款业务，还不断推出“新产品”，利用存贷款的利息差和中间业务收入赚取利润。就上揭案例而言，若商业银行不应时而变和应势而导，在办理质押保证金业务过程中，依然不分物权

---

① 福建省福州市中级人民法院（2013）榕民终字第3508号《民事判决书》。

② 《商业银行法》第2条规定：“本法所称的商业银行是指依照本法和《中华人民共和国公司法》设立的吸收公众存款、发放贷款、办理结算等业务的企业法人。”

③ 《商业银行法》第4条规定：“商业银行以安全性、流动性、效益性为经营原则，实行自主经营，自担风险，自负盈亏，自我约束。商业银行依法开展业务，不受任何单位和个人的干涉。商业银行以其全部法人财产独立承担民事责任。”

行为和债权行为，一律通过约定方式设定保证金质押，视物权公示公信原则于不顾，在诉诸法律之后，必然还会出现上揭案例的情况。如此一来，必将增加商业银行负债，降低商业银行盈利，违背商业银行追求利润最大化的企业法人性质。

（二）商业银行的经营原则决定了其制度受判例影响

商业银行通过吸收公众存款，把社会上的闲散资金集中起来，再通过发放贷款、中间业务及其他服务项目，实现资金的盘活。商业银行的自有资本占资产的比重往往很小，资产的安全性较容易受到借款者的信用状况、市场利率汇率、政治经济形势的影响。因此，商业银行往往把安全性、流动性、效益性作为自身的经营原则。为了保证经营资金的安全，满足正常客户存贷款的需要，各商业银行都会设立风险管理部、合规管理部或者资产监管部，对各商业银行经营过程中可能产生的风险予以防范和规制。依法经营是每个企业法人的经营宗旨，商业银行也不例外。司法判例就商业银行日常经营过程中的某一事件或行为作出合法性指引，商业银行基于交易安全和经营稳定的需要，必然会对公司的相应制度作出调整，以防范法律风险，实现商业银行业务经营的安全性、流动性和效益性。

（三）商业银行同行的竞争压力决定了其制度受判例影响

西塞罗认为，人类的最高成就莫过于有效地运用知识去指导自身事务。[④]《商业银行法》规定商业银行在不损害其他商业银行合法权益的前提下开展竞争。在司法判例已经对某一行为或者事件作出否定性评价的前提下，商业银行依然一意孤行，不仅会使交易相对人在不同银行存贷款或者接受金融服务时受到不平等对待，还会因此种不同，导致交易相对人选择与法律规定相符或者优于法律规定的金融机构开展业务。不随司法判例而进行制度更新的商业银行，就会在同行的争相竞争下被边缘化，最终不得不退出金融市场。为了应对金融市场上同业竞争压力，商业银行必然会依据司法判例的要求，能动性地调整公司制度。

（四）商业银行声誉风险决定了其制度受判例影响

商业银行的声誉风险，是指商业银行经营、管理及其他行为或外部事件导致利益相关方对商业银行作出负面评价的风险。[⑤] 2009 年 8 月，中国银行业监督管理委员会发布了《关于印发〈商业银行声誉风险管理指引〉的通知》，要求商业银行建立声誉风险管理制度，在发生或者可能发生声誉事件或者行为后，拟定应对措施。商业银行经营管理过程中所涉及的某一行为或者事件，经司法判决作出负面评价的情况下，必然会影响商业银行的自身形象，若听之任之，任由事态发展下去，必须会引发公众的信任危机，最终影响商业银行的业务运营。为了维护商业银行的声誉，商业银行必然会及时有效地根据判例调整公司制度，最大限度地减少经营损失和负面影响。

---

④ 参见［英］韦恩·莫里森著：《法理学——从古希腊到后现代》，李桂林等译，武汉大学出版社 2003 年版，第 56 页。

⑤ 参见刘志云：《银行法学》，厦门大学出版社 2013 年版，第 224 页。

(五)中国银行业监督管理委员会的监管决定了商业银行制度受判例影响

根据《银行业监督管理法》第3条的规定,[⑥]促进银行业的合法、稳健运行是银行业监督管理的目标之一。为了保证整个金融行业的稳健运行,中国银行业监督管理委员会对商业银行的经营合规性予以监督,在商业银行出现经营违法或者经营不善时,中国银行业监督管理委员会可以视情节要求商业银行作出说明,予以处罚,责令整改或者予以撤销等措施。为了符合监管机关的合法性要求,维护金融行业的稳健运行,商业银行必然会根据判例调整公司制度,否则,其就必然面临向监管机关说明、被监管机关处罚或者被监管机关责令整改的可能。

三、商业银行制度受判例影响的理论基础

(一)从社会学制度主义理论角度提供理论支持

社会学以制度分析作为研究或者分析基础,并将制度与行动关系作为重要研究议题。社会学视阈下制度与行动关系理论分为以价值取向为基础的一般行动理论(话语理性)和以认知取向为基础的实践行动理论(实践理性)。

一般行动理论强调制度对个体行动的偏好和行动的价值取向会受到制度的制约,人们之所以在制度的制约下采取行动,是由于行为个体对制度规范和价值观的内化。社会学家帕森斯是一般行动理论的典型代表,他强调价值是个体行动者理性行动基础的主张,他认为价值观念的神圣性所提供的正当性才是形成社会秩序的基础。在主观取向支配行动选择方面,他认为制度在前,行动是经制度调节后发生的。制度调节的内容包括对行为个体主观选择的动机取向和价值取向。在对制度化角色期待方面,他关注价值评价因素。[⑦]

在帕森斯看来,商业银行制度之所以会受判例影响,是由于商业银行基于司法判例的神圣性而产生制度调整的行动偏好和价值选择。实践行动理论把个体行动者的行动背景作为考虑因素,认为社会制度和行为个体的主观能动性是同时存在的。一方面,社会制度、社会规范、社会规则以结构性要素的方式制约着行为人的社会行动;另一方面,具有主观能动性的个体,具有认识社会并依据行动中不断产生的新条件、新要求适时适度调整自己行为的能动性,最终促使社会结构发生变化。两个方面同时存在同时起作用,不可分割。商业银行在经营过程中,与司法实践相互动,随着司法理论和实务的发展,而不断调适商业银行管理制度以符合法律要求。从实践理性理论来解释商业银行制度受判例影响似乎更趋合理。[⑧]

(二)从企业管理理论角度提供理论支持

传统企业管理理论认为,企业管理者只对股东或者最终代表股东的企业负责,只能服务

---

⑥ 《银行业监督管理法》第3条规定:"银行业监督管理的目标是促进银行业的合法、稳健运行,维护公众对银行业的信心。银行业监督管理应当保护银行业公平竞争,提高银行业竞争能力。"

⑦ 参见蒋晓平:《话语理性到实践理性:社会学研究中的制度——行动关系——兼论社会学制度主义理论内核的嬗变》,载《广西社会科学》2014年第7期。

⑧ 同上。

于并忠实于股东或者最终代表股东的企业的利益最大化。随着信托概念被逐步引入公司法，企业管理理论开始认为，企业管理者是股东或者最终代表股东的企业的受托人(或者受信人)，企业管理者在经营管理公司过程中，对公司具有信义义务，即注意义务和忠实义务。对公司管理者而言，注意义务要求他们在作出经营决策时，其行为标准必须符合股东或者企业的最大利益，以适当的方式并尽可能合理地履行职责；忠实义务要求企业管理者在其自身利益与股东或企业的利益存在冲突时，必须以股东或企业的最大利益为重，不得将自身利益置于股东或企业的利益之上。[9]

商业银行是自负盈亏、自担风险的企业法人，它同样要求商业银行的董事、经理、高级管理人员忠实于商业银行，以商业银行的最大利益为唯一追求目标。在司法判例就商业银行管理制度作出无益于商业银行追求利润最大化的情况下，应适时调整经营决策，调整公司制度，以利于商业银行的整体利益和长远利益，方为勤勉履行了企业管理者的信义义务。

(三)从法理学角度提供理论支持

"人类选择了法律，便崇尚法律。"[10]凯尔森认为，依据一有效规范对一种事实行为所作的应当是这样或不应当是这样的判断，就是一种价值判断。[11] 法的价值判断包括法与自由、正义、秩序、效率等法的基本价值。由于法乃善良和公正之术，生效的司法判决因此而具有正当性基础。商业银行制度受判例影响在某种程度上正应验了法律对经济学的最初贡献，即在于研究法律规则对社会个体及企业的经济选择及其经济绩效的影响。付子堂教授认为，法律通过激发个体的合法性行为，使个体受到鼓励做出法律所要求和期望的行为，最终实现法律所设定的符合整个社会关系的模式要求，取得预期的法律效果，达成理想的法律秩序，也就是法律的激励功能在起作用。[12] 由于法律激励功能的存在，生效的司法判决能够对个体行为作出指引，对符合行为规范、体现正义精神和符合立法意志行为予以驱动，对违背法律、代表非正义精神和违反立法意志行为予以抑止。

由于法律的激励功能隐含着"经济人"追求利益最大化的行为假设，故商业银行为了实现自身的利益最大化，其趋利避害的本性必然会使其行为遵从法律的正当性指引。商业银行通过集结储户的零散闲置资金，向符合条件的贷款人提供间接债权融资业务或间接股权融资业务。融资过程的风险受贷款人风险识别能力、贷款用途、国内经济形势、国际金融市场波动等诸多因素的影响。商业银行虽为经法律特许的金融中介机构，但其本质上还是企业法人。商业银行经营过程中面临的风险大小直接对商业银行的利润乃至经营存续产生影响。基于对法律正当性的认同和风险最小化、利润最大化的追求，商业银行必然依据法律规定承担起审慎经营、防范风险的义务。在日常经营过程中，依据生效的司法判例相应调整公司管理制度也就内化为商业银行的自觉行为。

---

⑨ 参见卢代富：《企业社会责任研究——基于经济学与法学的视野》，法律出版社2014年版，第12~22页。
⑩ [美]E. 博登海默著：《法理学——法律哲学与法律方法》，邓正来译，中国政法大学出版社2004年版，第2页。
⑪ 参见[美]E. 博登海默著：《法理学——法律哲学与法律方法》，邓正来译，中国政法大学出版社2004年版，第525页。
⑫ 付子堂：《法律的行为激励功能论析》，载《法律科学》1999年第6期。

四、结论

综上所述，由于商业银行自身的特殊性质，必然存在追求利润最大化的利己动机，基于法律的正当性指引，商业银行大多会根据判例对商业银行制度的负面评价，而对制度作出相应调整。商业银行制度受判例影响既有其内在追求利润最大化、规避风险的机理，也能从社会学、企业管理学和法理学中寻求相应的理论支持。

董事信义义务规则的反思：以董事异质化为视角

林少伟*

一、引言

公司法规范意在降低代理成本，而董事义务被视为减少纵向代理成本的重要途径之一。为此，学者冥思苦想，为董事义务规范的内容及判断标准的设计绞尽脑汁，以试图在提高管理效率与保障股东利益之间取得平衡。董事义务之重要性无可置疑，但学界在对董事义务的具体内容争相辩论之时，却陷入“只见树木，不见森林”的困境。因为这一切的争论，乃基于一个(可能曾是事实的)假定：董事的同质化，即董事之间并不存在利益冲突，董事作为董事会成员，其权力的行使本质上是集体决策的一部分。董事义务并非针对某一个(类)董事，而是面向一切董事。在董事同质化这一逻辑假定下，学界所要探讨的是董事义务这“大一统”的森林外衣下，具体义务的内涵与判定。然而，“选区董事”(constituency directors)的出现，[①]使董事同质化的假定正(或已)出现变化，因为董事之一举一动，与其背后的“选民”息息相关，而不同“选区”的“选民”利益诉求的不一致，必然导致其所“选举”的“选区董事”出现利益龃龉。当此种利益冲突日益显现时，董事之同质化假定便难以如同以往那般任凭风吹雨打，也屹立不倒。同质化假定的摇曳，意味着董事出现异质化的转向。这一同质化向异质化的历史嬗变，昭示着公司法学者不能仅仅埋头专注于董事义务的细枝末节，也应有所抽离，深思董事异质化嬗变后，公司法规则的可能变化。基于此，本文试图理清这一演进脉络，揭示董事同质化的理论基础，探讨其向异质化演进的逻辑进程，并分析可能的应对路径。

---

* 西南政法大学民商法学院副教授，特华科研工作站博士后。本文修改版发表于《中外法学》2015 年第 3 期。

① 选区董事这一概念在国内学界尚属空白。即便在西方法学界，关于这方面的讨论也较为少见。关于选区董事的的英语文献，大致有以下几篇：从实践角度写的：Veasy E. Norman and Christine T. Di Guglielmo, “How Many Masters Can a Director Serve? A Look at the Tensions Facing Constituency Directors” (2008), 63 *The Business Lawyer*, pp. 761 – 775；以评论(Note)形式发表的：Terence Woolf, “The Venture Capitalist's Corporate Opportunity Problem” (2001), *Columbia Business Law Review*, pp. 473 – 508；R. P. Austin, “Representatives and Fiduciary Responbilities-Notes on Nominee Directorships and Life Arrangments” (1995), 7 *Bond Law Review*, p. 19；以论文(article)形式发表的：Cyril Moscow, “The Representative Director Problem” (2002) 16 *Insights* p. 12；Simone M. Sepe, “Intruders in the Boardroom: The Case of Constituency Directors” (2013), 91 *Washington University Law Review*, pp. 7；Martin Gelter and Geneviéve Helleringer, “Life not the Painted Veil! To Whom are Directors' Duties Really Owed”, ECGI Working Paper Series in Law, No. 255/2014, April 2014。

二、董事同质化假定的理论基础

公司法学者之所以忽略董事之间可能的利益冲突,而埋头专注于义务的具体内涵与判定标准,实乃出于一种"合乎逻辑"的假定前提,即董事具有同质化,且该同质化并非凭空臆造,而是具有理论基础的。

(一)董事对公司负有义务

各国尽管在董事义务的具体内涵上存有差异,但在董事向谁负有义务这一问题上几无争议,即董事对公司负有义务。[②] 这意味着:第一,董事不对股东负有义务。第二,董事义务之强制实施只能由公司之代表进行,其他个人或机构因"无权"代表公司而无法对董事因义务之违反诉诸法院。董事对公司而非股东负有义务,源于公司具有独立法律人格这一周知特性。公司成立后,与其成员相互独立,不仅拥有独立财产,也具有独立之法律地位。受股东雇佣而管理公司之董事,在公司成立后对独立之公司负有义务,而不必侍奉二主。(控制)股东意图混淆二者,利用公司之独立外表,行以操纵之实的,可被刺破公司"面纱"而受直索责任追究。即便公司对董事义务之违反无能为力时,股东也只能符合法定条件下,提起"派生"之诉讼。[③]

董事对公司而非股东负有义务这一传统理论,实质上抹杀了董事因受不同股东之指派而有利益偏好的可能。这种"大一统"的理论不但契合传统的公司与其成员相互独立理论,也简化了董事背后可能存在的潜在冲突,为董事同质化理论奠定理论基础。

(二)董事会的自延性

董事同质化假定的另一表现是董事会的自延性。当公司没有出现重大变化如控制人产生变更时,董事会呈现出一种自我延续性。该自延性有两种表象:第一,董事的提名与选拔。作为董事会成员的董事,其是否有资格获得董事会的入场券或继续留任,一般由公司章程规定。在现实中,董事的提名与选拔大多受到某一方的控制。比如在股权结构较为分散的美国,在董事会中心主义的旗帜下,董事之选拔与任命无不受到董事会的控制。在股权结构分散的另一典型国家英国,董事会中心主义退为其次,股东会中心主义则因股权分散而难以有效发挥其效用。但近年来,机构投资者的崛起,使股东会中心主义逐渐褪色,而替之以机构投资者主义。英国董事会成员的任拔也备受机构投资者的影响。在股权结构相对(高度)集中的欧洲大陆法域,董事任命备受控制股东左右,董事会的自延性也因此具有控制股东的深深烙印。第二,董事会的决策。董事会的自延性除了董事会成员受某一方的控制而具有该方的色彩外,其在具体经营决策中,也因受到结构性偏见而呈现出同质化的倾向。根据社会心理

---

② 英国普通法一直认为董事仅对公司负有义务,但这一理念并不意味着董事在任何情况下均不对股东负有义务。在 Peskin v. Anderson 一案中,上诉法官对董事对公司所负之信义义务与董事对股东所付之信义义务进行了区别,认为二者之间具有清晰界线,在某种特定情况下,如董事与股东之间具有某种特殊的事实关系,则董事对股东也负有信义义务。具体参见 Paul L. Davies and Sarah Worthington, *Principles of Modern Company Law* (Sweet & Maxwell, 2012), p. 507。

③ 为防止派生诉讼被滥用,各国或者在程序上加以限制,比如须事先提出请求,以"穷尽公司内部救济",或者在实体上设置门槛,比如要求股东持有一定数量股份,以体现派生诉讼之"代表性"。

学上的团体动态学理论，[4]归属同一团体的成员行为会浑然不觉的受其他成员的影响。因此影响，他们在情感上相互认同、在行动上互相支持，对外部人则持相对排斥态度。这种影响几乎无可避免，因为董事会作为团体，其成员经过一段时间的共事后，会有群体同一性的倾向。[5]该倾向使他们产生身份认同感，出现结构性偏见的心理。[6] 由此，董事会在决策中也呈现出自延性的特点。

董事会的自延性，意味着无论是现在的董事会成员，还是后续的继任者，均会自觉或不自觉地维护董事会自身的整体利益。这种自延性为董事同质化提供了可能性。

(三)传统代理成本理论

自伯利(Berle)和米恩斯(Means)在其著作《现代公司与私有财产》提出关于公司控制形式理论以来，代理成本这一概念便逐渐为法学界所接受。[7] 伯利和米恩斯在这本经典著作中破天荒地指出，控制大公司的人并不一定对公司拥有所有权。同样，对公司具有所有权的人并不一定控制管理公司。这种所有权与经营权的分离实质上是股东作为本人，将公司经营管理权力委托与(作为代理人的)董事或经理。这种分离的优势在于股东可以专注于投资和宏观的经营策略，不为日常琐碎的管理事务所羁绊。董事或经理则可运用其专业知识和能力管理公司。这种术业有专攻的管理模式是公司现代化的必然要求，但也有其致命缺陷，即容易产生代理成本。詹森(Jensen)和梅克林(Meckling)于 1976 年指出，这种代理成本源于两种成本：[8]第一，监督成本。即股东作为本人为监督和控制代理人(董事或经理)而付出的成本。[9]第二，约束成本。即代理人(董事或经理)在受委托人委托期间(管理公司期间)，向委托人保证其对委托人的承诺时发生的成本。公司法规则的主要目的即围绕如何降低这一代理成本而展开。

法学界借用经济学的代理成本概念，打开了公司法研究的另一扇门，也拓宽了公司法理论边界，使公司法研究不仅得以深化，也与包括经济学在内的其他学科擦出火花。然而，这一理论暗含两大前提，即股东作为"委托人"的同质化[10]与董事作为"受托人"的同质化。在代理成本理论看来，受托人之间并无利益冲突，他们被视为利益一致的一方，一方面备受"委托人"的监督，另一方面则努力寻求通过约束自身而降低外部监督成本。在此，董事已被"同质化"，

---

④ See A. Page, "Unconscious Bias and the Limits od Director Independence" (2009) *University of Illinois Law Review* 237 277.

⑤ 有学者通过实证研究发现，董事会成员在社会、知识和文化方面具有很大共同性。参见 The Alliance for Board Diversity, 'Women and Minorities on Furtune 100 Boards' 2008, available at <http://www.proutgroup.com/resources/abdreportfinal2008.pdf>, 2014 年 5 月 26 日访问。

⑥ See K. Davis, "Structural Bias, Special Litigation Committees and the Vagaries of Director Independence" (2005), 90 *Iowa Law Review* 1305, 1308.

⑦ See A. A. Berle and G. C. Means, *The Modern Corporation and Private Property* (rev ed Harcourt, 1968).

⑧ See Jensen, M. C. and W. H. Meckling, "Theory of the Firm: Managerial Behaviour, Agency Costs and Ownership Structure" (1976), 3 *Journal of Financial Economics*, pp. 305 – 360.

⑨ 也有学者提出质疑，怀疑这种监督的有效性。美国学者丹尼斯(Denish)和萨林(Sarin)认为有效的监督必然要求股东具有一定的知识结构和能力，否则很难对董事构成真正的威胁。实践中，很多股东并不具备此等能力，因此该监督只局限某个群体。也有学者对股东采取种种措施规制董事感到忧虑。Burkart, Gromb 和 Panunzi 指出，过多的监管措施容易束缚董事的积极性，最终导致公司利益的受损。具体参见 David J. Denis, Diane K. Denis and Atulya Sarin, "Agency Problems, Equity Ownership, and Corporate Diversification" (1997), 52 *Journal of Finance* pp. 135 – 160; Mike Burkart, Denis Gromb and Fausto Panunzi, 'Large Shareholders, Monitoring, and the Value of the Fir' (1997), 3 *Quarterly Journal of Economics*, pp. 693 – 728。

⑩ 关于股东同质化，具体参见汪青松、赵万一：《股份公司内部权力配置的结构性变革——以股东"同质化"到"异质化"现实的演进为视角》，载《现代法学》2011 年第 33 卷第 3 期。

他们没有派别，不分左右，俨然已是众人合一。可以说，传统代理成本理论之崛起及盛行，使董事同质化不仅深入民心，且顺理成章。

三、董事异质化嬗变

在传统公司法理论视野中，董事同质化是不言而明之命题。基于此同质化之假定，公司法衍生出诸多制度，如统一的董事义务。然而，随着社会经济发展，董事同质化的假定也遭受挑战。特别是选区董事的崛起与勃兴，董事正出现异质化倾向。原有基于董事同质化假定的董事义务规制之流弊也日渐显现。此时仍坚守董事同质化的理念不仅有墨守成规、抱愚守迷之嫌，也不利于公司法理论的发展与创新。

董事同质化假定以董事个体之间无利益冲突为基础，认为董事之间并无“差别”，他们所作所为均是以公司利益为导向。然而，选区董事的出现，使这一同质化的假定逐渐褪色。所谓选区董事，实质上是借用政治学概念，将董事喻为某一选区的“候选人”，而提名该董事的机构或个人则视为该选区的“选民”。董事作为某个选区所选举出来的代表（即议员），须听取甚至听从该“选区选民”的意见。以此角度来看，不同机构或个人提名的董事在很大程度上会听从于这些背后“选区选民”的指示，而不同的“选区”，利益诉求也可能不大一致。这意味着受制于这些“选区”的董事，也可能因诉求相异而产生利益冲突。此时，原有同质化的假定无疑如林黛玉般，摇摇欲坠。董事也因此而开始异质化的嬗变。具体而言，董事背后的“选区”有如下几种：

1. 股东

股东作为出资人，派出“自己人”作为代表以管理公司殊为正常，在小规模或封闭式公司中更是普遍。在公众公司，股东也可能出于各种原因，委托他人代表自身利益占据董事会席位。例如家族型公众公司，公司创始人为维持自身家族对公司的控制权，一般会推选“自己人”作为代表成为董事。在立法上，各国对此或明确允许（某一类别）股东提名董事，或默许通过公司章程进行内部规治。例如《德国公司法》第 101 条明确规定，允许特定股东根据公司章程规定，任命不多于三分之一的董事。英国《2006 年公司法》则没有对此作出明确的限制性规定。这表明，如英国公司法权威学者戴维斯（Davis）所言，“没有任何能够阻止公司章程允许董事受某一（类）股东所任命”。[11]

董事受股东任命并无争议，以此接受其背后股东之指示行事也似天经地义。然而，委派董事的股东之间利益并非总是一致。相反，股东内部之间也有分化，利益冲突并不少见。这意味着同一“选区”的董事之间也会有利益差别。因为背后股东的异质化，必然导致受委派董事的异质化。传统公司法理论同样以股东同质化为假定，并以此为逻辑，衍生出股权平等、一股一票、资本多数决等原则。然而，股东同质化的逻辑基础正不断遭受质疑和挑战。因一股一票等原则可将公司意志轻易转变成多数股份持有者意志，控制股东可借此滥用权力，满足私益。此时，形式上的平等导致实质上的不平等，貌似公平的资本多决制，也逐渐沦落为多数

---

[11] Paul L. Davies and Sarah Worthington, *Principles of Modern Company Law* (Sweet & Maxwell, 2012), p. 118.

资本持有者的保护伞。现代公司法理论已开始承认这一缺陷,并在权力结构配置方面有所改进,如增加控制股东的诚信义务、[12]分离股权与股权行使。在英美国家,控制股东甚至受公司机会规则的约束。[13] 在保护小股东机制方面,实施累积投票制,使董事会中有代表小股东权益的成员。[14] 在欧陆部分国家,也有虽不同于累积投票制,但具有殊途同归之效的机制。例如,在意大利,法律允许超出一定数量的少数股东提出候选董事名单。如该名单上的后备人选在投票表决中得票第二,即可当选为董事。[15] 在西班牙,公司法规定少数股东可根据其持股数量的比例指派相应数量的董事。如公司拟设立九名董事的,则持有九分之一股份的少数股东可指派一名董事。[16] 现代公司法试图通过规制控制股东权力与赋予少数股东权利降低二者之间的横向代理成本。[17] 然而,这种双管齐下的规制模式恰恰强化了源于"股东选区"董事的异质化。因为,通过加强控股股东诚信义务并不影响其任命董事的权力,而赋予少数股东任命指派董事的机制则无疑分化董事之间潜在的共性,使董事彼此之间因背后"选民"的不同而致使利益冲突,进而导致董事的异质化。

2. 债权人

公司债权人在某种情况下,也会委派"自己人"占据董事会议席。这似乎难以想象,因为公司债权人与公司之间只存在债权债务关系,债权人依约定向公司出借款项,享有在约定期限内获得本息的权利。而公司作为债务人,在获得款项(或融资)后,则负有按约履行支付本息的义务。从表面上看,二者关系清晰明确,债权人无须通过指派董事介入公司治理,而公司也无需债权人潜入内部指手画脚。但实践中,如款项数额巨大,则债务人的一举一动,莫不牵动债权人的一心一弦。特别是在公司陷入财务或经营困境时,债权人更加难以置身事外。为确保款项按期偿还,债权人指派董事也就不足为奇。这在银行作为债权人时尤为明显。在德国,银行作为债权人通过指派董事介入公司治理的情形很为常见。[18] 在美国,这种情况也并不罕见。纽约联邦储备银行研究人员桑托斯(Santos)和朗布尔(Rumble)曾对此进行调查,他们发现大公司当中,将近25%的公司董事会具有银行指派的董事。[19]

事实上,随着股东所有权的褪色,公司逐渐"去人化",公司债权人与股东之间的界限愈渐模糊。一般认为,股东所有权体现为两个方面:一是对公司的控制;二是享有剩余索取权。所

---

⑫ 有关控制股东诚信义务详情,请参见朱慈蕴:《资本多数决原则与控制股东的诚信义务》,载《法学研究》2004年第4期;Iman Anabtawi and Lynn Stout, "Fiduciary Duties for Activist Shareholders" (2008), 5 *Stanford Law Review* pp. 1255 – 1308; J. A. C. Hetherington, "Defining the Scope of Controlling Shareholders' Fiduciary Responsibilities" (1987), 22 *Wake Forest Law Review* pp. 9 – 40。

⑬ 参见冯果:《"禁止篡夺公司机会"规则探究》,载《中国法学》2010年第1期。

⑭ 我国2005年修改的公司法首次接纳累积投票制(参见《公司法》第106条)。吊诡的是,在累积投票制的发源地美国,该制度在实践中颇为少见,已然成为纯粹的"纸面上的法"。

⑮ See Corrado Malberti and Emiliano Sironi, "The Mandatory Representation of Minority Shareholders on the Board of Directors of Italian Listed Corporationjs: An Empirical Analysis", Bocconi University Legal Study Research paper Series No. 18 (2007).

⑯ 参见西班牙资本公司法第137条。

⑰ 代理成本可分为横向的代理成本和纵向的代理成本。前者主要是关于(大小)股东之间的冲突,而后者是关于股东与董事之间的矛盾。关于这一分类,具体可参见 Simon M. Sepe, "Intruders in the Boardroom: The Case of Constituency Directors" (2013), 91 *Washington University law Review*, 7. 美国弗吉尼亚大学特里安蒂斯教授则提出另一种分类,将股东之间的代理成本归为财务成本,而股东与董事之间的代理成本归为管理代理成本。See George G. Triantis, "A Free-Cash Flow Theory of Secured Debt and Creditor Priorities" (1994), 80 *Virginia Law Review*, pp. 2155 – 2168。

⑱ See Gary Gorton and Frank A. Schmid, "Universal Banking and the Performance of German Firms" (2000), 58 *Journal of Financial Economics* 29, 66.

⑲ See Joao A. C. Santos and Robert K. Rumble, "The American Keirestsu and Universal Banks: Investing, Voting and Sitting on Nonfinancials' Corporate Boards" (2006), 80 *Journal of Finance and Economic*, pp. 419, 437.

有权与经营权的分离,导致股东消极化,[20]控制权被大大削弱。至于剩余索取权,则仅在公司清算后才得以完全体现。当公司正常运作时,股东只能通过分红等方式获得财务收益。就此而言,所谓股东剩余索取权,对于大多数股东而言,无非是虚无缥缈的权利。[21] 英国肯特大学爱尔兰(Ireland)教授据此认为,这两种权利的褪色使股东与公司债权人几无差别,因为股东的分红权与债权人定期获得利息并无太大的区别。[22] 剑桥大学西利(Sealy)教授也指出,公司债权人与股东在理论上而言无疑具有根本性区别,但在实践上,他们均是"货币资本家"。他们所在乎的,仅仅是投资或借贷资本能否得到充足回报。[23] 在此意义上,如同伯利和米恩斯所言,公司债权人并不与股东有所区别。[24] 鉴于此,公司债权人向公司指派董事,就如同股东任命代表自身利益的董事一般不足为奇,而公司债权人的介入,无疑添增了另一"选区",进一步凸显董事异质化。

3. 职工

在现代企业中,董事会出现职工身影并不少见。在双层结构的公司治理中,公司董事的经营与监督功能一分为二,董事会掌管经营,监事会负责监督。在此种模式下,监事会成员的功能如同单层结构下的非执行董事。就这一角度而言,监事可视为承担监督功能的非执行董事。双层结构最为典型的国家非德国莫属,在共同决定制度(Mitbestimmung)下,德国法规定2000人以上的大公司,职工和工会代表的董事须占1/2的董事席位。对于500人以上2000人以下的小型公司,则规定职工和工会代表的董事不少于1/3。[25] 在单层结构的国家中,要求董事会必须具有职工代表的也比比皆是,个中差别不过是职工代表数量或前置条件的要求有所不同。例如,法国原先规定,当职工持有公司股份达到3%或以上时,则该公司董事会必须有职工代表。但法国于2013年对此进行改革,废除最低持股数额的限制,替之以职工数量的标准,即当公司在法国境内的职工人数高达5000人或全球员工高达10000人时,董事会成员必须具有职工代表。[26] 荷兰的规定别出心裁。该国公司法规定,选举董事会成员时,职工委员会可提名1/3的董事人选。他们是否能够全部入选,取决于股东会的投票,但股东会并不能恣意否定,只有在符合法定的有限的条件下,股东会才能否决职工委员会所提名的董事人选。[27] 在我国,公司法对一般有限责任公司和股份有限公司董事会(如设董事会),仅规定"可以"有公司职工代表,[28]而对于国有独资公司或两个以上的国有企业或两个以上的其他国有投

---

[20] 2008年金融危机的爆发,使学界关于股东积极主义(Shareholder activism)思潮有所兴起。在立法上,政府也寻求通过成文法形式,鼓励和督促股东积极参与公司管理。英国的《管理守则》(The Stewardship Code)及是此合力夹攻之下的产物。然而,这股思潮的兴起并不足以改变大多数股东消极参与公司管理的现象,而《管理守则》的颁发也因缺乏强制执行力等缺陷而遭受诟病。关于股东积极主义,可参见 Stuart L. Gillan and Laura T. Starks, "The Evolution of Shareholder Activism in the United States" (2007), 19 *Journal of Applied Corporate Finance*, pp. 55 – 73;关于英国《管理守则》,可参见 B. R Cheffins, "The Stewardship Code's Achilles' Heel" (2010), 73 *Modern Law Review*, pp. 1004, 1006.

[21] 参见林少伟:《论公司利益:一种普通法的解读》,载《中山大学法律评论》2012年第10卷。

[22] 参见 Paddy Ireland, "Company Law and the Myth of Shareholder Ownership" (1999), 1 *The Modern Law Review*, pp. 32 – 57。当然,对 Ireland 这一观点,也有不少学者提出质疑,可参见 David Kershaw, "No End in Sight of the History of Corporate Law: The Case of Employee Participation in Corporate Governance" (2002), 2 *Journal of Corporate Law Studies*, pp. 34 – 81。

[23] 参见 L. S. Sealy, *Case and Materials in Company Law*, Butterworths, 1996, pp. 420 – 421。

[24] AA Berle and GC Means, *The Modern Corporation and Private Property* (rev ed Harcourt, 1968).

[25] DRITTELBETEILIGUNGSGESETZ, 2009, BGB1. I. at 2479, § 1 (F. R. G.).

[26] 法国商法典第L225案。

[27] 参见 Abe de Jong and Alisa Roell, "Financing and Control in the Netherlands: A Historical Perspective", in Randall K. Morck (ed.) *A History of Corporate Governance Around the World* (University of Chicago Press 2003), pp. 467, 473。

[28] 参见《公司法》第44条、第108条。

资主体投资设立的有限责任公司，则规定“应当”有公司职工代表。[29] 在仿照德国的双层结构治理模式下，我国设有监事会的公司，监事会成员应当包括公司职工代表，且比例不得低于1/3。[30] 即便在不强行要求董事会须有职工代表的法域，董事会也常有职工代表的身影。在美国，公司会“自愿性”的任命部分职工代表作为董事，以加强双方沟通，缓解与工会之间的矛盾，尽量减少潜在的冲突。在英国，新修订的2006年公司法并没有对董事会是否包括职工代表作出强制性要求，2012年颁布的公司治理准则（The UK Corporate Governance Code）[31]对此也留有空白。然而，在产业民主（industrial democracy）思潮的影响下，英国于20世纪70年代开始，便在董事会议席中吸纳职工代表，以确保职工利益在董事会决策中有所体现。

职工代表作为董事会成员参与公司决策，一般认为是出于保护职工利益、避免劳资双方矛盾的激发。但有学者从另一角度剖析董事会何以需要职工代表，加州大学洛杉矶分校克莱因（Klein）教授认为职工在某种程度上也是公司投资者，因为他们将自己劳动力作为一种“资金”向公司“出资”，并以此为对价获得公司“分红”（即工资）。[32] 美国著名学者伊斯特布鲁克（Easterbrook）和费希尔（Fischel）也支持这一观点，认为“持有企业专用型的人力资本也是对公司的一种投资”。[33] 美国圣路易斯大学教授博迪（Bodie）甚至将工会提高至与公司和股东平起平坐的地位。他认为，在现代公司环境中，作为职工代表的工会，其更像是为公司及其成员提供各种服务的商业实体（business entities）。[34] 职工与股东关系是否趋向平等、工会是否如商业实体般与公司平起平坐暂且不论。但这些理论的背后，无不昭显出与上述实践相互印证的现象：董事会出现职工代表已是不争事实。这一事实显然意味着董事背后“选区”的扩大化。多元化的选区，加剧董事之间利益分化，董事同质化假定也渐失根据。

4. 政府

对于国企或政府参股企业，政府作为出资人之一，当然也冀望委派代表自身利益的董事，以影响甚或控制公司。政府作为董事“选区”的现象在欧洲和美国有所差异。在英国，1979年撒切尔上台执政后，采取自由主义经济理念，推行一系列私有化政策。在私有化改造中，对于一些关系国计民生的产业，英国政府发行“黄金股”（golden share），试图通过持有这些特权优先股，继续行管理控制之权。然而，黄金股这一特殊类别股份在德国大众集团一案中（Volkswagen），被欧洲法院裁定违法。欧洲法院在这一经典的案例中勇敢的指出，德国大众集团的黄金股实质上阻碍了欧盟内部资本自由流动原则，明显与欧盟条约不符。[35] 虽并非所有的黄金股案例均被裁为非法，[36]但黄金股无疑是大势已去。黄金股的倒下，并不意味着政府必然失去对企业的控制或管理之权，相反，欧洲法院的裁决倒逼政府通过指派董事进入董事

---

[29] 参见《公司法》第44条、第67条。

[30] 参见《公司法》第51条、第70条、第117条。

[31] 英国公司治理准则可追溯至1991年成立的卡德波利委员会（the Cadbury Committee）所发布的卡德波利报告。随后，格林波利报告、汉培尔报告相继出台，并在1998年颁发第一部关于公司治理的文件《英国公司治理联合准则》，该准则历经2003年、2006年、2008年和最近的2012年修改，最终改名为《英国公司治理准则》（去掉了“联合”二字）。

[32] See William Klein, "The Modern Business Organization: Bargaining Under Constraints" (1982), 91 *Yale Law Journal*, pp. 1521 – 1564.

[33] Frank H. Easterbrook and Daniel R. Fischel, "The Corporate Contrac" (1989), 89 *Columbia Law Review*, pp. 1416 – 1448.

[34] See Matthew T. Bodie, "Mother Jones Meets Gordon Gekko: The Complicated Relationship Between Labor and Private Equity" (2008), 79 *University of Colorado Law Review*, p. 1317.

[35] See Wolf-Georg Ring, "Company Law and the Free Movement of Capital" (2010), 69 *Cambridge Law Journal*, pp. 378 – 409.

[36] 如 *Commission v. Belgium*, Case C – 503/99, 4 June 2002。

会,以加强参与对企业的控制。因为失去黄金股这一保护伞,政府唯有通过包括委派董事等在内的其他途径保障自身利益。在美国,当凯恩斯主义日暮途穷而供给学派等自由主义大行其道时,2008 年金融危机的爆发,迫使美国经济政策进行较大调整。其中,问题资产救助计划(Troubled Asset Relief Program,TARP)基金的设立,让美国政府可以在符合一定情形下名正言顺向救助企业指派董事。[37] 在我国,公司法明确规定,国有独资公司设立董事会,该董事会成员由国有资产监督管理机构委派。[38] 对于国家控股公司,政府作为出资人,与控制股东无异,通过指派董事进入董事会在所当然,而对于国家参股企业,政府往往也会委派董事。

四、两个前置性问题

在分析如何应对董事同质化向异质化嬗变之前,有必要釜底抽薪地提出两大前置性问题:第一,即便承认选区董事的崛起及发展乃大势所趋,这些选区董事与代表(普通)股东的董事之间是否存有不可避免之矛盾?假如他们之间的矛盾可调和、可避免,则董事同质化之根依然坚固,其叶也茂盛,所谓异质化现象或可能是小题大做。第二,如他们之间存有不可避免之矛盾,则产生另一问题,即选区董事背后之"选民"的利益是否需要公司法的特别关注或特别保护?因为如果这些"选民"之利益可通过其他途径获得保护,则无须通过改变公司法规则或公司内部权力配置以应对董事异质化嬗变。

(一)问题之一:各选区董事之间矛盾是否具不可避免性

各选区"选民"的利益诉求不一致,必然导致选区董事的利益驱动源有所不同,而这直接影响选区董事之间的利益契合度。换言之,受委派之董事因听从其背后"选区"指示,而在各选区具有不同利益诉求时,这些选区董事在决定某项决策时必有所偏好,进而出现分化。以例言之。大股东与小股东虽是名正言顺的出资人,他们之间在分红和投资等决策方面一般持有不同观点。大股东偏向于少分红,以便积累财产、扩大投资。小股东则看重分红,以及时获得相应投资回报。不同的投资经营理念,使他们所委派之选区董事在决策时也必有所分化。股东之间尚且如此,股东与职工之间更易出现利益冲突。职工期望工资上涨,但工资上涨会加剧公司的固有成本。对于股东而言,职工工资越低、在固定工资内工作时间越长,则越有利于股东。二者之间这种内在张力在经济发展的不同阶段常因失衡而爆发冲突(典型如罢工)。对于公司债权人而言,公司激进、盲目投资会带来风险,公司继续发行债券和多次分红也很可能影响公司将来清偿债务的能力。但对于公司而言,不扩大再生产(或投资),很可能会使公司裹足不前,最终为业界所淘汰。不再发行债券则可能使公司陷入融资困境,反向影响生产(投资)的扩大化。对于有政府参股或控股的公司而言,公司利益趋向更可能转向"公共"而非"私益"。公司利益走上"公共"之路,意味着公司不再以追求财富最大化为目的,而以服务

---

[37] 美国亚利桑那大学副教授塞佩在其论文中指出,美国财政部设立 TARP 后,在决定是否给予某些金融机构支助时,会设置在符合特定条件下美国政府可指派董事的条款。根据美国财政部报告显示,至 2012 年为止,美国已向包括美国国际集团(AIG)在内的 15 家金融机构任命了 26 名董事。具体参见 Simon M. Sepe,"Intruders in the Boardroom:The Case of Constituency Directors"(2013),91 *Washington University law Review*,p. 7。

[38] 参见《公司法》第 67 条。

于某些政治目的为向导。[39] 我国国企即为典型之一。出于社会就业和稳定考虑,国企不敢自主减员增效,以至于拖着蹒跚之身上路。地方政府为了企业上市,为政绩添金加银,不惜国企集团的优良资产进行剥离、重整,余下大量不良资产则由集团其他子公司承担。凡此种种,可谓见惯不怪,却无不与公司利益相左。由此可见,背后主体利益诉求差异的存在,使作为"代理人"的选区董事之间出现矛盾也难以避免。

(二)问题之二:是否需要公司法保护

即便承认各选区董事之间存有不可避免之矛盾,另一前置性问题是这些选区董事背后的"选民"是否需要公司法提供特别的保护。因为这些"选民"如有其他途径可获得保护,则公司法不必在乎选区董事的利益冲突,甚至选区董事这一概念本身也失去意义。对此问题,美国亚利桑那大学副教授塞佩(Sepe)独创性地提出一种分类标准,他将选区董事背后的"选民"主体分为两大类:一类是普通股东(common shareholders),即传统意义上的公司出资人;另一类是非普通权益权投资者(non-common equity)。这类投资者是选区董事的"选区选民",即其背后的利益主体,包括上述的职工代表、政府、公司债权人和基金投资者等。[40] 传统契约理论认为,对于普通股东而言,他们与公司之间存有不完备契约关系(incomplete contract)。[41] 这种特殊的契约关系意味着,普通股东无法在契约中详尽规定董事的所言所行,也因此无法通过契约的方式保障自身的完备利益。而且,普通股东与公司生死相随,[42]作为剩余权益请求者,他们无法像非普通权益投资者那般可定期获得收益。[43] 鉴于此,普通股东需要委派代表自身利益的董事,以保障自身利益。非普通权益投资者则不同,他们与公司关系并非不完备契约关系,他们可通过与公司签订详尽的契约保障自身利益。公司的日常经营管理并不会对他们的利益造成重大影响,他们不必像普通股东一样敏感于公司日常琐事,事先签订的契约因而也不必注重于公司各种潜在的"小问题",更不必在契约中穷尽一切的可能性。而且,他们不仅可定期获得"分红",还能在公司陷入一定困境时抽身而出,无须像普通股东那般与公司共患难。[44] 此外,有学者提出,非普通权益投资者可通过公司法之外的法律机制进行保护。[45] 比如职工权益,可通过劳动法和安全责任法等部门法予以保障,公司债权人则可通过合同法等机制进行保障。将这些本来可通过其他部门法保障的机制,集于公司法一身,无疑会使公司法产生"生命中不可承受之重"。

诚然,非普通权益投资者与公司的契约关系并非不完备契约关系,但这种"非不完备"的

---

[39] 也有国家在法律上明确规定,政府委派的董事须服从于公司利益,而不必受政治目的所干扰。比如以色列,明确规定政府委派之董事须以"公司利益最大化"为行事指南。See Amir N. Licht, "State Intervention in Corporate Governance: National Interest and Board Composition" (2012), 13 *Theoretical Inquiries in Law*, pp. 597 - 622.

[40] Simone M. Sepe, "Intruders in the Boardroom: The Case of Constituency Directors" (2013), 91 *Washington University Law Review* 7.

[41] 普通股东与公司的不完备契约关系源于经济学者以契约概念分析公司性质的理论。具体参见 Oliver Hart, *Firms, Contracts and Financial Structure* (Oxford University Press, 1995), pp. 21 - 22。

[42] 普通股东可通过股份转让离开公司,但某一普通股东的离开,意味着另一普通股东的进入(或者在转让给其他现有股东情况下,其他普通股东所持股份的增加)。因此,就整体上而言,公司普通股东与公司生死相伴。

[43] 非普通股权投资者的定期收益有别于普通投资者,比如债权人的收益是通过"利息"体现,而职工的收益则通过"工资"体现。

[44] 比如对于风险投资人而言,他们往往会在投资条款中约定退出机制。

[45] See Ronald Chen and Jon Hanson, "The Illusion of Law: The Legitimating Schemas of Modern Policy and Corporate Law" (2004), 103 *Michigan Law Review*, pp. 1 - 149.

契约关系仅仅是相对普通股东而言的。从非普通权益投资者自身角度考虑,公司日常管理的一举一动仍与其息息相关,他们对管理人员的行为也具有敏感性,只不过这种敏感性相对普通股东而言不那么"高"。塞佩通过经济学论证,认为非普通权益投资者对管理人员的敏感度取决于公司的资产净值(net worth)和资产波动性(asset volatility)。公司的资产净值决定了公司抵抗亏损的能力,而资产波动性决定管理行为对公司资产价值的相对影响性。资产净值越大,则非普通权益投资者的保障程度越高。资产波动性越大,则意味着公司资产净值受公司管理层的影响越高,非普通权益投资者对公司管理人行为的敏感性也因而越高。[46] 由此可见,非普通权益投资者并非对公司管理行为不具有敏感性,而是其敏感度取决于公司的资产净值与资产波动性。当公司欣欣向荣之时,公司资产净值一般较高,而资产波动性较低。此时,非普通权益投资者应无必要对公司委派董事、指手画脚,因为此时的他们对公司管理人员的行为并不具有较高敏感性。然而,公司的发展不可能一帆风顺、永远处于发展高峰期。对于更多的公司而言,他们大多或者处于发展上升期,或者处于衰落期。但无论是前者,抑或后者,都意味着公司资产净值与资产波动性会对非普通权益投资者的敏感度产生负面效果。

此外,信息不对称也会使非普通权益投资者产生不安全感,特别是在公司处于衰落时期,公司债权人会想方设法,获悉关于公司一切的关键信息,以确保债权按期偿还。如无董事席位,则所获悉之"破碎"信息难以构成完整图像。对于发展上升期的公司而言,非普通权益投资者所关注的是"隐藏的公司价值"(hidden corporate value)。通过"窃取"隐藏信息,可便于将来决策。但这些价值信息,只有作为公司管理人员才能全面获悉。如不委派董事,他们很难全面了解这些"隐藏"着的信息。信息披露固然是解决这一问题的途径之一,然而信息披露具有一定的"滞后性",且在中国特定背景下,信息披露的真实度与充分性也不无疑问。

上述问题使非普通权益投资者委派代表自身利益的人当选董事具有一定的正当性。然而,有异议观点提出,这些非普通权益投资者应当由(或已有)其他部门法提供保障,无需公司法承受如此之重负。但其他部门法所提供之保障机制,属于"外部性监督",而外部性监督的缺陷在于它无法向非普通权益投资者提供"硬信息"(hard information),[47]且其救济方式属事后救济。事后救济的最大缺陷在于权益损害的发生已成既定事实。所谓的"恢复原状"等事后救济方式即便能使非普通权益投资者在经济上获得补偿,其他非"经济"上的(间接)损失却很难"还原"。如通过改造公司内部权力配置规则,则可在很大程度上防患于未然。鉴于此,公司法在保障非普通权益投资者方面不仅必不可少,且举足轻重。

五、如何应对

(一)现行规定:统一的信义义务规则

如何应对董事异质化嬗变,是公司法不可回避的问题。然纵览各主要法域之规定,不难

[46] See Ronald Chen and Jon Hanson, "The Illusion of Law: The Legitimating Schemas of Modern Policy and Corporate Law" (2004), 103 *Michigan Law Review*, pp. 1 - 149.

[47] 所谓硬信息,是指可经验证的信息。与其相对应的是难以经受验证的软信息。具体参见 Jean Tirole, *The Theory of Corporate Finance*, Princeton University Press, 2010, p. 85。

发现，各国在这一问题上，竟出奇一致，即采取统一的信义义务规制董事。无论董事背后的选区是何、利益主体是谁，所有的董事均需遵循统一的义务规定。在美国，早在19世纪中期，普通法便已确定董事对公司负有信义义务。[48] 美国长期以来所奉行的股东首要价值理念，使对“公司负有信义义务”实质上转化为对“股东”负有信义义务。[49] 这一理念在特拉华州贯彻最为彻底，该州法院在2007年一案判决中直接指出：“董事负有为股东利益管理公司的法律责任。因此，他们在履行这一职能时，其行为受信义义务之约束”。[50] 如董事罔顾这一义务，以背后的选区利益为导向行事，造成其他股东受损的，则视为义务的违反。2009年影响重大的*Trados*一案就是对这一原则的重申。[51] 在英国，传统的普通法认为董事仅对公司而不对股东负有信义义务，因为“公司中股东之联合具有集体性”。[52] 2006年英国《公司法》第171条也明确规定董事须为“公司的成功”而行事。

在德国，虽然学界对公司性质存有“契约说”和“实体说”两种截然不同观点，但在立法上，德国采取“实体说”，[53]即董事行事须对公司这一“实体”负责。此后，股东财富最大化的观点虽有所流行，但“实体说”这一根基并未动摇。在新近修改的公司法中，德国虽未对董事的忠实义务作出明确规定，但在分散的案例中，法官一致认为，董事须对公司负有信义义务。[54] 这一信义义务对包括监事会成员在内的全部董事统一适用。这意味着即便是作为职工代表的董事，其行为仍然受到该义务的约束，而不得服务于其背后的职工。在我国，《公司法》第147条第1款规定：“董事、监事、高级管理人员应当遵守法律、行政法规和公司章程，对公司负有忠实义务和勤勉义务”。就依字面意思而言，我国董事仅对公司负有义务，而不对股东或其他利益主体承担义务。但王保树教授认为，“公司利益”应当借鉴德国“企业利益”的概念，[55] 即公司虽“有自己独立的利益”，但“这一利益具体表现为投资者的利益、职工利益和其他参与者利益。企业的机构在进行决策时必须考虑到各方面的利益”。[56] 然而，无论是按照字面严格解释董事仅对公司负有义务，抑或参照德国“企业利益”概念将该公司概念扩大化，它们均有一共同特点，即董事所负之义务是统一的，并不因其背后利益主体的不同而承担不同标准的义务。

英美法系和大陆法系国家在董事义务的具体内涵与判断标准上可能有所差异，但在义务统一方面，却不谋而合。这种统一的信义义务乃基于董事同质化的假定，因为董事同质化，所以义务统一化。就以此角度而言，所谓董事义务，毋宁是董事会义务。然而，随着选区董事的出现与发展，董事异质化的倾向愈为明显，同质化的假定也遭受挑战。在此种情况下，如仍坚

[48] 在经典的*Dodge v. Woolsey*, 59 US (18 How) 331,341(1855)一案中，法官认为“法院有权利抑制公司经营者可能会减少股东红利或股票价值的行为”。

[49] 参见林少伟：《论公司利益：一种普通法的解读》，载《中山大学法律评论》2012年第10卷。

[50] *N. Am. Catholic Educ. Programming Found., Inc. v. Gheewalla*, 930 A. 2d 92, 101 (Del. 2007).

[51] *In Re Trados Shareholder Litigation, Inc.*, No. Civ. A. 1512 – CC, 2009 WL 2225958 (Del. Ch. July 24, 2009).

[52] 英国普通法一直认为董事仅对公司负有义务，但这一理念并不意味着董事在任何情况下均不对股东负有义务。在*Peskin v. Anderson*一案中，上诉法官对董事对公司所负之信义义务与董事对股东所负之信义义务进行了区别，认为二者之间具有清晰界线。但在某种特定情况下，如董事与股东之间具有某种特殊的事实关系时，董事对股东也负有信义义务。具体参见 Paul L. Davies and Sarah Worthington, Principle of Modern Company Law (Sweet & Maxwell, 2012), p. 507。

[53] 参见德国《1937年公司法》第70条规定。

[54] Martin Gelter and Geneviéve Helleringer, “Life not the Painted Veil! To Whom are Directors’ Duties Really Owed”, ECGI Working Paper Series in Law, No. 255/2014, April 2014.

[55] 参见王保树：《公司社会责任对公司法理论的影响》，载《法学研究》2010年第3期。

[56] 参见［德］托马斯·莱赛尔、吕迪格·法伊尔：《德国资合公司法》，高旭军等译，法律出版社2005年版，第31页。

持现行之规定,可能会使董事与公司陷入两难困境。首先,董事无所适从。当董事受某主体委派而占董事会一席时,他会被寄望于为此主体服务,为之利益行事,否则有违"代理"之本。如因此行事而与公司利益冲突,则显然违背统一的信义义务。鉴于此,董事难免进退维谷。其次,公司难以融资。统一义务的强制实施,会使选区董事只能选择服务于"公司",而置其背后"选民"利益于不顾。如此一来,非普通权益投资者在决定是否投资公司时,难免会有所顾虑,而这种犹豫不决的态度无疑影响公司的顺利融资。对于急需资金的公司而言,强制性的统一义务无疑弊端毕现。

(二)可能的替代途径

1. 以选区义务代替统一义务

既然统一的信义义务无法适应董事异质化的发展趋势,则废除统一规定,替之以个体的选区义务似乎是当然的选项。如此一来,选区董事不必因听从于背后的利益主体行事而担忧违反统一的信义义务规则。非普通权益投资者也可名正义顺委派董事,使之代表自身利益行事,而不必再三顾虑,公司也更易获得融资。然而,这一替代途径逻辑过于简单直接,它只看到统一义务的缺陷,忽视了其本身存在的优点,犯了一叶障目的错误。统一的信义义务基于董事同质化假定,而董事同质化很大程度上以普通股东为基准。普通股东因不完备契约关系,无法通过契约保障自身权益,至少难以像非普通权益投资者那样可通过相对详尽的契约条款捍卫自身权益。股东"所有权"其中一种表现之所以为"剩余索取权",其原因便与不完备契约关系息息相连。因为契约不完备,无法穷尽一切可能情形,普通股东得以享有委任董事之权利。股东因此委任而享有公司"控制权"之时,也意味着无法像非普通权益投资者那样获得"固定红利",而只能享有"剩余"之"索取权"。传统的统一信义义务一旦完全废除,必会动摇普通股东的地位,使之权益摇摇欲坠,非普通权益投资者的权益虽得以保障,但普通股东则处于劣势,正义之天平也因而失衡。

此外,废除统一义务,也将面临巨大的立法成本。作为规制董事行事标准的信义义务规则历史悠久,影响重大,也是支撑各国公司法的主要框架。假如废除这一义务,另行代之以选区义务为标准,不仅意味着公司法须推倒重来,也需高超的立法技艺。我国公司法发展只有区区二十余年,推翻原有的广为接受的统一信义义务规则,不仅需要立法技术,更需要胆量和智慧。在我国面临着严重的双重代理成本情况下,董事义务之强制执行依然令人大失所望。此时改弦更张,废除原有的全部规定,而代之以全新的义务标准,其效果自值得怀疑,更有可能得不偿失。

2. 权力下沉:专门委员会的角色

在无法对统一的信义义务规则进行彻底废除前提下,或者可通过改变公司内部权力结构的配置,以实现同样的效果?例如,设立各种专门委员会,将董事会的权力下沉,使之原本"集权"的模式分散化,并通过聘请独立董事担任各专门委员会主任,以强化内部权力监督。通过这种权力下沉,董事会不再掌权于一切,董事会成员可供操纵的权力也进而相对降低,选区董事也无需背负太多的压力以取悦于背后的选民。依此角度来看,专门委员会实际上可以缓冲选区董事与背后选民以及各董事之间的潜在冲突。

专门委员会的设立早在1999年经济合作与发展组织(OECD)颁发的《OECD公司治理原则》中就已提出。我国2002年颁布的《上市公司治理准则》也提出,上市公司可按照股东大会的有关决议,设立战略、审计、提名、薪酬与考核等专门委员会。公司也可根据具体情况的不同,设置其他的专门委员会。比如中南传媒为主导传媒产品管理制度的制定,设立编辑委员会。中铁公司因属于高危板块,特成立安全健康环保委员会。这些专门委员会设立初衷在于,一方面,可将公司的部分事项交由专业人士,提高公司的专业化管理;另一方面,也可以将董事会权力下沉,避免其大权在握、恣意决策。专门委员会的设立固然在提高专业化管理方面有所帮助,然而强调其"分权"角色则过犹不及。因为它虽在某种程度上可实现权力下沉,但这种下沉更多的是形式上的表征,而非实质意义上的权力分散。在我国,专门委员会并非是权力的行使者,而是以"咨询者"的角色存在。其专业性的判断仅供董事会参考,而无单独决断的权力。根据我国学者统计,目前上市公司100强中,没有一家公司年报出现单独的专门委员会报告,且关于专门委员会的具体信息(如成员等)也很少披露。在会议次数方面,最重要的三个专门委员会,审计、薪酬和提名委员会每年开会次数平均值为3.82次、2.59次和3.12次,与美国公司平均值的7.6次相比明显不足。[57] 由此可见,专门委员会空有其表,实质上已沦为我国上市公司完善公司治理结构的装饰品。所谓"权力下沉"的功能,根本难以彰显。在董事会仍然大权在握的情况下,非普通权益投资者依然会追逐董事会议席,而其委派之选区董事也将继续处于左右为难的地位。

3. 保密义务的松绑

有学者认为,非普通权益投资者之所以要求委派董事介入公司,本意在于获取公司内部信息,尽最大程度减少信息不对称,以便准确预判公司经营战略及走向。[58] 各国公司法一般禁止公司董事向他人泄露公司秘密,[59]我国公司法对董事也有保密义务的规定。根据第148条的规定,董事、高级管理人员不得"擅自披露公司秘密"。依此条款,即便是受非普通权益投资者委派的选区董事,也不得向其背后的"选民"披露公司秘密信息,否则违反董事义务。鉴于此,在不废除统一信义义务规则的前提下,可通过适当放宽保密义务的禁止性规定,允许选区董事与其背后的"选民"分享公司秘密,以实现非普通权益投资者的利益保障。

但保密义务的松绑也可能产生负面后果,其他非普通权益投资者得以获悉公司秘密信息后,可能会加剧公司内部冲突。比如,受职工大会选派的职工代表董事,在提前获悉公司内部正在讨论裁员事宜后告知职工。这很可能会引起工会不满,甚至导致罢工以胁迫公司取消相关决策。此外,保密义务松绑是否能真正为非普通权益投资者提供保障尚存疑问。首先,非普通权益投资者委派董事的主要意图在于获取公司秘密信息这一论断本身值得商榷。原因在于,他们完全可以通过契约的方式获悉公司秘密信息。换言之,他们可以通过在契约条款中详细约定公司须定期汇报有关经营信息,以随时掌握公司经营情况。与委派董事相比,这

[57] 参见杨海兰、王宏梅:《上市公司董事会专业委员会的设立及其在中国的现状分析》,载《当代经济管理》2009年第4期。

[58] Martin Gelter and Geneviéve Helleringer, "Life not the Painted Veil! To Whom are Directors' Duties Really Owed", ECGI Working Paper Series in Law, No. 255/2014, April 2014.

[59] 比如在美国,董事保密义务的规定并非源于制定法,而是来自模范商业公司法(MBCA)的规定,特拉华州后来也规定董事负有保密义务。此后,随着Hewlett-Packard泄密丑闻的调查以及股东积极主义的勃兴,美国公司董事指导手册(Corporate Directors Guidebook)明确指出董事向他人不当披露非公众信息可能会产生内幕交易和承担个人责任。具体参见Cyril Moscow, "Director Confidentiality" (2011), 74 *Law and Contemporary Problems*, pp. 197-209。

一途径似更为高效，成本更为低廉，公司也更愿意接受，但实践上非普通权益投资者却倾向于委派董事，而非选择通过契约方式获取信息。由此可见，他们本意并非在于信息的获取。其次，非普通权益投资者并不仅仅满足于信息本身，其意在参与（甚至控制）公司内部治理。对于这些非普通权益投资者而言，他们并非平凡之辈，也可通过外部机制保障自身权益。比如职工可通过罢工方式捍卫自身利益，而政府可通过管制途径对公司严加看管。但这些均属外部性监督，且其救济方式主要在于事后，无法提供充分的事先救济。只有委派董事进入董事会，介入公司内部管理，方可能充分有效地保障各主体利益。由此可见，即便放宽对保密义务的规定，也难以解决选区董事的义务困境。

4. 缺省性规则的切入

公司法规则根据不同标准可作不同分类。其中一种标准将公司法规则分为三类：一是赋权性规则（enabling rules），即授权公司通过章程自主约定规则，且当然的具有法律效力。二是缺省性规则（default rules），即除非公司另有约定，否则直接适用公司法规则。三是强制性规则，即不允许公司章程加以变更或排除的规则。如前面所述，各国均将信义义务规则作为强制性规则，不允许公司各参与方通过章程约定加以变更。罗培新教授也认为信义义务规则应直接认定为强制性规范，因为其对“因公司长期合同的不完备性而使股东合意面临着的诸多漏洞，起着拾遗补缺的功用，故应当为强制性规范”。[60]

然而，这种强制性的统一义务乃基于董事同质化的假定，而该假定随着选区董事的崛起与发展正受质疑和挑战。为适应这一新型的发展趋势，在不废除统一的信义义务规则下，可改变该规则的性质，将之归类为缺省性规则。这一应对路径有两大优势：第一，具有固守性。统一性的信义义务规则依然得以保留，公司法的构造框架基本不变，也无需根本性变革，更可避免巨大的立法成本。第二，具有变通性。信义义务规则作为缺省性规则，可由公司自主选择。如公司认为有必要，可选择不适用这统一性规则，选区董事也可光明正大的作为其背后选民的传声筒，而不必担忧可能因违反原有的信义义务规则而遭受处罚。以此来看，缺省性规则的切入，实质上是在遵循传统统一信义义务规则下，为适应选区董事崛起而作变通的妥协品。

当然，将董事信义义务改为缺省性规则只是应对选区董事的宏观性路径，在具体制度设计方面需相当谨慎。比如，缺省性的信义义务规则主要针对横向的代理成本（即股东之间矛盾），它并不意在解决纵向的代理成本（即股东与董事之间矛盾）。因此，如董事利用权力，以公司或股东利益之代价图谋个人私利，则仍应承担相应责任。

5. 公司社会责任

公司须承担社会责任已是学界共识。尽管对公司应承担何种社会责任存有不同意见，但非普通权益投资者作为公司利益相关人，归属“社会责任”并无争议。以此来看，通过强调公司的社会责任，进而保障非普通权益投资者，或是解决董事异质化的路径之一。然而，公司社会责任作为公司“对社会承担的一种义务”，[61]如何实现该义务一直以来并无定论。学界关于

---

[60] 罗培新：《公司法强制性与任意性边界之厘定：一个法理分析框架》，载《中国法学》2007 年第 4 期。
[61] 周友苏：《新公司法论》，法律出版社 2006 年版。

公司社会责任的论述也几乎无一例外围绕两大主题：一是道德或非道德性；[62]二是实现机制。[63]前者的道德或非道德性与后者的实施机制密切相连，承认公司社会责任的道德性，实质上部分否定公司社会责任的可诉性，而倡导"超越道德"的社会责任，则在如何"实现机制"方面纠缠不清。理论上的纷无定论也体现在立法方面。我国《公司法》第5条第1款规定："公司从事经营活动，必须遵守法律、行政法规，遵守社会公德、商业道德，诚实守信，接受政府和社会公众的监督，承担社会责任。"该条款是我国首次在立法上明确公司应当承担社会责任，但这一条款因缺乏具体的实施机制而沦落为公司法的装饰品。在英国，《2006年公司法》为公司社会责任的"实现机制"提出了另一种观点，即开明的股东价值(enlighented shareholder value)。[64] 在这一新型的价值取向中，英国公司法虽然强调董事应对公司负有信义义务，但与此同时，它还有两个"创新"之处：第一，它肯定了董事须为股东利益而经营。《2006年公司法》第172条第1款中明确提出，公司董事须善意地为"全体股东利益"并促进公司的成功而行事。这实际上明确了股东在"公司利益"的首要地位。第二，它要求董事在更为宽泛的背景下忠实履行这一义务，即董事在履行第172条第1款义务时，须考虑到其他利益相关者。[65] 英国公司法对利益相关方一一进行列举，实质上是在强调公司所应承担的社会责任。这一条款虽被誉为"公司价值第三条道路"，实质上仍是以股东价值为首要目标，因为要求董事作决策时须加以考虑的利益相关方，并无具体的救济措施可保障其权利不受侵害。无救济即无权利，这种强制约束力的缺位致使开明的股东价值取向之"开明"徒具其表，公司的所谓社会责任也难以有效实现。公司社会责任的实施机制摇摆不定，以此作为应对董事异质化的路径也当然崎岖不定。全然依赖于公司社会责任的实施，显然并非解决董事异质化的最佳路径。

六、结论

深究公司法理念与技术规则背后，可发现一个吊诡的悖论：一方面，聪颖的立法者试图穷尽各种可能的智慧，制定周全完备的规则，以保护(中小)股东利益和提高管理效率，维护并促进商业发展。另一方面，对某些"个别"问题则采取简单甚至"粗暴"的方式，试图化整为零。董事义务则是这一悖论的完美典型。众所周知，董事义务是公司法亘古不变的核心议题。在传统公司法看来，解决如何降低因所有权与经营权之分离而产生的代理成本是其根本目的，[66]而赋予并强调董事义务被认为是解决这一代理成本的有效途径。然而，传统公司法对董事义务采取强制性的统一信义义务乃基于董事同质化假定。这种假定抹杀了董事之间以及其背

---

[62] 例如，参见周林彬、何朝丹：《试论"超越法律"的企业社会责任》，载《现代法学》2008年第2期；朱慈蕴：《公司的社会责任：游走于法律责任与道德责任之间》，载《中外法学》2008年第1期。

[63] 例如，参见胡晓静：《论公司社会责任：内涵、外延和实现机制》，载《法制与社会发展》2010年第2期；甘培忠、郭秀华：《公司社会责任的法律价值》，载《社会科学战线》2010年第1期。

[64] 有关开明的股东价值，参见林少伟：《公司价值取向何去何从：第三条道路的开辟——以英国2006年公司法修改为视角》，载《朝阳法律评论》2011年第2期。

[65] 根据英国2006年公司法的规定，董事在履行义务时，须考虑以下因素：(1)对未来可能造成的后果；(2)公司职工的利益；(3)与公司建立伙伴关系的供应商、顾客或其他人的需求；(4)公司运作对社区及环境的影响；(5)公司对高标准商业行为的声誉的追求；(6)在公司股东之间合理处置的需求。

[66] See R. Kraakman, J. Armour, P. Davies, L. Enriques, H. Hansmann, G. Hertig, K. Hopt, H. Kanda and E. Rock, *The Anatomy of Corporate Law: A Comparative and Functional Approach* (2nd edn, Oxford University Press 2009), p. 14.

后利益主体的潜在利益冲突。选区董事的产生与崛起，使董事同质化受到挑战，董事之间因其各自背后利益主体的不一致而产生冲突，董事异质化现象也逐渐出现。面对这一新型现象，公司法不应坐视不理，而应积极应对。传统的统一信义义务规则显然已无法适应董事异质化的现象，然而对其彻底的废除也会带来巨大的立法成本与利益失衡。通过对各种可能应对机制的分析，本文认为改变信义义务规则的规范性质，使之由原先的强制性规范改为缺省性规范，可谓是相对较佳的应对路径。当然，这一应对路径在具体制度设计方面可能会存在方方面面的问题，但与其坐以待毙，不如主动出击。在传统与创新之间取得平衡以填补实践与理论之间的漏洞，是公司法学者在所不辞的使命。

公司股东之浮现：公司结构基础的重估

科林·麦凯*

引言

该篇文章的主题与此次论坛的议题紧密相关，更具体地说来是关于“先例与企业作为一个机构而诞生”的话题。

笔者今天所呈现的研究，力图解释引导英国法院在1850年至1878年间积极承认公司持股的因素为何，以对现有的围绕“母公司不对其子公司的债务负责”之传统观念的合理性的争论提供一个历史背景。通过对一个重要先例的考察，以帮助厘清公司持股的可预见的以及更重要的可能在于其不可预见的一系列后果。

一、法律问题

一个公司持有另一公司股份的此种能力（如公司持股）为企业集团的发展奠定了基础。当公司持股为企业创造了重要的管理效率之时，其同时也促成了复杂结构之构建——母公司、子公司、子公司之子公司以及关联公司。他们中的每一个主体都是一个独立的法人，其股东可从有限责任中获益。大概来说，有限责任之理念在于当一个公司的资产穷尽之时，股东责任仅限于其股份中尚未缴足之部分。然而，这一数额可能非常小（如1英镑）。

在有限责任具有许多积极属性（如促进企业发展）的同时，如果在公司复杂结构的背景之下它被用于规避责任，那么它应被视为企业不负责（corporate irresponsibility）的基本来源之一。股东不仅可以将子公司中的财产转移，而且，其还能在不承担不利后果之责任的同时，从公司行为中获取财务收益。这将促使他利用其投票权以作出创造利益最大化的决定，但从子公司的行为来看，这些决定往往具有较大风险。除了“企业不负责”之潜在的可能性外，法院大致已通过不允许母公司对子公司的债务承担责任而确认了公司结构。

---

* 英国阿伯丁大学法学院讲师，法学博士。

二、公司股东之浮现

1867 年以前,对另一公司持有股权的权力处于国家和法院的紧紧控制之下,其目的在于减少与投资股票相关的金融风险,因为那个时期的投机性或欺诈性公司十分普遍。

然而,在此篇论文中,笔者将聚焦于一个将近一百五十年前由上诉法院所建立的先例,它标志着法院对公司持有其他公司股权的问题采纳了一种更为积极助推的立场。这个案例是 Re Barned' s Banking Company (1867) 3 Ch 105 (CA)。案件中,一个股份有限公司,The Contract Corporation Limited (Contract Corporation),帮助一个合伙企业变更为公司,并同意认购其股份。该股份以 Contract Corporations 中一些董事的名义为 Contract Corporations 托管。其中一个董事寻求转让其所持有的托管于 Contract Corporations 手中的该新公司的股份。在该转让协议已经提交给登记机关但尚未登记以前,Contract Corporations 却破产了。Contract Corporations 的清算人对下级法院所作出的裁判提出上诉,该下级法院裁判 Contract Corporations 对于该董事所持有的那个新成立公司的股份(该新公司同样也进入了破产程序)负有责任(即承认了 Contract Corporations 对新公司所享有的股东身份)。

上诉法院维持了原判,并成为第一个对 1862 年英国《公司法》(the Companies Act 1862, the 1862 Act)进行解释的法院,其授权一公司可以成为另一公司的股东,此已为公司的合法权利。在对 1862 年英国《公司法》之扩大解释中,大法官 Cairns 指出其他与公司相关的议会法案。例如 1837 年的《特许公司法案》(the Chartered Companies Act 1837, the 1837 Act) 以及 1844 年的《合作股份公司法》(the Joint Stock Companies Act 1844 Act, the 1844 Act)规定了公司可以成为其他公司的股东。他坚持以上两个法案中的解释条款中所规定的"person"一词可以包含法人团体(corporate bodies)。他承认尽管 1862 年英国《公司法》中没有解释条款来明确是否允许法人团体具有股东资格的问题,但他指出 1862 年英国《公司法》是一个修正法案,且其巩固了与公司有关的法律,因此,该种权利已通过巩固过程而予以了暗示。

然而,需要指出的是,在 1837 年和 1844 年法案下所成立的公司并非必然为有限责任,因而他们的股东可能对公司债务仍需承担个人责任。一个在 1862 年法案下成立的公司法人,考虑到其创办人可以决定股东的责任是否为有限责任,这将又是一个非常不同的考虑问题的立场。此外,即使是在 1837 年和 1844 年法案下所成立的公司,它们在理论上可以成为另一法人团体的成员,而其实国家是很少作出对此的授权的,甚至只要有此情形的发生,就将其解释为是出于法院的判决(the letter by the courts)所致。因此,在一个具有相当不同属性的立法之下,同时对于公司债权人也将导致具有完全不同含义的情形下,克莱伦斯(Cairns)大法官对一个传统上十分受限之权力而进行十分宽泛地解释,这也许是应当受到质疑的。

三、对正统立场的挑战

一个重要的问题在于,在 Re Barned' s 案件中,法院未能充分考虑到与公司股东相关的纷繁错综之处,而这一问题与现今关于公司结构的争论息息相关。克莱伦斯大法官坚持认为,既然一个贸易公司可以与个人缔结贸易或合伙关系,那么“一公司不应成为另一公司的成员之一”则变得毫无理由可言。

在一个抽象的层面上,公司股东也不过是一个可以为另一商业化企业提供大量所需资金的投资者而已。Re Barned’s 一案的法院也许是基于这样的观点,即对两个公司间的合营企业的鼓励有利于促进经济的发展,从而对 1862 年法案进行扩大解释以实现此目标。然而,尽管有此种可能性的存在,克莱伦斯大法官的推理却引发了两个重要问题。第一个问题是他没有考虑到公司股东与公司之间关系的复杂性之所在,尤其是关于对公司股东之保护的反响,以及这对于债权人利益来说将产生怎样的影响之问题。他主张一公司持有另一公司股份的情形与一公司同另一公司缔结贸易或合伙协议的情形是相似的,而这个观点并不完整,理由有二:第一,他没有辨认出个人股东与公司股东在位置上具有十分重大的差别。一个公司与一个个人在合伙之下的合作也许可视作是处于同一水平关系之中的,任何一个合伙人可以连带或分别对合伙债务负责。第二,与公司股东相反的是,个人股东不仅无法从有限责任中获得利益,还有可能对所有债务承担个人责任。他们常有遭受无限责任之倾向。相反的是,一公司与另一公司的合营可能被视为是建立了一个垂直关系。由于给予公司股东的是有限责任,他们一般是不可能对其所持有股份的公司的债务承担责任的,因此,这其中就会对公司股东提供重复保护,而对个人股东则没有。该案法院显然没有预见到这一点。

由大法官克莱伦斯的陈述所引发的第二个问题在于其没有识别到通过股权可以达到对公司控制的预期。一个公司可以与个人缔结合伙关系,但基于他们的合伙人的角色,其一般不能控制个人合伙人的行为。相反,在一个公司持有另一公司股权的情形下,持股公司可以在股东会中限制后者的自治权。在合伙中,通过此种能力所达到的公司不负责之潜在风险是没有出现的。合伙人对合伙债务所保有的个人责任不仅意味着可以降低潜在的道德危机,同时由于与他人间存在无限连带责任之关系,合伙不容易导致近似于由一个合伙人单独控制合伙企业之情形。

四、结论

我今天的目的在于为现有的围绕公司结构之不可侵犯性的正统理论的争论提供一个历史上的法学背景。中心论据是基于 Re Barned’s 一案而建立发展起来的,该案法院所建立的先例容许了企业集团的产生与存在;同时,尽管公司股东与个人股东的差别巨大,该法院仍将二者同等对待。例如,公司股东可从“有限责任”的双重保护中获益,而个人股东则不能。此外,法院未意识到通过持股而产生了公司股东控制公司的潜在风险之情形。由于没有预见到这些隐藏的问题,Re Barned’s 一案无意地为企业不负责的潜在性铺垫了基础,更具体地说,是为责任的故意避免和相关道德危机的问题奠定了基础。

信托制度
——商业运行之助推器

罗德里克·R. M. 佩斯利[*]

引言

信托,作为一种法律手段,具有促进商业发展的功能,但它却并未吸引到许多商业律师们的注意。在法人人格诸如有限公司、法人团体或者合伙企业中,一般找不到信托之身影。

更进一步来说,信托是由从事商业活动的人所需要规避的一系列法律所组成的。对于很多商业律师来说,信托被视作一个充满各种复杂之阻碍的法律区域,它就如同隐藏的地雷那样,包含着许多不可预料的责任与义务。当然,这样描述可能有点夸张,但它确实是大多数从商者所惯常运用的一般手法。信托通常伴以一定程度的模糊性与不确定性,其所在领域中,清晰性与可预测性都是十分鲜见的。

一、衡平法和混合法系

这其中的原因十分复杂,但对于商业律师来说,在涉及衡平法效力方面的问题时,信托确实包含有一个不确定性。众所周知,衡平法在普通法系中是与法律规则具有同等效力的一个法律体系,即通过在某些案子里适用一套不同的规则与救济以实现公平正义。对许多商业律师而言,衡平法是双言巧语的来源,在此之中,平实的语言反而少见。对于没有在普通法系领域内生活的人来说,衡平法制度有如一个大厅中的镜子,为了达到一个期望之中的结果,法律原则似乎将被扭曲。

从这点出发,笔者将为你介绍苏格兰法的信托制度。苏格兰被认为是一个拥有"混合法系"的区域,其法律很大程度上采大陆法系体系但也接受了一些英格兰的观念。这让我们能够同时审视两个法系的传统,并且也能促进两法系间的交流。苏格兰的法律没有单独分离出一个衡平法体系,而且时至今日,苏格兰有其自身的信托制度。从这一方面来看,这是十分有

---

* 苏格兰阿伯丁大学教授。

益的。苏格兰的信托制度的存在与运行并不依赖于衡平法。在苏格兰法中,并没有“衡平法之所有权”的概念。苏格兰的整个信托制度是由大陆法系的律师所熟知的物权和人身权所构成的。该信托制度因而允许有信托利益的存在并且对不确定性的减少也寄予了一定预期。苏格兰的信托制度完全与其法系的其他制度相匹配,并让苏格兰的信托律师能够对我们欧洲大陆上的邻居们清楚地将该制度讲解清楚。现已有大量的对苏格兰信托制度的学术研究的存在,其通常是从大陆法系律师的角度出发。该制度的其他方面现也在慢慢进入欧洲的其他法律体系之中,它们将信托用于促进商业与投资的发展。

基于这个原因,苏格兰信托制度已成为一个促进商业活动的吸引力十足的发动机。

在此,笔者将介绍它的一些特点。

二、法人人格

对于经商之道,其中一个关键的出发点在于找到促进该贸易发展的助推器之所在。法学家认为其包含了对法律人格的认定问题。由于只有法人有这种权利,同时也能要求其承担相应的法律义务,所以这一点也是比较重要的。信托一般不具有法人人格,因而要弄清其一开始是如何被用于贸易之中,是比较困难的。

然而,信托法要做到这一点,则通过对那些希望运用它的人提供一种在不同法人人格间的关系而为之。

信托一般被视作包含了至少分演于不同角色的三个主体的一种三重关系,他们是受托人、信托人和受益人。在此关系中,信托为一些广泛存在的组织诸如集体投资、信用债券、运动设备以及分时享用度假别墅之所有权,提供了一种结构。

信托不仅只是存储财产的工具,其也许可被用于贸易与商业当中。在一个设计恰当的信托当中,受托人也许可以拥有与任何个体在商业活动中所享有的民事能力相等的行为能力。由此我们可以注意到信托在商业中的一个主要特点。成文法并未对公司章程的标准格式作出规定。大部分信托是由个体起草人来起草的。因此,这则需要一个有较高技术与经验较为丰富的律师来处理其中可能发生的问题。可以毫不夸张地说,能够熟悉运用信托的律师的数量是远远少于精于公司法的律师的数量的。

三、关注所有权与控制权

根据信托,受托人可以拥有财产,增加投资,缔结合同以及增加责任。受托人组织会为由信托所有的任何财产的所有权与控制权,提供一个关注的焦点。信托财产的所有权掌握于受托人手中。他们是一个小的团体,就如同董事会一样,对相关业务要进行积极管理。与之相对,受益人可能会扩张为一个更为宽泛的个人组织,其既不会参与管理,也不会拥有所有权,但他们能够根据信托契约之条款而要求受托人承担责任与义务。因而此种关系与股东和董事会之关系有着大概的相似性。

另外,受益人有权罢免和替换受托人。这通常需通过法院之程序来予以实现,且通常被视作一种最后的救济手段。在许多信托合同的起草中便已规定受益人有权指定一个或多个受托人,或者影响受托人对其权力的运用。

同时,还有可能存在一个被称为“保护者”的第三方以监督受托人。该第三方针对受益人的利益扮演了一个警察的角色。他通常不受受托人之影响而独立的被予以指认,并有权审查受托人的账目和交易情况。

四、多数人之参与

谁能够从信托中获益,要看其是否属于受益人的范围,而这些都是由信托契约来决定的。当更多的人进入或离开这个受益人团体时,它就像一个气球一样,可以扩张伸缩。这种进出的随意性对商业行为来说具有很多益处。它能够让信托像存取资金那样被用于投资,还能让信托对公共设施发挥非常的效用。基于此,信托成为大多数分时享用度假别墅之所有权和不动产投资之基础。

不同权利层级的受益人对权利的享有就如同持有股票一样,所以一个复杂的参与层级也可以在特殊情形中来予以规定。

五、遗产之独立性

谁将对信托之债务承担责任?

第一个原则在于受托人本人的遗产或财产是独立于其作为受托人身份而管理的遗产或财产的。此将有利于促进增加受托人职业吸引力,因为受托人的个人财产并不用对因其信托过程中的不当行为而产生的不利后果承担责任。受托人财产之保护可以通过选择一个有限责任公司作为受托人而予以实现。

第二个原则在于不享有财产之所有权的受益人,一般情况下也不对信托债务承担责任。因而,责任范围的限定将使信托作为一个企业发展的发动机以吸引大量的投资者前来投资。

六、信托义务

就像有限公司的董事一样,受托人对受益人要履行信托义务。当处理信托事项时,其必须将受益人利益置于自身利益至上,必须要避免利益冲突的发生。实际上,法律关于受托人之规定仍处于完善阶段,苏格兰法在这个问题则存在不确定性,即在何种程度上为受托人设定义务仍不能确定。因此,信托合同通常充斥着关于对受托人的赔偿和防卫条款。最后需要注意的是,苏格兰法至今避免了普通法领域中所产生了的极端过量之信托之情形。该种手段用于在困难的情形中以实现公平正义,同时它通常可对受托人有不当行为之不能预见的情形施加责任。苏格兰法替代使用了不当得利之法。

七、关于隐私

与有限责任公司不同的是,信托之登记通常是不必要的。信托可以私下设立,因而它有一定程度的隐私和秘密权。当然,金融市场可能要求在特定情形中要进行信息披露,但那是另外的问题。信托仍然能够让受益人在所有者不知情的情况下而从财产中获益。

八、结论

信托当然不应只是作为商业的发动机而被一笔带过,对于非商业之情形,它们也显示了更强的适用性。它与很多其他法律概念,包括像“人格权”那样,有着同样重要的法律地位。它应被视为商业运行中的一个良方。

日本版集团诉讼
——新《消费者审判程序特例法》概要

坂本真树[*] 著 张诗萌[**] 译

一、前言

2013 年 12 月 11 日公布了《关于集团性弥补消费者财产损失的民事审判程序特例的相关法律》(以下简称《消费者审判程序特例法》)。这一法律也被称为《日本版集团诉讼》。据此为弥补可能产生的大规模广泛性消费者受害提供了法律救济手段。本次演讲主要围绕以下三点:第一,本法的立法过程;第二,本法的结构;第三,本法给营业者带来的影响。

二、立法过程

(一)以前存在的问题

当今社会经济结构多变,消费者损害呈现出复杂化、多样化趋势。日本于 2009 年 9 月设置了消费者厅。设置这一机构的目的是实现以消费者和生活者为主导的社会,增进以及维护消费者利益。消费者损害的特征如下:第一,小额、同种损害多发;第二,损害金额与解决纠纷所需花费以及同劳动力之间的关系不对等;第三,由于消费者和营业者之间信息及能力不对称导致单个消费者很难亲自提起诉讼来弥补损害。

在这种情况下,2007 年 6 月,日本通过修改《消费者合同法》,导入了《消费者集团诉讼制度》。消费者集团诉讼制度,是指为了维护受内阁总理大臣认可的"适格消费者团体"不特定多数消费者的利益,针对营业者的不当行为,在诉讼内外进行停止请求。停止请求的对象包括:"消费合同法中不当劝诱行为和不当合同条项","属于赠品表示法中的优良误导表示,有利误导的广告和表示","签订特殊协议,将特定交易相关的法律上的冷却期视为无效或者签

* 日本静冈大学人文社科部法学科准教授。
** 上海大学法学院研究生,东亚比较法研究中心研究员。

订包含因解除合同导致损害赔偿超过限额的特殊协议的合同”。2014 年 10 月 1 日,现存有 11 个“适格消费者团体”。2013 年 7 月 5 日,停止请求诉讼以及在诉讼外共有 111 起案件得到改善。

涉及停止请求最多的是与合同条款相关的案例(日本《消费者合同法》第 8 条)。与营业者签约时的合同条款中,记载有营业者方全部或部分的免责条款被认为是停止请求的案例很多。例如,合同中规定的在教室内受伤·被盗等营业者不负原则上责任的培训学校受教合同的条项以及通信销售合同中记载的全部免除与用户记录相关营业者的法定责任的条款,都作为停止请求的对象被予以删除或修改。

通过运用消费者集团诉讼制度,消费者权益保护开始取得一定成效。然而,对于那些停止请求的案例,即使是得到判决或和解了的,因该营业者过去实施的同一行为而受到损害的个别消费者是否得到救济是不明确的。有关这点问题很早就被指出来了。

2009 年消费者厅及消费者委员会设置法附则中,以消费者厅成立 3 年为目标作出以下规定:“包含有防止加害人隐藏或者耗散财产,剥夺给多数消费者造成损害的加害人的不正当收益的制度,对受害人进行救济,并将对此采取必要措施。”在此基础上,开始正式地对本法的制定进行研讨。最终,于 2013 年 12 月 11 日,本法得以公布。目前尚未施行,最迟预计要到 2016 年年末才会实施。

(二)现行制度

即使在现行的民事诉讼法制度中,遭受损害的消费者也可以请求损害赔偿。在人身损害的情况下,诉讼代理人结成“受害团体”,以共同诉讼的形式进行诉讼,且为赔偿集团性损失设置了“选定当事人制度”。这一制度具体表现如下:在涉及多数当事人的诉讼中,从拥有共同利益的多数人(选定人)中选出代表(选定当事人)。授予这些选定当事人诉讼追行权,这些人作为当事人代表全员的利益进行诉讼,以实现诉讼简单化、简易化的目的。

即使在单个损害金额少、人数众多,基于共同原因受到损害的情况下,这一制度也可以发挥作用。该制度在选定人和选定当事人相互了解的情况下可以很好地得到适用。相反,在大规模、广泛性消费者受损失的情况下,选择一个完全不认识的人作为选定当事人的可能性很小,因此,这一制度很少在实际中应用。

此外,还有一种与有关小规模纠纷的纠纷额相对应的,用时间、费用、劳力来解决的“小额诉讼”制度。原则上,是一次口头辩护审理终结。调查取证也受到限制。审理后直接宣判。一年内提起了 2 万多件处理 60 万日元以下的支付请求。这一制度力求迅速有效地解决问题。但对于有复杂争点的消费者侵害能发挥多少作用并不明确。

三、《消费者程序特例法》的结构

《消费者审判程序特例法》的特征在于它拥有两个阶段。第一阶段是确认不特定多数消费者是否由同一金钱给付义务;第二阶段是开始进行向个别消费者金钱给付的诉讼。

（一）第一阶段

第一阶段中根据一般诉讼，设置了“共同义务确认之诉”这一诉讼类型。以下介绍的特定适格消费者团体在没有取得对象消费者授权的情况下，独自向营业者提起诉讼。

特定适格消费者团体认定消费者受到侵害，并认为有必要以团体的方式进行集团救济，便将问题营业者作为被告提起诉讼。这种情况下并不需要受侵害消费者的委托或者授权，也就是说，以存在“相当多数”的对象消费者为诉讼要件。

这里，如何认定损害状况是个问题。法律第91条规定，接受由国民生活重心及地方公共团体加上团体单独调查所提供的“消费者与营业者之间产生的与消费者生活相关的投诉情报”。由此，就能知道消费者损害状况。

共同义务确认之诉以共同义务是否存在为前提。共同义务是指，对于所有对象消费者都存在的、单个被害人并不影响结论的争点。例如，预付学费的外语学校，规定了合同解约时不归还学费的情况下，这一规定的有效性就是共同的争点，属于确认对象。单个对象消费者具体支付金额是个别争点，属于第二阶段程序的问题。也就是说，第一阶段只确认营业者是否应该对对象消费者负有金钱给付的义务。

诉状中记载了“对象债权以及对象消费者的范围”。第一阶段判决的既判力约束被告营业者、提起诉讼的特定适格消费者团体以及原告以外的特定适格消费者团体，但是，不约束对象消费者。因此，即使特定适格消费者团体败诉，也不对对象消费者产生约束力。也就是说，个人还是可以提起诉讼的。

（二）第二阶段

第二阶段是对象债权的简易确定程序，是决定向谁支付多少金额的程序。也就是说，在第一阶段得到共同义务确认判决的特定适格消费者团体在确认判决确认后一个月内，必须申请开始简易确定程序（第14条，第15条）。此后，这一提出申请的团体被称为简易确定程序申请团体。

作为被害人的对象消费者，根据第一阶段的判决进入第二阶段程序。是否进入第二阶段程序可以由对象消费者自主选择。这与美国版集团诉讼的撤退方式，即只要不作出退出审判程序的意思表示，就强制性的接受判决效力不同。它可以选择性加入，被称为选择性加入方式。因此，进入第二阶段的简易确定程序的对象消费者就必须受判决效力约束。

第二阶段简易确定程序是用来确定对象消费者个别债权的程序。继续进行诉讼的主体是“简易确定程序申请团体”（特定适格团体），对象消费者将继续诉讼的权利授权给这个团体（申报消费者）。为了能简易迅速推进程序，不采用一般民事诉讼程序，而通过灵活的讯问方式进行，取证也只限于书证。

对于简易确定决定，被告营业者、简易程序申诉团体以外，届出消费者也可以申诉异议。如果对于决定有异议，则移行到异议后的诉讼程序。异议后的诉讼与一般民事诉讼程序相同。

（三）当事人

遭受损害的消费者不提起诉讼的理由包括信息不对称和消费者知识不足，而且，从经济合理性来考虑，数十万日元的损失还不到提起诉讼的程度。通常都是损失金额超过百万日元才会有消费者提起诉讼要求赔偿损失。在日本，公共窗口一年会收到80万件到90万件的被害磋商案件。然而，这个数字不到受侵害消费者人数的一成。由此可知，真正提起诉讼的只是极少数被害人。

基于上述原因，收集来大量请求认为有必要建立一个能够减轻人均费用和劳力的机制。为避免营业者方针对集团诉讼滥诉，实行以第三人为执行诉讼的主体这一制度设计。执行诉讼的团体是“特定适格消费者团体”。目前，基于消费者合同法行使停止请求权的“适格消费者团体”是内阁总理大臣认为具有继续进行损害赔偿审判程序的必要适格性的团体。如果在第二阶段简易确定程序中做出让营业者方金钱给付判决，该笔金钱并不直接向对象消费者给付，而是暂且先给付给特定适格团体，而后根据法院的认定分配给对象消费者。因此，从适格消费者团体到被认定为特定适格消费者团体，必须满足一定严格的要件。

四、《消费者审判程序特例法》给营业者带来的影响

《消费者审判程序特例法》并不是特定适格消费者团体在被害人的授权下针对实施了不当行为的被告营业者提起损害赔偿之诉的法律，而是依据从被害人以及国民生活中心处收集到的信息由团体作出判断提起诉讼。目前，“适格消费者团体”有11个。但当本法施行时这些团体中哪一个会被认定为“特定适格消费者团体”还未可知。因为未将那么多乱立的团体考虑在内，很难想象诉讼乱发的情形。要说给营业者带来的影响不仅是赔偿的高额化，还面临着名誉上的风险。也就是说，对于此前由于个人受损金额较少，举证困难而未起诉的案件，营业者潜在的诉讼风险如今已浮出水面，而且，被起诉会给营业者评价带来很大影响，甚至可能会导致营业者破产。

五、结语

以上论述简单介绍了《消费者审判程序特例法》。最后，以施行前可以想到的几点法律问题作为结语。

首先，特定适格消费者团体一年中可以在何种程度上提起诉讼？目前活跃的适格消费者团体都是NPO等非营利性团体，其运营基本靠捐赠维持。本法规定，适格消费者团体在胜诉的情况下，可以从受判决效力约束的对象消费者处取得报酬。然而，由于报酬金额不能过度，能收回多少是不明确的，而且，转变到第二阶段的诉讼程序时，向对象消费者通知、告知的费用也由特定适格消费者团体负担，因此可以想象，团体单独进行有效通知是何等困难。所以，今后特定适格消费者团体与报道机构和政府之间合作应该是必要的。

其次，由于这一制度的对象事件并不包含人身损害、扩大损害、逸失利益、精神损害赔偿

金,因此,被害人能实现多少实效性的救济尚不明确。

实际上在考虑实施这一制度时,笔者推测诉讼对象是同消费者签订的合同问题条款。特定适格消费者团体并不是很突然地提起诉讼,事前会向对方提出条款改善等申诉意见,之后再对照被害人请求。营业者也可以在没有先例的情况下作为营业者全体面对消费者。

谢谢倾听!

法的目的

皮贞铉*

一、什么是法

法是人类生活赠与的，所以法的形式主体是人类，但是人类既是个人的存在又是社会的存在，即人类既有个我的性格又有普遍我的性格。因此，从人类的个人的侧面来看，法是为个人的权利保护做贡献；从人类的普遍我侧面来看，法为社会的法秩序维持做贡献。

以这样的倾向从历史的角度来看，强调个我的个人主义是罗马法的基本思想，强调普遍我的团体主义在中世（基督教社会）出现，个人主义在近代再次出现，到了现代社会个人主义和团体主义以结合的形式出现。因此，在现代社会法不仅是个人的权利保护也为社会的法秩序维持做贡献。

二、民事诉讼中的目的论

对于国家设置运行民事诉讼制度是为了解决什么问题，因各国的理念和学者的诉讼观而异。诉讼目的论的基本形态是有着个人权力保护的私权保护说和有着法秩序维持的秩序维持说。除此之外还有包含两者的折中说。折中说又可分为纷争解决说和多元说。纷争解决说是民事诉讼制度的目的是强制性解决私人间纠纷；在多元说里当事人个人的权力保护和国家的法秩序维持以及法院的解决纠纷全部是民事诉讼制度的目的。需要考虑对立紧张关系中的每个问题有怎样的价值，占怎样的比重。另外在日本，设置法中有当事人之间公平平等的章节，即以民事诉讼的目的——程序保障说来保障它的程序。

个人认为民事诉讼是社会制度的一种，国家的社会制度是实现那个国家理念的一种手段。但是我们的国家理念是以修正资本主义和福祉国家为志向，以个人主义为基础，团体主义来补充完善。从这个侧面来看，现代的民事诉讼的目的是以私权保护为基础加以维持法秩序的折中说更为妥当。

---

* 圆光大学校法学研究所所长，法学专门大学院教授。

三、社会的诉讼观

社会的诉讼观中诉讼可以看作国家的福祉制度乃至社会救助制度,从这样的角度来看,其和现代的国家观也一致。另外,诉讼作为实现实体法的手段,诉讼的目的从实体法中导出。但是,实体法,如导入权力滥用的禁止、合约自由的限制、所有权的绝对限制等,考虑了国民全体的利益。为此的绝对实现,像为国民权力实现而努力的其他国家权利机关一样,司法部(法官)也承认为了国民的权力实现的自由的活动领域。这样的社会的诉讼观,如法官的解释权(《韩国民事诉讼法》第136条)、当事人的真实义务、诉讼的职权进行(职权进行主义)诉讼救助的强化等都有体现。

社会的诉讼观首先赋予了个人的权力保护的意义(以自由主义诉讼观为基础),同时又强调团体性。因此,其在本质上和社会主义诉讼观相区别,但和国家社会主义的诉讼观相类似。

社会的诉讼观,第一,授予了法官强力的权限,法官的社会性帮助不止,发展为必然的后见。这虽然在非诉事件中是妥当的,但是在诉讼事件中就有批判,承认起来很困难。第二,法官之所以成为社会骑士或者社会医师,并不是因为法官裁判当事人的权力义务,而是因为法官干预当事人将来形成的社会关系,这时法官的判断基准就成了不分明的平衡。因此,在这样的诉讼观中法官并不是当事人的私权而是涉及了自身的平衡观念,权力依存法官的判断。这因违反法制主义原理而受到批判。

四、国家社会主义诉讼观

国家社会主义的代表学者 Bernhardt 跟随了希特勒"他不是别的,他是民族的全部"的理念。这里的法是用通过领导者的领导风范而形成的世界观来衡量社会现实的斗争工具,这么说毫不为过。因此,在这样的诉讼观中,诉讼为了保护共同体而行使国家权力的话,诉讼中的真实就可以受到个人的意志左右,法官可以通过最大的手段努力发现真实。

对于韩国的企业犯罪的讨论

尹相民*

一、企业犯罪的意义

企业犯罪的定义各种各样，在韩国，企业犯罪是企业在经营活动中发生的犯罪，即为了企业的利益高级管理人员或者职员等构成人员所犯的罪和企业自身的犯罪。企业犯罪是“白色犯罪”主要的形态之一，是组织等团体犯罪的特殊形态，包含政府组织和政府组织的权力滥用的概念。

包含以各种形式出现的违反刑事法规的企业不正行为，如非法价格操作、政府合约欺诈、行贿、不法回扣、偷税漏税、洗钱、内幕交易、各种伪造。这样的企业犯罪对于企业，不光对经济的职能、政府的职能，对健康、安全和对于消费者以及劳动者的财政性的福祉也是十分危险的。

另外，从更广范围的意义上讲，对于企业犯罪不管是行政上的制裁还是民事上的制裁，都可以看作国家制裁企业犯罪的行为。当然，由于企业的特性，可以加以罚金等制裁，但是没有办法把企业送去教导所，因此对于犯罪者加以拘役等主要的处罚手段本质上是没有办法对企业来使用的。由于这样的理由，因此大部分的情况下企业犯罪的犯罪者交由政府当局准司法性的机构来解决，如公正交易委员会、金融监督委员会、食品医药品安全厅、环境保护当局。

二、企业犯罪的原因

企业犯罪大部分是以企业的经营者或者对特定部门负责的干部为主体的。企业犯罪的手段，大部分不是正面的违反现实的法律，而是以迂回的方式进行脱法行为。另外，由于包含着高度的营利性，犯罪有着长期连续反复的特征。在这里企业犯罪外形上是以企业活动的形态出现，因为追求盈利是企业的最高目标，所以一般对于已经犯罪的认识较弱。

企业犯罪即使是企业经营者所为，但此行为多数是企业活动中的一环，所以当具体的事

* 圆光大学校法学专门大学院教授。

件出现问题时,这个刑事责任到底应该由谁来负责,在大部分情况下并不明确,特别是在财阀企业等大企业中,这一部分更为模糊。

在现行韩国法律体系中,企业的经营者单纯地被看作企业活动的主体,法律没有其对于企业产生的所有行为负担全部责任的规定。另外,大企业的总裁虽然是企业实质的意思决定权者,像执行董事以没有负担责任的法定地位为由,刑事处罚属于宽大的一方。以最近企业人的赦免和假释现况来看,过去十年间刑事起诉的 10 大集团的总裁的 50% 在刑事判决中受到有罪判决,大部分缓期执行回到来经营第一线,之后的现实是接着总统赦免的程序。对于大企业总裁的犯罪宽大处理的韩国刑事司法制度被认为是企业犯罪的一个原因。

三、企业犯罪的类型

企业犯罪的代表类型有企业的权力滥用和经济性剥削、企业的欺行霸市和环境犯罪、政治资助金和贿赂提供、关税欺诈、银行欺诈、投资欺诈/证券欺诈、逃税和避税港的恶用等。

四、企业犯罪的对策

为了制约企业犯罪,刑事政策的方向如下:第一,在法律规范前面构建有效的社会控制方案事前预防;第二,在刑法前面整备多样的制裁手段;第三,将刑法制裁有效化。从前,和这样的方案相关跟事前预防比起来,直接对犯罪行为者和企业进行强力的处罚的主张更多,但是由于最近企业的经济活动国际化速度的加快,单纯地限制对于市场变化的效率优先对应起来已经很困难了。

因此非效率性的过大的公开性限制对于抑制企业犯罪就产生了一定的局限性。限制自由或者内部控制成为了重要的政策对策。公开制约的情况下,只有可能针对现行法明示的事项进行制约,对于新的类型的违法行为快速的对策起来很困难。在自由制约的情况下,因为制约程序的简易性,快速的预防性的限制就成为可能。

另外,对于企业犯罪这种专门的犯罪情况,检察院和法院执行刑事司法的时候也有很大的负担。因此,对于企业犯罪有效的预防对策,根据运营与否自由的制约更是有效的手段。自由的制约体系因为强制力很小不会萎缩企业活动,能够对犯罪发生的基础问题的解决起到很大贡献,这是优点之一。另外,因为是以该领域专门性的理解为基础而进行的,还有效率性以及效用性的优点。

韩国最近企业控制结构相关立法推进现状

尹显锡*

一、首语

企业的控制结构是从"corporate governance"中翻译过来的,大体是指公司的组织运营中法律结构和支配力的流程结构。原来是指企业内部所做的意思决定的作动机制。但是近年来,股东的大众化和个别股东的持分小额化,对于公司的监视机能变得低下,因此,大股东的经营独裁不断深化,控制结构由牵制监视经营的牵制系统的用语转化而来。

在韩国,"企业的控制结构"这种用语作为完善制度的对象的意义,真正的介绍始于20世纪90年代初期,即外商投资实体化的资本市场,主要为了监视和牵制经营,这意味着组织法律装置的用语开始使用。另外,结合对于大部分韩国企业所有者治下现实的批评,不光是韩国企业大股东的经营独裁荒唐的实现,能够对此进行牵制的装置也没有,控制结构论由此出发。

对于韩国的控制结构,外商投资者们的强烈不满成了控制结构论的搞活契机。1997年韩国经历了外汇危机,企业失败的责任大股东从独善其身向经营转移,从此之后控制结构成了商业法修订的中心话题。

2012年总统选举中,当时执政党候选人推出经济民主化的政治公约。政治公约中经济民主化五大领域集为一体,企业控制结构的改进就在其中。作为这个的实践课题提出了集中投票制等的执行,成为商业发改定试行方案的中心。

二、控制结构相关立法的争论焦点现状

(一)议论的要意的背景

韩国在2013年制定了商业法改订试行方案,2013年7月17日立法预告的改订事项中执行委员制、集中投票制、电子投票制在以前改订的商业法中已经是明文规定,但是,对于制定

* 圆光大学校法学专门大学院教授。

条款中企业是有选择的可能性的,但是这次的改订目的是将此种种制度强制实施。

(二)执行委员制

韩国现行商业法中执行委员制的采纳原则上可以由公司自律决定(商业法第408条第2款第1项),即公司可以设置从前的总经理,也可以换掉总经理设置执行委员。但是改订试行方案中规定设立监事会的公司必须换掉总经理设置执行委员(试行方案第415条第2款第1项)。结果就是设监视的情况虽然对执行委员制的选择是任意性的,但是设置监事会的情况不能设总经理,一定要设执行委员。

(三)监事委员的分离选拔

韩国现行商业法规定大规模上市公司换掉监事要设立监事会(商业法第542条第11款第1项),选拔监事委员的时候,选拔监事也一样,限制大股东的表决权(商业法第542条第11款第3项、第4项)。因为监事委员的独立性确保起来很困难,所以在改订试行方案中,成为监事委员的董事从董事选拔阶段开始和其他董事相分离,在大股东的表决权限制下进行选拔(试行方案第542条第11款第2项、第3项、第4项)。

(四)集中投票制

虽然在1997年韩国就引进了集中投票制,但立法当时规定企业可以收容相反对规定条款的适用可以进行排除(商业法第382条第2款第1项)(所谓的opt-out方式)。大部分的上市公司适用例外规定,法试行之前就通过制定条款的变更排除集中投票制。改订试行方案中,为了提高经营的透明性,认为集中投票制的试行很有必要,规定大规模上市公司中,当持有股票发行总额千分之五以上的股东请求的情况下,就要以集中投票的方式进行董事的选拔(试行方案第542条第7款第1项),即根据制定条款制度的排除变成了不可能。

(五)电子投票制

电子投票制是2009年5月韩国商业法改订时引进的。商业法规定公司可以根据董事会的决议来实施,因此制度的通过与否交给公司自律(商业法第368条第4款)。现在因为活用度不高,改订试行方案中靠擦股东数等,施行命令对于所定的上市公司义务性实施电子投票制(试行方案第542条第14款),但是,并不意味着这里所定的上市公司必须实施电子投票制。根据商业法第368条第4款所规定的程序,对股东们进行可以使用电子投票的公告,有需要的股东允许使用电子投票。

(六)多重代表诉讼制(二重代表诉讼制)

现在的代理诉讼限于责任追究的对象的董事所属公司的股东可以提起诉讼(商业法第403条第1款)。因此,名文上该公司的母公司的股东对于子公司的董事即使有能够负责人的实际利益产生,也不能提起代理诉讼。但是,改订试行方案中母公司的股东因为子公司的董事的违法行为,对于子公司的损害产生了利害关系,以及母子公司关系中以提高控制结构的责任性为意图,母公司的股东也可以对子公司的董事提起诉权(试行方案第406条第2款第1项)。

三、结论

从包含控制结构的改进的商业法和企业相关特别法的立法中,我们经常能够发现批判的视角,甚至在改革方案中也能发现真实感觉到的几个特征是:

第一,有很多个例的性格和纪律手段不调和。具有代表性的就是纪律的水准和强行性。根据企业的自律性应该允许多样性,硬是用强行法来治理个例。第二,没有经过验证的制度只因理论上确信就要实行。监事会中现在以强行法推进中的执行委员会制度就是代表的例子。集中投票制也是如此。第三,新制度对于现实适应的研究不足。例如执行委员制、电子投票制等可用性低落的立法,意味着当时规范的需求预测不对的地方,这样行为比起制度的废止为了强制利用谋求新的手段是通例,因此也反复地创造了矛盾。第四,不考虑企业的遵守费用。2011年新设立的遵法支援人制度就是代表性的例子。第五,立法技术性精密有很大的不足。2011年改订法虽然有很多的悖谬,但这次的改订试行方案的规定也不是很好地进行了整理的条纹。改订试行方案引进的制度并不是现在韩国经济状况急迫需要的。竞选承诺中已经言明对此制度要阶段性的引进。阶段性的引进需要经过长期的研究和实验,修改当初的方案或者有可能再考虑一下引进本身,这里包含慎重的意义。

个人信息保护侵害和个人信息保护

金成源*

一、个人信息保护的意义

个人信息,是指关于生存着的个人的事实判断和评价的情报以及依据该情报中包含的事项能够对个人进行识别的情报。个人信息保护的根本意义是适当保障个人信息自我决定权。这里的个人信息自我决定权是指关于自身的情报什么时候、怎么样、在什么范围内传达给他人来进行使用,这个情报的主体自己能够决定的权力。

另外,个人信息的收集和使用在全社会领域正在以多种形态进行扩大,电子商交易、金融交易等企业活动中正在大规模地收集个人信息。因此,个人信息的流出和误用滥用的危险正在增加,随之,精神以及经济的损害也在不断地深化。对于个人信息的误用滥用,情报主体权力侵害事前进行预防,事后没有拖延地进行救济,为了情报主体的尊严和自由人格的形成和发展,应该准备快速而公正的救济程序以及事前预防对策。

二、个人信息侵害和侵害的类型

(一)什么是个人信息侵害

个人信息侵害,是指没有获得个人信息的情报主体和正当的权力主体的同意和许可,收集、加工、使用和向第三者提供等一切行为。个人和法人等利用不法的方法和手段,对情报主体的情报或者情报权力者保有的情报非经同意而获得的行为也属于个人信息侵害。

(二)个人信息侵害的类型

——未经使用者同意收集个人信息

——个人信息收集时不履行告知和明示义务

* 圆光大学校法学专门大学院院长。

——过度收集个人信息
——告知和明示的行为超过的目的之外使用和向第二者提供
——个人信息取得者的毁损侵害和泄露
——个人信息处理委托时不履行告知义务
——营业的转让等不履行通知义务
——未指定个人信息管理责任者
——未准备个人信息保护的技术性管理性措施
——收集和提供目的达成后未销毁个人信息
——同意撤回、阅览和订正要求等不应
——个人信息错误修正要求接手后使用未修正情报
——同意撤回、阅览和修正比收集方法更容易的措施未履行
——未经过法定代理人的同意收集儿童的信息
——传送营利目的的广告性情报
——他人情报的毁损侵害盗用
——其他

三、个人信息保护法的制定

2011 年 9 月 30 日开始全面施行个人信息保护法。个人信息保护法是为了保护个人的人身、履历、财产等重要情报远离盗用的危险等，为了预防各种情报流出事故，由能够取得个人信息的所有经营者承担责任。据此，公共机关和经营者因为业务上的目的把个人情报通过自己或他人收集使用的行为，除了情报主体的同意或者法律规定的情况，会员退出等处理目的达成后，对于情报不能拖延应该直接销毁。

特别是个人和团体在同法中只要认定为个人信息处理者就应该履行相应的责任和义务。例如，俱乐部会员名册收集和管理的个人，即使是以非营利为目的，其管理的个人信息流出产生被害行为，那么也应受到同法的处罚。同法中对于居民身份证号码、机动车驾驶证号码、护照号码的处理，原则上是不许可的。但是情报主体的另外同意的情况，他法律允许处理的情况和公共机关为了业务执行不可避免的情况等可以处理。

另外，能够取得个人信息的所有企业，在企业活动中相对于个人信息的收集使用销毁而言，更应该保有体系和政策上的程序。个人信息最高责任者下面应该设置独立的情报管理部门，为了个人信息保护企业应该有明确的方针，向企业活动全盘传播，并采取适当的措施。另外，个人信息处理者（包括民间经营者和公共机关）为了应该采取确保安全性必要的技术性和管理性措施。个人信息流出时通知举报制度、集团纠纷调整制度，因为导入权力侵害终止救助的团体诉讼等，而懒于遵守法制义务的企业应该减少相当的损失。反面，相当的注意和监督不懒散的情况能够减免损害赔偿责任。

国民可以申请阅览自己的个人信息。自身的个人信息登录错误的情况，可以请求修正和删除。另外发生侵害事故的情况，可以到个人信息侵害举报中心举报侵害事实，可以申请纠

纷调整委员会调整。多数人类似的侵害事故发生的情况,可以申请集团纷争调整,也可以向法院提起团体诉讼。

四、结束语

个人信息保护法从 2011 年 9 月 30 日开始实施以来,到 2015 年为止已经 3 年了,但是对于个人信息保护法制的政策促进和作为情报主体的国民和个人信息相关联的社会性协议和法制度的认识还相当的不足。对此改善的方法是努力整理个人信息的概念,整顿各种保护制度作为必需的要件,为了情报化政策制定统一的程序和规定。另外,为了个人信息保护包括个人信息侵害影响评价,违反时规定处罚的法律的补充和完善迫在眉睫。因为没有任何制裁手段的制度上的装置没有任何意义。这种强制条款成为急剧变化的情报社会中,个人信息的收集使用的经营者的个人信息流出可能性最小化,国民的个人信息自我决定权的价值赋予的证据。为了保障个人信息自我决定权的努力不仅仅是法和制度性政策性的努力也伴随社会性的努力。

后　记

在海内外专家学者的共同支持下，西南政法大学公司治理法律问题研究中心与民商法学院共同创办了“公司与金融法制国际论坛”，定期邀请国内外知名专家就公司法与金融法领域内的相关问题开展专题研讨。本论坛曾于2013年11月底成功召开了主题为“公司治理变革与公司法的现代化”的首届国际研讨会，产生了良好的社会影响。2014年11月29~30日，本论坛召开了第二届国际研讨会。本届国际研讨会的主题为“判例视野下的公司法”，其内容主要涉及判例与公司制度的生成，判例在公司法审判实务中的适用，判例与公司治理等诸多法律问题。本次会议邀请到原全国人大法工委民法室姚红主任，光大集团副董事长兼总经理高传捷先生，最高人民法院一级高级法官、应用法学研究所副所长曹守晔教授，重庆市高级人民法院民二庭庭长、全国审判专家杜丹女士，重庆市第五中级人民法院副院长郭瑞博士，重庆市第一中级人民法院副院长裘晓音先生，重庆市渝北区人民法院副院长杨佳红博士，西南证券办公室主任刘乃睿博士等数位法律界和实务界精英人士莅临会议进行交流指导。邀请到中国商法学研究会副会长、清华大学法学院朱慈蕴教授，中国商法学研究会副会长、中山大学法学院周林彬教授，中国民法学研究会副会长、中南财经政法大学温世扬教授，北京大学法学院蒋大兴教授，中国政法大学民商经济法学院管晓峰教授和李建伟教授，《法学》副主编、华东政法大学孙万怀教授，扬州大学法学院院长钱玉林教授，《法制与社会发展》副主编、吉林大学法学院杜宴林教授，吉林大学法学院傅穹教授，烟台大学法学院姜一春教授，福州大学法学院叶知年教授，重庆大学法学院张舫教授，河北经贸大学法学院梁小惠教授和樊鸿雁教授，上海大学法学院崔文玉教授，中国社会科学院法学研究所《环球法律评论》副主编支振锋副研究员、《中国社会科学》法学学科负责人、西南政法大学特聘教授赵磊博士，法律出版社高级编辑刘文科博士，西南政法大学管理学院范伟红教授等专家学者进行会议发言和评议。来自国外的学术界人士韩国法学会学术副会长、圆光大学法学专门大学院尹相民教授，韩国圆光大学法学专门大学院院长金成源教授，韩国圆光大学法学专门大学院尹显锡教授，圆光大学校法学研究所所长、法学专门大学院皮贞铉教授，英国阿伯丁大学法学院教授，著名公司法和信托法专家Roderick Paisley先生，英国阿伯丁大学法学院讲师Colin Mackie博士，日本静冈大学人文社会科学部法学科准教授坂本真树博士，澳门科技大学法学院高菲博士等专家与国内学者进行了富有成效的互动和交流。同时来自香港城市大学法学院的副院长顾敏康教授，台北大学法律系主任陈彦良教授，台湾中正大学法学院王志诚教授等诸位贤进也向会议贡献了自己的真知灼见。作为会议承办方，西南政法大学公司治理法律问题研究中心与民商法学院的许多的老师和博士硕士生参与了会议的筹办和交流。这些老师主要有赵万一教授、石慧荣教授、曹兴权教授、侯东德教授、汪青松副教授、李兆玉副教授、林少伟副教授、蒙瑞华博士、赵吟博士、李杨博士等。在为期两天的会议中，各位与会专家就公司法判例在立法、司法和公司治理中的作用机理等问题展开热烈讨论，取得了丰硕的研究成果。会后由林少伟副教授组织博士生王亮、凌文君、刘诗瑶和硕士生王建玮、付立新、唐小淇等同学对论文进行了整理和校对。在此对以上老师和同学对本次论坛所付出的辛勤劳动表示衷心感谢。

赵万一

2015 年 10 月 10 日

图书在版编目(CIP)数据

判例视野下的公司法 / 赵万一主编. —北京:法律出版社, 2015.11
ISBN 978 - 7 - 5118 - 8732 - 0

Ⅰ.①判… Ⅱ.①赵… Ⅲ.①公司法—中国—文集
Ⅳ.①D922.291.914 - 53

中国版本图书馆 CIP 数据核字(2015)第 275532 号

判例视野下的公司法 | 赵万一 主编 | 责任编辑 李峰沄 装帧设计 李 瞻

开本 787 毫米×1092 毫米 1/16
版本 2016 年 2 月第 1 版
出版 法律出版社
总发行 中国法律图书有限公司
印刷 三河市龙大印装有限公司
印张 11.5 字数 266千
印次 2016 年 2 月第 1 次印刷
编辑统筹 学术·对外出版分社
经销 新华书店
责任印制 陶 松

法律出版社/北京市丰台区莲花池西里 7 号(100073)
电子邮件/info@lawpress.com.cn
网址/www.lawpress.com.cn
销售热线/010 - 63939792/9779
咨询电话/010 - 63939796

中国法律图书有限公司/北京市丰台区莲花池西里 7 号(100073)
全国各地中法图分、子公司电话:
第一法律书店/010 - 63939781/9782
重庆公司/023 - 65382816/2908
北京分公司/010 - 62534456
西安分公司/029 - 85388843
上海公司/021 - 62071010/1636
深圳公司/0755 - 83072995

书号:ISBN 978 - 7 - 5118 - 8732 - 0
定价:58.00 元
(如有缺页或倒装,中国法律图书有限公司负责退换)